秦千里 编

那时的先生

插图版文史资料精选丛书

中国文史出版社

图书在版编目（CIP）数据

那时的先生 / 秦千里编 . —— 北京：中国文史出版社，2021.7
（插图版文史资料精选丛书）
ISBN 978-7-5205-3870-1

Ⅰ . ①那… Ⅱ . ①秦… Ⅲ . ①文化 – 名人 – 人物研究 – 中国 – 民国
Ⅳ . ① K825.4

中国版本图书馆 CIP 数据核字 (2022) 第 203535 号

责任编辑：方云虎

出版发行 中国文史出版社
社　　址：北京市海淀区西八里庄路 69 号院　　邮编：100142
电　　话：010-81136606　81136602　81136603（发行部）
传　　真：010-81136655
印　　装：廊坊市海涛印刷有限公司
经　　销：全国新华书店
开　　本：16 开
印　　张：26.25
字　　数：304 千字
版　　次：2023 年 2 月北京第 1 版
印　　次：2023 年 2 月第 1 次印刷
定　　价：68.00 元

编者的话

"那时的先生"的"那时"指民国时期，先生则主要指大学校长、大学老师和学者。

本书列叙的先生包括马相伯、辜鸿铭、蔡元培、章太炎、梁启超、李登辉、陈独秀、弘一、马一浮、周诒春、萧友梅、谢无量、丁文江、钱玄同、李大钊、梅贻琦、陈寅恪、晏阳初、胡适、陶行知等二三十位，依年齿大小分先后排序。这里只选列了部分先生，并不系统。

所选文章均来自本社出版的《文史资料选辑》和《中华文史资料文库》，这是新中国成立以来在国内外享有盛誉的口述史资料库。

与一般创作和编写不同，本书均为"亲历、亲见、亲闻"的"三亲"文章，作者或是传主的亲戚朋友，或是传主的同事学生，所述多属亲身经历或亲见亲闻，人物有血有肉，仿佛亲闻馨欬；事件绘声绘色，仿佛亲临其境，其感性和鲜活是其他类型的历史文本所没有的。也正因为如此，这些文章可以补文献所阙，匡正史之误，给研究民国时期中国知识分子的生活、事业、学术和思想提供宝贵史料。

本次编辑增加了部分人物插图。

编　者

目 录

爱国老人马相伯先生

韩希愈[①]

我们的家乡丹阳，在历史上就是人文荟萃之地，被称为文物之邦。1840年4月6日（清道光二十年清明节后一天），在县北乡马家村诞生了一位中国近代史上的杰出教育家，爱国民主人士马相伯先生。

先生谱名建常，后改名良，字相伯，别署求在我者，晚号华封老人。他家世代信奉天主教，在他生后不久，就在丹阳教堂受了洗礼，教名若瑟。父亲松岩公，布衣授徒，兼通医药。为人乐善好施，乡里称道。后率家迁至丹徒城中，开设药铺，并行医，1872年逝世，享年75岁。母亲沈太夫人，是一位典型的贤妻良母，相夫教子，为亲友所誉。1895年逝世，享年91岁。兄建勋，弟建忠，妻王夫人，子君远，女宗文。

先生少时，敏而好学，在塾中学习教中经典和儒家书籍。他对老师在"四书""五经"上的烦琐考据，往往不感兴趣。曾说："即使先生所背这些经解不错，但是对我究竟有什么好处呢？"可是他对天象运行，往往要寻根究底，却又得不到正确的答复。因此他感到在家乡找不出一个可以满足他求知欲望的好老师，就产生到上海去求学的想法。在1851年他12岁时就背着父母私乘

---

① 本文作者韩希愈与马相伯先生既属同乡，又有世谊。

民船从镇江溜到上海。由于他是天主教徒，所以他直奔徐家汇圣依纳爵公学（后改名徐汇公学，现在是徐汇中学）要求入学。在校学习勤奋，受到校长晁德莅（意大利人）的赏识。到校第二年，13岁，江南举行乡试，他也去南京应试，在出榜时，恰巧太平天国革命，南京城闹得人心惶惶，他又匆匆回到上海了。晁校长看到他中国文学颇有根基，虽然他才只有14岁，便叫他在学习西文及自然科学的同时，担任低年级国文和经学的教员。这样一来，他不但学业进步，又取得了教书的经验。在校受过多次奖励。他的外语如拉丁文、法文都学得很好，在18岁时法国领事馆请他去当翻译。他说："我学法国语是为中国人用的。"请他的人很惊奇，也只好作罢了。他在学校被派到苏州、太仓等地，从事救济难民的慈善工作，他不辞辛劳，全力以赴，累出了伤寒病，僵卧了60多天，有40多天不进饮食，奄奄一息，几乎死去。经过多方治疗，虽已康复，可是对以前所读之书，忘记得干干净净。又经过一年多拼命用功，才慢慢恢复了原状，而读完了徐汇公学。

1862年耶稣会在上海设立初学院，先生进院当"修士"，接受"神修"训练两年，又研究中国文学和数学，后又入大修院学习哲学和神学，又研究英、日、意、希腊等文字，1870年他31岁时得神学博士，加入耶稣会，授职为"司铎"（神甫）。

1871年先生奉教会令派

马相伯

赴安徽宁国府、江苏徐州府等地传教，那时在太平天国革命失败后，闾阎困穷，流亡载道，他请求长兄建勋拿出白银2000两救济灾民，可是教会认为有违禁例，对他有所责难，他在思想上认为周恤贫困，也是仰体上天好生之德，而尽了做人的本分，这种非难都是从外国教士的偏见和私怨而产生的。他开始对教会有了不满情绪。翌年教会调他担任徐汇公学校长，兼管教务。他又是兢兢业业从事学校行政管理和教学安排。他曾送学生去应童子试，考中有60余人，又遭教会之忌，乃嘱他兼任耶稣会编撰和研究数学，分散他的精力。他花了年余心血，译著了数理书籍百余卷，名为《数理大全》，教会却不予刊行，并且不要他做校长，派他专门研究天文学，因为没有仪器，又调他到南京专任编撰，却又不刊行他的译著，引起他更加不满的情绪。同时在日常生活中，教会对待外籍教士和中国教士是有区别的，因而伤害了先生的民族自尊心。于是在1876年毅然脱离了耶稣会，不再做司铎了，但他仍信仰天主教。

先生在脱离耶稣会后，经他表兄介绍到山东藩司余紫垣处充当幕僚，学习做官。1877年余紫垣兼任巡抚，就将藩司官章交给先生，由他执掌权力，并经余紫垣介绍在山东和一位书香门第的王氏女结了婚。同时又委任他接管潍县机械局。过了一年，他辞职离开山东。不久李鸿章又派他到山东调查矿务，这样他又回到山东半年。他从政三年来，深深感到清廷官场的腐败无能，决心洁身隐退。

1881年先生应驻日公使黎庶昌之邀，赴日本先后任使馆参赞和神户领事。在日本和维新要人伊藤博文等有了交往，对日本维新政策，有较深的认识。是年秋因兄病回国，又应李鸿章之邀去天津协办新政。

1882年高丽京城发生变故，清廷派提督吴长庆率兵到汉城坐镇。吴请先生同行，抵汉城，高丽王李熙聘先生为政治顾问。请他提出改革建议。先生首请编练新军，次则整理外交，并对内政改革列九条意见，如省刑罚、定刑典、广取材、恤奴婢、求富庶、慎疾疠、兴工艺、办学校、正经界等。都是针对当时高丽情况而为高丽人民呼吁的。由于高丽封建积习太深，延缓不办。先生感到高丽局势已无法挽回而回国了。他曾讲："中国者放大之高丽，高丽即具体而微之中国。"因此向李鸿章提出对高丽应早决定政策，或听其自主，与中国脱离关系；或实行干涉，派干练大员率兵前往，作有力的指导。李认为中国还自顾不暇，遑论高丽呢！先生也感到清廷气数已尽，乃决定脱离仕途，重度书斋生活，从事科学研究和译著工作。

李鸿章为了招商局开办有年，未见成效，因此加以整顿，在1885年任命马建忠担任该局总办。同时请先生帮忙，代表李到全国各地调查该局究有多少财产。于是从天津、汉口、烟台、上海、厦门直到广州，用了两年时间，经过详细调查研究，他认为"商局情弊，非改弦更张，难以振兴"。指出了各种情弊而提出了有针对性的改革方案，可惜当时清廷总理衙门对招商局兴革尚抱观望态度，一时尚难推行。

先生在广州调查时，看到香港被英人占领后，商业发达，但是广东商业受了影响，就是英国人以外的外国人，也感到压迫而引以为苦。他向两广总督张之洞建议：把香港对过九龙辟为商埠招引中外商人都来做生意；还要修一条铁路直通广州。外国人也赞成，可是张之洞听了后满口说好，就是没有下文。过了几年，九龙又被英国人占去了。

在他乘轮北返时，中途触礁遇险，滞留厦门。台湾总督刘省三电邀他去台湾。他到了台湾后曾劝刘向外国借款，开发台湾的经济，并改革军事、政治；再以余力帮助中国本部发展实业。刘虽认为建议很好，但不愿担负向外国人借款的责任。这又成了纸上谈兵。

1886年，李鸿章为了创办海军，扩充洋务，缺乏经费，曾召先生昆仲商谈，马先生建议向美国商人借款、组织银行、发行纸币、整理金融、开发矿产、建设铁路、整修水利等，为李所接受。乃派先生赴美洽谈。那时美国资产阶级正渴望输出资本，他在美备受欢迎，商订以5000万元为正式借款，以三亿美元为银行存款，由于清廷中地主阶级顽固派与洋务派官僚之间有矛盾，李鸿章遭到攻击，未能进行。先生只得悄然离美赴欧，访问英法，考察商务，参观牛津、剑桥等学府，顺道罗马觐见教皇宗良十三世，然后经苏伊士运河回国，继续从事研究译著等工作，不准备再为这腐败的朝廷做事了。

1892年，经李的再三嘱咐，又一度出任驻日本公使馆参赞，驻日本长崎领事，时间不长，就回来了。当1896年梁启超来沪办《时务报》时，曾向先生和其弟建忠学习拉丁文，在一年半时间几乎每天见面，先生对维新运动很表同情，所以在1898年戊戌政变期间梁请他主持筹设译学馆，事将成，因变法失败而没有成功。后来他和建忠合著《马氏文通》一书，以西洋文法，释中国古籍，是中国第一部有系统的文法书。

1900年7月，八国联军攻陷北京，国事日非。先生为丧权辱国而痛心。他认为"自强之道，以培育人才为本，求才之道，尤宜以设立学堂为先"。他从切身经历中体会到兴办学校的紧迫性。因为他有"教育富国"的思想，决心借教会之力来办一所新式大学，教授欧美新知识，使学生掌握近代科学技术而为救国之需。先生毅然决定将祖遗松江青浦田亩三千，捐献给教会以为办学的基金。可是教会接受了他的捐献，并没有办学。当时先生住在上海土山湾慈母堂，与南洋公学相近，在南洋公学执教的蔡元培常向他学习拉丁文，后又从南洋公学中选出师生24人跟他学习，其中有黄炎培等。

1902年，先生创办震旦学院，教会将他捐献的田产作为学院基金。后为学院在卢家湾购地建造房屋；先生又捐赠了现洋四万元，英法租界地产八处（时值十余万两），这样，他全部家产都捐献出来，以偿他"毁家兴学"之夙愿。先生在震旦创立之时，慎重宣称："欲革命救国，必自研究近代科学始，欲研究近代科学，必自通其语言文字始，有欲通外国语言文字，以研究近代科学而为革命救国之准备者，请归我！"他反对当时的八股文章，称为奴隶之学，推崇西方的格物穷理，称之为自主之学。震旦学生具有民主思想和爱国精神，当时有人认为震旦学院是一所从封建统治中脱颖而出的新型民主学校。

震旦初创，缺乏校舍和师资，先生乃借天主教徐家汇天文台余屋为校舍，聘请耶稣会教士为义务教师。用新的方法来治理学校，在建校时就宣布办学三大信条：一、崇尚科学；二、注重文艺；三、不讲教理。他虽然是一位虔诚的教徒，毁家兴学，可是还得借教会之力支持，而他却向学生们讲："学校是研究学术的机构，不是宣扬宗教的地方，所以规定不讲教理。"这样一反当时其他教会学堂以宣扬教理为主的做法。在管理方面，实行学生自治制度，这和当时南北各大学堂（除教会办的外）都是为封建官僚们所统治，行的都是一套压制办法而迥然不同，独树一帜，由学生自己管理自己，形成了民主的好传统。教务方面，是按照规定崇尚科学和注重文艺的原则制订的。先生64岁时，还亲自教授拉丁文、法文、数学和哲学等课。他的教育方法是有独特之处的。他对学生亲如家人子弟，经常和学生们亲切恳谈，循循善导。在星期日上午往往集合学生进行演说，研究时事，讨论学术，有时纠正一些违犯校规行为。他对体育也很注重，间或率领学生荷枪实弹打靶。

1905 年初，由于震旦办了三年，很有成绩，教会对先生不讲教理，已经很不满意，又看到学校欣欣向荣，就想夺取学院领导权，所以处处和他为难，甚至不派教士来院上课，作为要挟。那时学校中反清活动较剧，清廷早已注意，因涉及教会，迟迟没有行动，已一再和法捕房联系，拟逮捕一部分学生。先生听到后，坚决不同意，要教会不要助纣为虐。教会见有机可乘，要求让出一部分学校领导权，作为保全学生的交换条件。这样，先生才被迫同意由教会派南从周神甫来院主持教务。可是南来后，却尽改旧章，妄图改变学校性质。学生大哗，认为教会想把中国学生训练成法国的奴才，一致决定全体退学，将震旦学牌摘下，并将新添校具、图书、标本等搬出。这一群在先生教育下的学生，为了抵制教会，捍卫国家教育主权，充满了爱国主义精神，在中国近代教育史上自有它光辉的一页。

在震旦学院停办后不久，由群学会敦请先生为会长，并召集离校学生商谈复校办法。会上先生提出复校的意见，并推选学生叶仲裕、于右任、邵力子等为干事，协助先生进行复校工作，同时得到社会知名人士严复、熊希龄、袁观澜等的同情赞助。先生商得两江总督周玉山的同意，拨地拨屋和资助经费。复校工作进行尚称顺利。先生决定不再用旧名，而改名复旦公学，取恢复震旦、复兴中华之义。这座反对帝国主义文化侵略、自力更生创建起来的私立大学，在 1905 年中秋节宣告成立了。

先生办复旦时，认为"西学自有体用，如果只抓它的用，不顾它的体，就不过徒袭皮毛"。因而采用"囊括大典，网罗众学，兼容并收"的方针。教学方面又比震旦以及其他高等学校前进一步。学校设有经学、政法、文、商、格致、工、农各科。教师在教授中都本着"学以致用"的务实精神。课余组织了各种"研究会"和"讨论会"为师生活动主要形式，也是一种互教互学的教育方法。还出版墙报、校刊、学报、年鉴等。行政管理仍采用学生自治制度。当时日本《大阪新闻》曾评论复旦为"革命的学校"。上海英文大陆报称赞复旦学生"最富民主精神"。在先生熏陶下，复旦学生都有演说的才能，在支持各项爱国运动中，进行宣传鼓动，作出了贡献。于右任说得好："先生本长于演说，高谈雄辩，风趣横生，诸同学传其衣钵，在出校后，从事政治革命运动，受用不尽。"

1906年，为了处理留日学生发生的学潮，先生奉命第三次东渡，乃辞去复旦校长。在日向留学生们演说，言辞恳切，听者都很感动，学潮遂得平息。在演说中有"爱国不忘读书，读书不忘爱国"两句，为张之洞所赞赏，张认为马相伯是中国第一大演说家。在他演说时，梁启超听得入迷，就记录下来，送给他指正。先生看了记录说："我的演说，只有梁启超听得明白，他能够原原本本记录下来。"

先生从日本回国后，又应两江总督周玉山之邀到南京，宣讲立宪，他在两江体育场讲了两个多小时，把世界民主、君主国家的政治利弊和宪法精神，发挥得淋漓尽致。

1909年，先生在复旦校董会敦促下，复任校长。又兼任江苏省议员。他继任校长后，请于右任来校教授国学。当时于从事新闻事业，鼓吹革命，遭清廷疑忌，所办之《民呼》《民吁》各报相继被封，而先生却毅然邀于来校，借以启发青年革命思想，为来日革命救国创造条件。

1911 年辛亥革命，先生担任南京府尹，后又任江苏都督府外交司长，曾代理过都督。那时他还兼任复旦校长，邀请孙中山先生担任复旦校董。孙先生手书"努力前程"赠给复旦师生，以资鼓励。

先生对家乡建设也是很关心的，他在南京时，曾应丹阳民政厅长邀请回乡商谈地方建设计划。他又支持家乡商人组织商会，发展本地工商业，被聘为商会名誉会长。

1913 年，先生应当时教育总长蔡元培之请北上，担任北京大学校长。复旦校长由李登辉继任。他看到北京大学学生，多为京官，官僚习气严重，学生一心追求升官发财，整天游荡，校风非常腐败。他因年已古稀，心余力细，旋即辞去。袁世凯聘请他为总统府最高顾问，后来历任政治会议和约法会议的议员，参政院参政，平政院平政等职务。他本想为国家做点事，乃和章太炎、梁启超发起组织"函夏考文苑"，类似现在的研究院，以"校勘古籍，编纂词典，奖励著述，表彰硕德"为任务。虽然袁世凯批准了，但并不真心要办，仅仅是敷衍敷衍这几位老先生而已。结果一再拖延，终于流产。

他在北京时，曾和英敛之联名上书罗马教皇，建议在中国创办大学，后来和英在北京香山创办辅仁学社（辅仁大学前身），召集生徒，讲授经史百家之学。又赞助英的妹妹创办培根女校。

1915 年，先生兼任宪法起草委员会委员，那时袁世凯正进行阴谋恢复帝制活动，袁家党徒准备在起草宪法中规定尊孔教为国教。先生以"信教自由"为理由，加以反对。是年他儿子君远逝世，遗有寡媳和孙女（仅生了六个月），门人为之筹集万元，以作为家中教养之需，而先生却将此款捐赠上海启明女校。在京译著了一些关于宗教方面的书籍，出版了《新史合编直讲》一书，在疏解方面，力求雅俗共喻，在教会译经中，可谓别开生面。他对宪政也发表了不少意见，由他门人编成《马相伯先生宪政意见》一书行世。

袁世凯称帝前，派其子克定征求先生和严复等的意见，严受其惑，成为筹安会六君子之一，鼓吹帝制。而先生则坚决反对，他很坦率地说："项城果称帝，也得不到国民的拥护，一定会遭到反对。外交方面，也会遭到强邻借口，无端要挟，这样连锁反应，势必引起全国人民的声讨，弄得不可收拾。依我看还是打消这种想法吧！"袁克定也只唯唯。先生看到此事不是口舌所能争辩，遂不再言，拟辞官南下。可是袁却不放他走，暗中布满密探，阻止先生南归。他一方面佯装和教中人士谈经说理，一方面待机而动，在密探不注意时，化装成为一个买菜的老家人，提着竹篮，单身逃出北京城，到上海隐居起来。

1919年"五四"运动时，先生在一次公开演说中，提出"强身才能为国用"的主张，他鼓励陆礼华创办两江女子体育学校，自己担任董事长，他认为我国女子体育尤为重要，因为我们平常最惹西洋人看不起的就是中国的女子，他们看到中国女子总是小脚，纤弱不堪。如若要我国女青年也一样有西洋女子的健康美，这样，非提倡女子体育不可。1927年大革命后，法国教会阴谋将震旦大学迁往安南西贡，先生以创办人身份提出异议，制止他迁。1929年，先生90岁了，自撰一副寿联："有生可晤长生乐，今世当知后世因。"他又很高兴学起绘画来了，山水花卉均能传神，他这种进取精神，从来没有因年高而有所退缩。

1931年九一八事变爆发，先生已经92岁高龄了。他的爱国之情，老而弥笃，振臂高呼"对内团结，对外抗战"！坚决反对蒋介石"攘外必先安内"的反动政策，又和章太炎、沈恩孚等发表宣言，呼吁抵抗日本侵略，收复失地，同时又面嘱黄炎培等赶快集合同志起来救国。在 1932 年"一·二八"之后，他发起组织中国民治促进会，江苏国难会，不忍人会等，主张抵制日货，号召为抗日将士劝募义勇捐，他亲自书写对联和寿字义卖为首倡。又担任丹阳旅沪同乡会会长，领导同乡救济战区被难同乡3000 余人。先生在上海积极参加救国工作，发表了很多抗日言论，一再呼吁"立息内争，共御外侮！"并提出《国难人民自救建议》和《实施民治，促进宪政，以赴国难案》等。

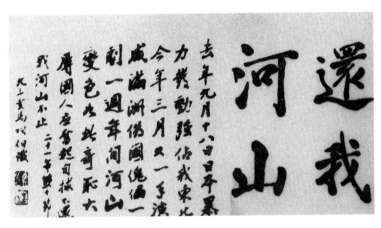

1932 年，马相伯亲笔题写的"还我河山"。

1932 年 3 月，国民党为了应付舆论，召开所谓"国难会议"，主持筹备会议之汪精卫强硬表示："以讨论御侮、救灾、绥靖为范围。"逾此即非所许。先生和史量才等 66 人，为了表示不同国民党政府合作，联合声明不参加会议。后来褚民谊到沪向先生和史等疏通，先生面责褚民谊："守土自卫，政府负有绝对之责任，九一八祸变发生，半壁山河沦落，今日收复失地之声已寂，而汪精卫在国难会议开会词中仍称，造成国难之责任，不能专责于党，真是弥天大谎，可耻孰甚！"又斥国民党所谓绥靖的目的，在于对付共产党红军。但根据杨杏佛在1931年7月江西调查后写的报告，认为农民生计不能解决，地方政府不能修明，虽无"赤匪"，国其能久？而况土劣贪污，即为"赤祸"之制造厂，不从政治着手，而空谈救灾、御侮、绥靖是缘木求鱼等等。褚也只好扫兴而返。次年先生又发表建议："立即召集国民会议，政府与全民统筹国是。"他总希望有个真正的民主会议，来共商抗日救亡的大计。

1935年8月1日，中国共产党发表了《为抗日救国告全体同胞书》，这是历史上有名的《八一宣言》，号召全国人民一致起来抗日救国。先生捧读再三，拍案叫好。他曾对我讲："我对共产党，有了新的认识，他们抗日决心很大，真是地地道道的爱国党派，我双手高举拥护它的宣言。再看蒋介石那一套什么'先安内后攘外'的政策是不得人心的。"于是他一再大声疾呼："现在国难时期，如不立息内争，共御外侮，则国亡无日矣。"当年12月9日北平学生举行抗日救国大示威，他们的口号："停止内战，一致对外！"和"打倒日本帝国主义！"这就是著名的"一二·九"运动。先生听到这振奋人心的消息，很同情北平学生。马上邀约沈钧儒、陶行知、邹韬奋等文化界爱国人士发起救国运动，以响应北平学生，并接连组织了上海文化界救国会、上海市各界救国联合会、全国各界救国联合会等。这些组织都是在先生与宋庆龄、何香凝、沈钧儒、邹韬奋等领导下进行的。记得全国救国会第二次执委会是在先生寓所召开的。他书赠出席委员"耻莫大于亡国，战虽死亦犹生"的题词，以鼓励大家。在这个时期，他在电台上广播，报纸上发表文章，大声疾呼，唤起民众起来抗日救国，在那时起了团结爱国人民起来抗日救亡的重要作用。

在抗日救亡高潮中，法国教会又准备将震旦大学迁往西贡，当时先生嘱咐于右任代为制止。于受命后即与教会交涉，提出震旦是中国人马相伯毁家兴学而创办的，教会无权他迁。教会也不得不承认这个历史事实，只能同意不再迁校。

1936 年 11 月间，蒋介石下令逮捕了救国会领导人沈钧儒等七人，这是著名的"七君子"事件。爱国有罪，成了个天大的笑话，激起了全国人民的愤慨，纷纷起来抗议和营救。先生和宋庆龄、何香凝等共同发表宣言，要求释放无辜，并由他个人给冯玉祥写信，内有"老夫愿以头颅作保"，呼吁"爱国无罪"！蒋介石还不罢休，又用欺骗手段，将先生骗到南京，割断他与救国会

1937 年 8 月，"七君子"出狱后会见马相伯。前排左起沙千里、史良、马相伯；后排左起杜重远、章乃器、邹韬奋、沈钧儒、王造时、李公朴。

的联系。蒋嘱先生门人于右任对先生说："蒋某决心抗日，请晋京共商国是。"同时又托天主教南京主教于斌，以教会意旨请先生去京襄赞教务。先生信以为真，乃于12月12日由于斌陪同去南京。赴京当天清晨，宋庆龄赶往先生寓所送行，并恳切嘱咐家人："老先生是国家之宝，你们要好好照顾他。"

在先生去京前夕，又将乐善堂全部藏书，捐赠给丹阳县相伯图书馆。

1937年3月，先生被任命为国民政府委员。7月31日救国会七君子被释放，8月4日沈钧儒等七人在南京拜访先生，同时还有杜重远在座，先生对他们亲切慰问，并合影留念。沈钧儒题"惟公马首是瞻"。在他们心中，仍推崇这位爱国老人是救国的"马首"。

"八一三"沪战后，不久上海沦陷，日寇进逼南京，李宗仁请先生移居桂林，居风洞山德风楼。在他九十九大寿时，广西省当局黄旭初为他发起千龄会。可是他认为抗日比祝寿更重要，亲自撰写《停止党争，一致对外》一文，在各大报发表，其中有"慨然甘抛弃一条老命，与广大爱国人民，携手前进，共同抗日救亡，直到胜利"等语，激励人心，又一次掀起抗日救亡的新高潮，诚如重庆《新华日报》所讲："这在国共两党第二次合作和全面抗战统一战线的形成方面，起了推动作用。"在桂林住了一年，战火又迫近桂林，于右任、冯玉祥请他移居昆明，在赴昆途中，生了病，乃滞留越南谅山。

1939年4月6日，先生百龄大庆的日子，国民政府明令褒奖，称为"民族之英，国家之瑞"。中共中央也发了贺电，尊之为"国家之光，人类之瑞"。各大报都有专论祝寿。全国各大都市都举行遥祝大会。先生认为前方将士浴血抗战劳苦，战区人民流离失所，都在怀念中，乃决定将寿仪悉数移作救护伤兵和救济难民之需。当年10月29日湘北大捷，先生病中闻之，兴奋异常，夜不成寐，病势如剧，遂于11月4日逝世。弥留时犹念念不忘收复失地，争取抗日胜利，而连呼"消息"不已。在他逝世前不久，胡愈之曾去看望他。先生讲："我是一条狗，叫了一百年，还没有把中国叫醒！"这是多么沉痛、愤慨的话啊！先生一生为国家、为人民、为真理，奔走呼号的劳苦精神，都包括在这句话里了。先生逝世后，国民党政府明令哀悼，并发给治丧费，将生平事迹，存付国史馆。毛泽东、朱德、彭德怀同志等联名电唁："老人星黯，薄海同悲，遗憾尚多，倭寇未殄，后死有责，誓报国仇，在天之灵，庶几稍慰。"胜利后，方豪搜集先生一部分著作，编印了《马相伯先生文集》。

新中国成立后，上海市长陈毅派市府干部和先生家属远去谅山将先生灵柩迎归安葬。陈讲："马老先生是一位反帝爱国者，也是近代杰出教育家。他毁家兴学，创办震旦和复旦，为祖国培养了不少人才。他为人民做了好事，人民是不会忘记他的。今天党和政府从越南将马老灵柩迎归安葬在祖国大地，我们的人民是永远纪念他的。"在灵柩迎归后，举行了"反帝爱国老人马相伯先生安葬纪念会"。十年动乱期间，墓遭毁坏。1984年先生逝世45周年，上海市政协举行迁墓仪式，将先生墓迁至宋庆龄陵园，以垂永远。

先生一生，历经了整整一个世纪，也是我中华民族多灾多难的一个世纪。他在英帝国主义发动鸦片战争炮声中诞生，又在日帝国主义铁蹄蹂躏我国大好山河时逝世。他对祖国无限热爱，对帝国主义和反动派无比痛恨。他有"教育富国"的思想，所以他毁家兴学，对祖国教育事业，有不可磨灭之贡献。他那种锲而不舍和不折不挠的办学精神，完全出于爱国赤忱，因而才有这样惊人的毅力。因此在晚年积极组织和领导救国工作，团结爱国人民，响应中国共产党的号召，掀起抗日救亡的高潮。他生于忧患，死于忧患，是一位和中华民族百年来同忧患、共命运的爱国者。他真正做到一息尚存，不忘救国，鞠躬尽瘁，死而后已。

（原载《文史资料选辑》第 107 辑）

我所知道的辜鸿铭

陈兆畴[①]

辜鸿铭这个人，现在的青年，大概是很少听到过他的名字了。可是从清朝末年以至民国十七年（1928）他在日本逝世，他却是国际上和国内学界很有名的人物。从前有些人的笔记还提到过，上海租界公司"华人与狗，不得入内"的规定，还是因为他跟外国人开了一个玩笑，外国人才自惭理亏而废除了的。解放前的大学英文选读有一篇《一位哲学家》（A Philosopher），就是一位外国文人描述他会见这位先生的文章。我在北京大学英文系肄业时，从民国七年（1918）到民国九年，我们班的英诗，都是由他担任的。在全班同学中，他比较注意我。他曾在班上骂学生可分为两类，一类是"臭虫"，一类是"毒虫"，我和同班的罗家伦则属于后者。我大学毕业后，一面在北大任讲师，一

辜鸿铭在北京大学英文门任教授。
（摄于 1917 年）

---

① 作者曾系北大学生，与辜鸿铭熟识。

面还常到椿树胡同他家里请教，和他的家人也常见面。为了减轻他的家庭负担，民国十二年（1923），我还曾请他失业的大儿子辜守庸到我所主持的砺群学院教英文。因此，在北大同学中，我和他父子比较熟，对于他的事迹也多知道一点。

辜鸿铭（1856—1928），福建同安人，名汤生，号汉滨读易者。他是清朝第二批派出洋的留学生，先后留学英、法、德等国，精通数国语言。出国时年纪很小，还不到 20 岁。回国后曾为张之洞幕僚，曾任过清末外务部左丞。据辜守庸所说，他还曾当过海关监督。辛亥革命后任教于北京大学。他政治态度极为保守，推崇孔子学说，宣扬封建思想，反对新文化。

辜鸿铭由于跟随张之洞的缘故，在广东居留很久，有十五六年。所以他虽是福建人，讲起广州话比我这个新会人还好。京师大学堂时期，他就在该校任教，京师大学堂改为北京大学，他还是拖着长辫子，穿着古老的长袍马褂上讲堂讲英语。直到了民国十年，英文系主任胡适才把他停聘。他在学界的建树与比他早一批出洋的严复不同，严复致力于启发国人的思想，所以专用古文翻译《天演论》《群学肄言》《群己权界论》等有思想性的名著，以及与思想方法有关的《名学浅说》《穆勒名学》等书。辜鸿铭则致力于替中国社会辩护，而攻击外国人，所以他专用英文写作。他的英文散篇居多，成本的只有《春秋大义》是出版了的，至于翻译的《四书》及自著的英文文法，则始终没有完成，也没有印行。这两部未完的著作的打字稿，辜守庸曾送我一份，抗日战争时随同我的其他书籍一起散失了。

辜鸿铭教书并不算好，可以说漫无系统。他在堂上很少说英语，发音带点苏格兰音，t 音每每读成 d 音，这是因为他是在爱丁堡读书的缘故。我到他家里请教，他也很少用英语和我谈，谈不了几句就又改用北京话或广州话了。我见他和日本人谈话，也是时而英文，时而日文，时而北京话，从没有自始至终纯用英语。有一次梁敦彦去探望他，我在旁边听他们谈了半天，始终没有谁用过一个英文字，而他们都是留英时的老同学，而且梁敦彦还是当时的老外交家，论理该可以大用特用英语会谈的哩！他教人学英文，最重视背书，他尤其劝人背诵《圣经》，他认为《圣经》是最纯粹的英文，也是最好的英文。他自己能背诵的东西不少，《圣经》与诗歌，固然不用说了，像 Carlyle，Ruskin，Matthew Arnold 三位散文大家的文章，他也能背诵许多。他对于 Ruskin 尤其喜欢，所以他的英文风格及音调，据我看就很有点和 Ruskin 接近了。他的英文是别有风格的，虽全篇组织不很紧严，可是逸趣横生，嬉笑怒骂皆成文章。例如他骂外国人对我国的经济侵略，屡次用过这样的语句："我们四万万中国人，不是为供你们做买卖而生的。"（We four million Chinese are not born for you to trade upon.）外国人讥笑中国连年内战，是一个没有组织的国家，他则调皮地说："这是我们兄弟比武，等到练好把式，就要和你们外国人干一场了。"中国的纳妾制度，当然是封建社会的野蛮制度，但当外国人讥讽到这点时，他就诡辩说，这是中国文化的结晶。为什么呢？他解释说："人类最崇高的道德，不是自我牺牲

1920 年辜鸿铭（左）和友人合照。

吗？而女人所最珍贵的不是丈夫对自己的爱吗？可是中国的女人，不少为着丈夫的嗣续，宁愿牺牲丈夫对自己的爱而为他纳妾，这是何等崇高的牺牲精神！这样崇高的德性是西方的女人所能梦想到的吗？"像这样的俏皮话，在他的文章里面很多，可惜不能记清他英文原文的词句了。

民国六七年间东交民巷的各国公使对当时的北京政府，凡事多采取联合行动，组织成外交使团而以英国公使朱尔典为其领袖，于是朱尔典对中国人的态度，更加骄横倨傲，目空一切。辜鸿铭对于他的傲慢十分讨厌，时常当面或在背后，把他挖苦。在一次私人宴会上，朱尔典的太太对辜鸿铭太太说："你的老爷时常骂我的老爷，以后还这样我可不能答应了。"辜鸿铭被这句话激怒了，叫人对朱尔典太太说："你的老爷我尚且不怕，难道我会怕你？"等到朱尔典卸任回国，辜鸿铭拉一位外国朋友作陪，预先在东车站门口候着。朱尔典乘汽车到了车站，一眼望见辜鸿

1924年泰戈尔（中）访华，与辜鸿铭（前右）、徐志摩（左二）等合影。

铭，就知道不妙，匆匆忙忙和一群送行的人握握手后，就向站内走去。辜鸿铭一面紧跟着他，一面念诵着英诗名句："A man of high thinking smiles at that for all that and all that."（虽有那么一切那么一切，一个思想高尚的人只是好笑。）把朱尔典弄得异常尴尬，只好三步并作两步跳上火车避他。

辜鸿铭专好攻击外国人，可是英国使馆对他似乎很有敬意。民国十三年抑或十四年，他的朋友们在他家里搭台唱戏，替他做生日，英国使馆也派侍从武官领着十多个英国士兵来祝寿，由我替他当招待。那班英国人也照样按照中国的仪式，向寿幛作揖三个，可是举手过顶，弯腰过膝，姿态煞是可笑。

对于辜鸿铭的英文，我们英文系的学生是佩服的，对于他骂外国人的话，我们都觉得痛快，可是对于他的保守思想、顽固脑筋，我们真不敢恭维。他对于一切新兴事物都成见很深。对于新文化运动，他始终反对，认为这是一班留学生"用花言巧语，哄骗社会"（use flowery words to fool the public）。对于学生办杂志、写文章，他也反对，认为年轻人，见解不成熟，写出文章会贻误苍生。他在我们的班上说过，他留英时曾和两位同学相约（其中一位我记得是汉学家 Giles），不到四十岁不发表文章，后来他们三人果然都做到这点。他也常说，只有死猪、死猫、死狗才浮在水面，金银珠宝是沉底的。又常引述张之洞的话教诫我们："有官气的该打，有名士气的该杀。"对于学生他只希望他们好好读书，国事无论怎样，也不要多管。用他自己的话说是要像广东戏里面的落难小生"上山学法"，等到学成本领，再出台时就会由小生改换小武扮演，在大锣大鼓声中才出台了。

对于五四运动、六三运动、学生火烧赵家楼，罢课演讲，要求罢免曹汝霖、陆宗舆、章宗祥，宣传抵制日货，他没有公开反对，可是在私人宴会中，曾表示不赞成。这事不知怎样被罗家伦知道了，在班上提出质问，把他气得两眼圆瞪，当场把罗家伦逐出课室外，不许他再在班上听课。

他的汉文基础，原先并不很好，出国时还没有把汉文搞通，回国后才努力自修。由于大家都知道他的汉文不行，所以他在武汉张之洞幕僚中，有一晚乘兴写出第一篇文章，自己称为得意，第二天给梁敦彦看，梁为之大吃一惊，对他说："汤生（辜鸿铭别名）你真不是人呵！"总之他的中国学问并不深邃，人所共知，然而他却认真向往中国古代的文化，以至成为出名的守旧顽固分子，这确是难于理解的事。他守旧到连极普通的新名词也不肯用，甚至"对于""关于"等词，他在讲北京话或广州话时，我也没有听见他用过。对于许多翻译过来的名词，他都认为不妥。例如"physics"他就认为不应译作"物理"或"格致"（中国最初把物理叫作格致），而应译作"阴阳"。"chemistry"也不应译作"化学"，而应译作"五行"，因为它是讲"相生相克"的。军队上和学校里所用"立正"一词，他也认为不妥。他说这是袁世凯在小站练兵时，从东洋文直搬过来的，并不正确，因为英文"attention"并没有站立的意思。他主张"立正"应改为"听令"，这不特在意义上比较正确，而且在发音上也比较响亮，威武得多了。

不过，平心而论，从清朝末叶以至北洋军阀及国民党统治时代，甚至可以说，直到全大陆解放的头儿年，中国人不是害怕西方，就是崇拜西方，而他却居然公开藐视西方，想借区区一管钢笔来替中国人民争面子，虽则于事实无补，而就爱国主义观点来看，似乎还有一节可取。这是我个人的意见，不知大家以为如何？

辜鸿铭专骂西洋人是出了名的，他骂不骂东洋人呢？他对中日关系的问题又是如何看法呢？据我所知，他的确从来没有骂过日本人，无论写文章或私人谈话都没有骂过。相反他和日本人的关系，似乎还相当密切。他初娶的太太是日本人，她死后，辜鸿铭还在他家的神龛内供着她的遗像，遗像下面有他悼念她的一首五言四句诗，可惜我当时还没有学作旧体诗，看过后没有留心记住。他晚年的文章都是在日本人办的《华北明星报》（North China Star）上发表，该报的经理西井芳平，我就常在他家里遇着。辜鸿铭被北大解聘后，该报聘他做名誉顾问，每月送他二百元干薪。民国十五六年，他又被日本人聘去讲学，也就在讲学期间死于东京。照这些事实来看，他对于日本会不会怀着温情呢？会不会怀有知己之感呢？这一点确实难说。有一次他的儿子辜守庸对我说，他老人家对中日问题的看法无他，只觉得中日两国既是同种同文，应该友好相处，任何一方要欺侮对方或排斥对方，都是会对西方有利，而对中日双方不利的。即使辜守庸这话真的是辜鸿铭说过的，即使这话真的足以代表辜鸿铭的真实思想，这也已经比他常骂西方人的话温和得多了。

（1964 年 8 月 28 日）

（原载《文史资料存稿选编·教育》，全国政协文史资料委员会编，中国文史出版社，2002）

纪念蔡元培先生

——为蔡先生逝世二周年作

梁漱溟

民国三十一年（1942）二月自香港返桂林，《文化杂志》以时届蔡先生逝世二周年，属为纪念之文。愚于蔡先生逝世之初，曾为一文发表于重庆《大公报》，大意申论中国近二三十年之新机运蔡先生实开之。今不重述。今只述蔡先生的伟大兼及愚个人知遇之感于此。

蔡先生一生的成就不在学问，不在事功，而只在开出一种风气，酿成一大潮流。影响到全国，收果于后世。这当然非他一人之力，而是运会来临，许多人都参预其间的。然而数起来，却必要以蔡先生居首。

我说运会是指历史演到那时，刚好是上次大战将了，好多旧事物于此结束，而人类一新机运于此初步展开，在社会人生、在经济、在政治种种上面都苗露新潮流，与十八九世纪所谓近代潮流者不同。而中国呢，刚好在感受近代潮流引发第一度革命之后，反动的袁氏帝制运动、清室复辟运动，此伏彼起，新旧势力相搏之际。蔡先生即于袁倒黎继、南北统一内阁之下，应教育总长范静生先生之请，出任北京大学校长。范先生原是蔡先生作民国第一任教育总长时引为次长的，两公之相得自不待言。而况蔡先生以清朝翰林为革命巨子，新旧资望备于一身。此时欲从扩演近代潮流之中，更进而输入最新潮流，使许多新意识在中国社会一面深刻化，一面普遍化，俾克服旧势力于无形，实在除蔡先生能肩负此任务外，更无他人具有这气力的了。

这还不单是说蔡先生能得政府和教育界的支持，蔡先生的资望品概能服人而已，更要紧的乃在蔡先生的器局识见恰能胜任愉快。从世界大交通东西密接以来，国人注意西洋文化多在有形的实用的一面，而忽于其无形的超实用的地方。虽然关涉政治制度、社会体俗的像是"自由""平等""民主"一类观念，后来亦经输入仍不够深刻，仍没有探到文化的根本处。唯独蔡先生富于哲学兴趣，恰是游心乎无形的超实用的所在。讲到他的器局、他的识见为人所不及，便从这里可见。因其器局大，识见远，所以对于主张不同、才品不同种种的人物，都能兼容并包，左援右引，盛极一时。后来其一种风气的开出，一大潮流的酿成，亦正孕育在此了。

1903 年，蔡元培（左二）与次子和友人的合影。

关于蔡先生兼容并包之量，时下论者多能言之，但我愿指出说明的：蔡先生除了他意识到办大学需要如此之外，更要紧的乃在他天性上具有多方面的爱好，极广博的兴趣。意识到此一需要，而后兼容并包，不免是人为的（伪的）；天性上喜欢如此，方是自然的（真的）。有意的兼容并包是可学的；出于性情之自然是不可学的。有意兼容并包，不一定兼容并包的了；唯出于真爱好，而后人家乃乐于为他所包容，而后尽管复杂，却维系得住。——这方是真器局、真度量。譬如在蔡先生包容中，当时发生最大作用的人，第一要数陈独秀先生，次则胡适之先生。且不论他们两位学问深浅如何，但都有一种本领，就是能以自己把握得的一点意思度与众人。胡先生额脑明爽，凡所发挥，人人易晓。当时的新文化运动自不能不归功于他，然未若陈先生之精辟广悍，每发一论，辟易千人。实在只有他才能掀起思想界的大波澜。两位先生固然同得到蔡先生的支持，却是胡先生为人和易平正，原不须蔡先生怎样费力支持；陈先生就不同了，在校内得罪人不少，在校外引起的反对更多，而且细行不检，予人口实。若非得蔡先生出大力气支持，便不得存立住。若问蔡先生何以能这般出大力气支持他呢？就为蔡先生虽知他有种种短处，而

1908 年，留德时期的蔡元培。

终竟对他的为人抱有真爱好，对他的言论、主张具有真的同意和同情。——不是蔡先生，换任何一人都不会支持他，而在蔡先生若不是真爱他，真同情他，亦不会支持他的。

胡先生的白话文运动是当时新文化运动的主干，然未若新人生思想之更属新文化运动的灵魂。此则唯借陈先生对于旧道德的勇猛进攻，乃得引发开展。自清末以来数十年，中西文化的较量斗争，至此乃追究到最后，乃彻见根底。尽管现在人们看他两位已经过时，不复能领导后进，然而今日的局面、今日的风气（不问是好是坏）却是那时他们打开来的。虽甚不喜之者亦埋没不得。自然，说起当时人物并不止陈、胡二位，例如李守常（大钊）、顾孟馀、陶孟和、周树人、周作人、钱玄同、高一涵诸先生皆其

1918 年 6 月，北京大学文科哲学门第二次毕业摄影。前排左起为康宝忠、崔适、陈映璜、马叙伦、蔡元培、陈独秀、梁漱溟、陈汉章；中排左四冯友兰，左七胡鸣盛；后排左二黄文弼、左五孙本文。

著者，俱亦各有各的神通。所有陈、胡以及各位先生任何一人的工作，蔡先生皆未必能作，然他们诸位若没有蔡先生，却不得聚拢在北大，更不得机会发抒。聚拢起来，而且使其各得发抒，这毕竟是蔡先生独有的伟大。从而近二三十年中国新机运亦就不能不说蔡先生实开之了。

这时，我个人固然同在蔡先生的聚拢包容之中，然论这运会却数不到我，因我不是属于这新派的一伙；同时旧派学者中亦数不到我，那是自有辜汤生（鸿铭）、刘申叔（师培）、黄季刚（侃）、陈伯弢（汉章）、马夷初（叙伦）等诸位先生。我只是在当时北京大学内得到培养的一个人，而不是在当时北大得到发抒的一个人。于此，我们又可以说，蔡先生的伟大非止能聚拢许多人，更且能培养许多人。除了许多学生不说，如我这样虽非学生而实受培养者盖亦不少也。

我到北大任讲席，始于民国六年，而受聘则在其前一年，即蔡先生初接任校长之时。蔡先生之知我，是因我有《究元决疑论》之作，发表于上海《东方杂志》（约在民国五年夏连载于六、七、八三期，后来收入东方文库为一单行本）。此论之作盖兴感于黄远庸先生之惨死。那时，我在北京得到远庸从上海写给我的信，同时读到他的忏悔录（渡美舟中作，发表于《东方杂志》），随亦听到他在美国被刺的讯息。此论发挥印度出世思想，指示人生唯一的路在皈依佛法。原稿寄给章行严先生（士钊），适章先生奔走倒袁离沪，为蒋竹庄先生（维乔）所得，付《东方杂志》刊出。不久袁倒黎继，蔡先生既应范公之请，由海外返国。我以自十几岁爱好哲学，很早读到蔡先生的《哲学要领》一类著作，久慕先生而未一深谈（民国元年我为新闻记者，蔡先生为阁员，见过几面），特因范公介绍晋谒先生于其家。不料一见面，先生就说要请我到北大任教的话。

记得有一天，蔡先生约我与陈仲甫先生（独秀）相会于校长室，提出请我担任印度哲学一门课程（陈先生新聘为文科学长，相当于今所谓文学院院长）。我说："我何曾懂得什么印度哲学呢？印度宗派那么多，我只领会一点佛家思想而已。要我教，我是没得教的呀！"蔡先生回答："你说你不懂印度哲学，但又有哪一个人真懂得呢？谁亦不过知道一星半点，横竖都差不多。我们寻不到人，就是你来吧！"我总不敢冒昧承当。先生又申说："你不是喜好哲学吗？我自己喜好哲学，我们还有一些喜好哲学的朋友，我此番到北大，就想把这些朋友，乃至求知中的朋友，都引来一起共同研究，彼此切磋。你怎可不来呢？你不要是当老师来教人，你当是来共同学习好了。"他这几句话打动了我，我只有应承下来。

虽则答应了，无奈我分不开身。当时我正为司法总长张镕西先生（耀曾）担任司法部秘书，同时任秘书者有沈衡山先生（钧儒）。沈先生多为张公照料外面周旋应付之事，我则为掌理机要函电。倒袁者本以西南各省为主，张公实代表西南滇川两粤而入阁。正在南北初统一，政治上往来机密函电极多，我常常忙到入夜。我既于此门功课夙无准备，况且要编出讲义，如何办得来？末后，只得转推许季上先生（丹）为我代课。

及至次一年，经过张勋复辟之役，政府改组，镕西先生下野，我亦去职，南游入湘。10月间，在衡山的北军王汝贤等部溃走长沙，大掠而北，我亦不得安居，随着溃兵难民退达武汉，就回北京了。因感于内战为祸之烈，写了一篇《吾曹不出如苍生何》，呼吁有心人出来组织"国民息兵会"，共同制止内战，养成民主势力。自己印刷数千册，到处分送与人。恰这时许先生大病，自暑假开学便缺课。蔡先生促我到校接替，于是才到北大。

我在北大前后共七年，即自民国六年至十三年（从新思潮的酝酿、五四运动的爆发，到国民党改组），中间曾因脑病求去两次，皆经蔡先生恳切挽劝而留住，其详不烦说了。七年之间从蔡先生和诸同事、诸同学所获益处，直接间接、有形无形，数之难尽。总之，北京大学实在培养了我。论年辈，蔡先生长于我廿八九岁，我只算得一个学生。然七年之间，与先生书信往返中，先生总称我"漱溟先生"，我未尝辞，亦未尝自称晚生后学。盖在校内原为校长、教员的关系，不敢不自尊，且以成蔡先生之谦德。后来离校，我每次写信，便自称晚学了。

近年，四川报纸有传我初投考北大，未见录取，后乃转而被聘为教授等，非事实。从上面所述可以看出（那时蔡先生以讲师聘我，亦非教授）。不过，我初到北大时，实只二十四岁，与诸同学年齿相若，且有比我大两岁者。如今日名教授冯友兰、顾颉

1920年3月14日摄于北京卧佛寺。左起：蒋梦麟、蔡元培、胡适、李大钊。

刚、孙本文、朱谦之诸君皆当日相聚于课堂的。更有少时与我为同学友，而其时却正求学于北大的，如雷国能（在法科），如张申府（崧年，在理科）诸兄是。

当时蔡先生为什么引我到北大，且再三挽留我呢？我既不属新派（外间且有目我为陈、胡的反对派者），又无旧学，又非有科学专长的啊！此即上文所说，蔡先生具有多方面的爱好，极广博的兴趣之故了。他或者感觉到我富于研究兴趣，算个好学深思的人，放在大学里总是好的；同时呢，他对于我讲的印度哲学、中国文化等自亦颇感兴味，不存成见。这就是一种气度，这一气度完全由他富于哲学兴趣相应而具来的。换言之，若胸怀意识太偏于实用，或有独断固执脾气的人，便不会如此了。这气度为大学校长所必要有的。老实说，这于一个为政于国的人有时亦同属必要吧！

由于蔡先生爱好哲学，又请来有哲学兴趣的教员，亦就开发了学生们的哲学兴趣。在我眼见的七年中，哲学系始终是最重要的一个学系。当其盛时，比任何一学系的学生都多。除了注册选修哲学课程者外，其他学生自由来听讲的亦很多。校外的人（例如琉璃厂高师的学生、太仆寺街法专的学生，还有些不是学生的人）经常来听讲者亦颇有之。注册部所安排的教室每不合用，就为按照注册人数，安排的教室本可以容纳下，而临时实来听讲的人数却加多，甚至加多达一倍，非掉换大教室不可。依我自己的经验，当民十二及十三年上半年，我讲儒家思想时，必须用第二院大讲堂才行，通常听讲人数总在 200 人左右。到课程结束，举行考试时的试卷，亦有 90 多本。此即正式注册的学生了。闻人言，近年（指抗战前和抗战中）南北各大学哲学系学生少得可怜，几乎没有人愿入哲学系。此固一时风气不同，然亦可见蔡先生当年倡导总算成功。

若问蔡先生何以能有这种种成功——他能罗致人才，能造成学风，能影响到全国大局，使后之言历史者不能不看作划时代的大节目。其成功之因果何在？我可以告诉你：此无他，他只是有他的真好恶。何谓真好恶？儒书上指点得明白："如好好色，如恶恶臭"便是。有真好恶，而后他的一言一动不论做什么事，总有一段真意行乎其间。这样，他便能打动人。人或者甘心愿跟着他走，或随着他，有一段鼓舞于衷而不自知。朱晦庵尝说的一句话："是真虎乃有风"，正谓此。他不要笼络天下人，他更不想强制天下人听他的。一切威迫利诱的手段他都不用，然而天下人却自为他所带动。他毕竟成功了，毕竟不可磨灭地成功了。反之，那些玩手段的欺人自欺亦或自觉得一世之雄，却每每白费力，落得一场空。这亦就是儒书上"不诚无物"一句话了。

总之，我所了解的蔡先生，其伟大在于一面有容，一面率真。他之有容，是率真的有容；他之率真，是有容的率真。更进一

蔡元培与夫人周峻

层说：坦率真诚，休休有容，亦或者是伟大人物之所以为伟大吧。

今者距新思潮之风动全国既 20 年，距余之离开北大亦既十七八年，距蔡先生之身故既满两年，而余亦寝寝 50 之年矣。自顾尚无所成就以答蔡先生之知遇，以报北京大学之培养。切不敢妄自菲薄，将致力于新文化运动之建设的工作，无使蔡先生之精神徒如过去新思潮所表现者而止，而更有其最后之成果焉。是则区区心愿之所在也。因纪念蔡先生，并志于此以自励。

附记：

此文写于民国三十一年，即 1942 年。1970 年忽于乱纸堆中发见吾手稿原迹，计经二十有八年矣。既审视其不无可存，则重为抄录一通，复就回忆所及 50 年前之往事附记于其后。

文中说蔡先生有多方面之爱好，极广博之兴趣，其可征之事例甚多。今试举其一，尔时（约在 1927），京中有蜀人张克成先生宣讲佛家唯识论著于广济寺，任人听讲。蔡先生时出任北大校事非久，竟然拨冗偕友几次往听。其实，张先生信佛虽笃，却不通唯识，其错解可笑，愚著《唯识述义》曾指出之。然蔡先生之好学岂可及耶？

文中说北大哲学系尔时之盛况，曾及 1923—1924 年愚讲儒家思想时来听者之多。却须知听众非尽属思想上的同调，为求学习而来者。愚曾闻有反对派来听。（注：同学中有彭基相、余文伟以我为唯心主义，夙示反对，倡言"我听听他荒谬到什么地步"）此正见出当时思想自由活泼之气象，凡哲学界所以成其盛况者讵不在此耶？

1970 年 11 月 3 日记

又文中"他不要笼络天下人，他更不想强制天下人听他的，……反之那些玩手段的欺人自欺，亦或自觉得一世之雄，却每每白费力，落得一场空。这亦就是儒书上'不诚无物'一句话了。"盖有感于当时执政者蒋介石而发。时当抗日战争中期，百事望之于蒋，而误于蒋，深有慨于心也。

同年 11 月 8 日又记

此文纪念蔡先生兼及当年愚受任北大哲学系讲席之事，因回忆往昔同学盛况如次，计同班同学有孙本文、顾颉刚、冯友兰、黄文弼、朱自清诸君。其时我 24 岁，论年齿彼此大致均相若。班上唯一年长者为谭鸣谦，即是后来革命运动中出名的谭平山其人，他年近 30 矣。同学诸友固远不止此数，此举其后来学问上各有造诣，且均为大学的名教授，我此一时偶尔回忆中者数人而已。

1984 年 2 月 5 日漱溟识

我以民国六年受聘于北京大学，民国十三年辞离北大，计首尾七年。七年之间所熟识交好者初不止于哲学系诸同学，而泛及于其他科系，如罗常培、罗庸皆国文系，如陈政则德文系，如叶麐则理科，如黄艮庸则在预科，朱谦之（自由听课，不属任何学系）、王恩洋（旁听生）、谷源瑞则属哲学系。后因在国民参政会任秘书而特别相熟，至如王星贤（英文系）虽在学校时不相知，而晚年来过从颇密，十分契合。

1984 年 2 月 5 日再识

（原载《文史资料选辑》第 110 辑）

章太炎先生东京讲学琐记

任鸿隽

　　我认识太炎先生是他在日本东京主持《民报》编辑时期，而我早在中学时代就获读了他的《答康长素书》和《訄书》。他的议论精辟，词语典雅，在当时谈革命的文字中可谓独树一帜。从此，我对他是五体投地地佩服了。

　　1908年我到日本东京留学，太炎先生已在前两年从上海租界出狱，由民报社邀约到东京主持《民报》编辑了。当时有一班热心国学的留学生，趁此时机组织了一个国学讲习会，请先生开讲国学。我记得第一次讲学是在东京神田区大成中学借了一个讲堂开始的。听讲的人以浙人川人为多，浙人中有沈士远、兼士兄弟、马裕藻、马叔平、朱希祖、钱玄同、龚未生等；川人中有曾通一、童显汉、陈嗣煌、邓胥功、

章太炎

钟正楸、贺孝齐、李雨田及我与我的兄弟任鸿年等。还有晋人景耀月、景定成；陕人康宝忠。这些人大概是每讲必到的，所以还记得。此外还有偶然来去的，也不在少数。讲习的内容由先生决定，开始讲顾炎武的《音学五书》，其次讲段玉裁的《说文解字注》，其次讲郝懿行的《尔雅义疏》，其次讲王念孙的《广雅疏证》，这些都是小学的基本书籍。先生在每条有问题的地方，举出自己的意见详加解释，再由学者们逐条记录在原书的条文上。这样每周一次，继续了一二年，听讲的获益不少，后来有几个成了国内有名的历史学家和文字学家。小学讲毕后，我们请先生讲诸子学，于是先生讲了《庄子》。记得讲《庄子》时，我们觉得先生关于《庄子》文字的解释极富新义，希望先生把它写出来。次日先生就拿了一部批好的《庄子》来给学生看。他这样精勤不懈，实在令人敬佩，后来就成了他的《庄子解故》一书。讲过了这些古籍之后，先生还做了一次系统的中国文学史讲解。记得此次是在小石川区先生自己的住宅内讲的。先生手中不拿一本书，一张纸，端坐在日本的榻榻密（地席）上，一口气两三个钟头亹亹而谈。这样大约讲了四个上午，把一部中国文学史讲完了。若是把他说的话记录下来，可以不加修改便成一篇很好的白话文章。后来先生把这个讲演写了出来，成为他的《国

章太炎讲学照片

故论衡》，可惜他写成古文以后，反而失掉了讲时的活泼风趣。先生同一般的中国学者一样，不大喜欢和人往来，平时总是耽于深思之中，但是对于学者们请他讲学或其他学术上的商讨，从来没有看见他推辞过。这样讲学，于先生本人的成就也有好处。据我所知，先生的著作，如《文始》《新方言》《岭外方音集》《庄子解故》《国故论衡》，都是在此时成书的。

当先生讲中国文学史时，有一天我们见先生的门首列了一个小榜，把中国古来的文人分为几类：第一是通人，如东汉的王仲任、仲长统，隋的王通，宋的司马光，属于此类。第二是学者，如明末的顾炎武、王船山，清代的全谢山，属于此类。第三是文士，如西汉的扬子云，唐的韩昌黎，宋的苏氏兄弟，属于此类。可惜当时没有把这个名单抄下来，现在已记不清楚了。我们当时窃窃私议，以为先生是属于第一类的。

先生虽主《民报》笔政，但其政治主张亦不全与同盟会相合。如在《民报》论说中有《代议然否论》一文，显然与当时革命党中的民权论大有出入。1909 年《民报》既被禁，陶成章自南洋来东京，与先生复兴光复会。辛亥革命后，先生返居沪上，对于临时政府的许多设施如定都、借款等事多所匡正，同时对于党政军人的争权夺利，深致不满。记得某次在南京的川军开会追悼四川革命时期死义先烈，先生送来一副挽联，写道：

> 此地龙蟠虎踞，古人之虚言；
> 群盗鼠窃狗偷，死者不瞑目。

当时看见这副对联的均为之骇然。也许是因为陶成章被刺的刺激吧，他此时思想言论渐渐与同盟会党人相远，以至于与当时的官僚兼名士的熊希龄、张謇等组织统一党，来与同盟会对抗。

1918年我从美国留学归国，到上海的寓所去探访先生，看见先生书房里挂着黎元洪赠送的四个亲笔擘窠大字"东南朴学"，可见先生对于黎的赠语是相当重视的，而这四个字先生也当之无愧。

先生在近代人中最佩服的，除了昆山顾亭林之外，还有他的乡先哲青田刘基。据闻当时他被袁世凯软禁在北京时，绝食14天，自分必死，曾写信给青田的朋友，要他们在刘基墓地附近为他造一生圹，死应即归于此，以"申死生慕义之志"，并亲书"章太炎墓"四个大字寄去，以作墓碑。1936年，先生归道山了。新中国成立后，人民政府把他卜葬于西湖张苍水祠之后，与张苍水墓在一起。这是因为西湖为游人行踪易到之处，便于凭吊，同时也因为张苍水是明末抗清志士，代表民族正义，与先生景慕刘基的遗志是符合的。听说现在先生的墓碑仍用他自书的"章太炎墓"四字，所以直书其名，而没有附加任何称号。

（原载《文史资料选辑》第94辑）

章太炎先生晚年在苏州讲学始末

任启圣

  1932年，十九路军在淞沪抗战后，章太炎先生见日本步步进逼，蒋介石不愿抗战，拟赴华北游说张学良、吴佩孚诸人奋起抗日。乃于1934年偕同孙中山时代曾任大本营之军务部长龚振鹏到北京。时吴佩孚新由四川来京，亟图再起，但手无实力，一切尚须张学良支援。一日先生在吴佩孚宅中正高谈抗日，适前教育总长东北人刘哲在座，吴问刘奉军入关人数，刘答20余万人。吴曰，曹操下江南号称80万人，周瑜以5万人破敌，今日奉军尚多，何以不敢抗战？刘大怒曰，此是《三国演义》所说之事，与今日时代不同，拂衣而去。先生见事无可为，遂返沪不谈国事，决心讲学。旋应苏州国学会之邀到苏讲演，听众逾千。先生喜曰，吴人慕吾名，故听众踊跃，又以其师俞曲园曾居苏，乃在苏州城内侍其巷购房一所为讲学用。先生夙婴鼻疾，曾在协和医院割治无效，蒋介石闻之赠予现金3万元，先生不受。居正、张继等人乃改用中央党部名义赠之，谓先生为同盟会创始人，与后来改组之国民党有关，此为敬老计，非蒋氏一人之私，左右亦劝先生以此项赠金移作章氏国学讲习会经费。鲁迅谓先生晚年接收馈赠，或即指此。先生以经费有着，原屋湫隘，不堪讲学之用，乃在苏州城中心锦帆路另建新楹，计楼房两幢，讲堂数间，又在外租赁宿舍一处，供外埠学生住宿。原拟每人每季收学费24元，至此则完全无需收费，已缴者照数退还。此章氏国学讲习会开办之缘起也。

1935 年暑假开始，共招学生 72 人，籍隶 14 省。江浙人居多，北方人甚少，计甘肃一人，山西三人，山东四人，辽宁一人，河北籍者仅余及陈兆年两人。先生自任主讲，每星期担任四小时，每次二小时。尚有助教多人，以前中央大学历史系主任教授朱希祖担任《史记》，前东北大学主任教授马宗芗担任《庄子》，孙世扬担任《诗经》，诸祖耿担任文选，黄蕙兰（黄侃前妻）担任《易经》。诸生慕先生名，听课时无一缺席，其余则零星点缀而已。先生首讲《左传》，次讲《尚书》，最后拟讲《说文》，尚未开讲即已去世。犹记先生讲《尚书》时，凡注疏已通者一概不讲，发现错误始进行驳辨，一字之微常辨析数小时而不倦，引经据典，口若悬河。先生不编讲义，不带参考书，惟凭口诵手写，不但《说文》《尔雅》背诵全文，即对《汉书》颜师古注，亦如数家珍。有人说，国学家第一本领即是书塾，此皆幼年刻苦用功死读强记至老不忘一字，故能左右逢源，一隅三反，非今之一知半解者所能望其项背也。先生讲《尚书》毕，做总结时说，《尚书》自马、郑至孙渊如，讲通者不过十之四五；高邮王氏精于训诂，且不拘今古文，自出心裁，讲通者又有十分之一；仲

晚年章太炎

容可取者只有三十条；曲园先生群经评议中亦有可取者，连余所得一百七八十条，又搞通二成，共得八成。其余二成，本人亦不通，有待来者。仲容与曲园意味不同，然皆敬服高邮王氏，王氏于训诂中兼校勘，仲容兼有校勘，而曲园无之，且常改古人之语，此是少年气盛，处处想胜古人，然亦不见得能胜也。清儒注《尚书》者有江声、王鸣盛、孙星衍三家。江有思想少收罗，于今古文不大分辨，其说混杂；孙多收罗少思想，采今古文，其说不一贯；王作《尚书》后案，一以郑康成本为主，所不同者，概行驳斥，其说墨守，虽较江为可信，究非治经之道也。

余生也晚，亲见洛阳出土之三体石经《无逸》《君奭》两篇之残片内有"又作有"，"恭作龚"，"威作畏"等字，皆可因此而校他篇，故余创获独多。余解经与高邮同其旨趣，间或过之。并非古人读书不多，智慧不够，盖当时坊间所能供应之材料只有此数。余借地下出土之力始考证如许。若能继续出土，继续研究，或有全部讲通之一日。昔人谓尚书系孔子删定，篇篇可法，句句可信，余不以为然。孟子以《尚书》有夸大处，取二三策可已矣。武王伐纣杀人三亿，十万为亿，尚为三十万，杀人实不为少。《尚书》大传亦引此事，"不爱人者及其胥余"一语，正见其夸大也。又谓"贤"字当是"坚"字之误，有财者未必贤，贤者不能从"贝"也；"来"字象形似麦，而"麦"不能从"夕"也。诸如此类者甚多。不铺张，不虚伪，不取孤证，言必有征，斯乃朴学家实事求是之精神。

先生继江声、王鸣盛、王念孙、孙星衍、俞曲园说证之后，集其大成，巍然独立者也。先生讲书或谈话，凡列举人名皆有分寸可寻，而毁誉则包含其间。如汉儒郑玄，则称郑康成；王念孙，则称王高邮；至其师俞樾，则称曲园先生，不冠姓。对康南海则直称其名曰康有为，并不信口骂人。早年从事革命，推翻专制，不得不峻刻风厉，取快一时。及讲学，则一趋于平正，固儒家之态度也。

先生晚年颇留意明史，在临殁前数日尚读明史不辍。以明前为蒙古、后为清廷，其史取材不纯，语多忌讳。尝拟另行撰述，并嘱其门人朱希祖注意。朱在各大学主讲历史多年，搜集明末清初材料甚富，为一代权威。惟其在学会讲《史记》时，颇不受同学欢迎。为考证司马迁之死日，费时数月，直至先生病殁，尚未举出。同学尝戏语曰，朱师此来（每月来苏两次）司马公或尚未死。《史记》一书有多少题材可以发挥阐述，而于司马之死日则纠缠不休，琐碎支离不得一当。记其挽先生联云："一代大儒尊绛帐；千秋大业比青田"，语极庄重，然与朱浩联语相比似又逊一筹矣。浩，苏州人，学问渊博，颇得先生器识，因藐视诸助教，甚少听课。及先生殁，浩亦挽以联，上联为："赐尔来何迟也"，下联为："禹吾无闲然矣"。运用自然恰合身份。余以同学关系，曾交谈数次，其人面目俊秀，言吐风雅，惟恃才傲物，旁若无人，盖亦狂狷之流。朱联以青田比先生亦有所本，盖先生前颇以刘伯温自况。民初被袁世凯拘禁于北京龙泉寺时，日书死字，并愿死后埋骨于刘墓之旁。经人疏通刘氏后人，颇表同意。迨先生病殁，国民党明令国葬。章夫人以伯温原籍青田县，交通不便，拟安葬杭州，与湖山不朽。次年淞沪战起，乃将遗棺权厝于锦帆路本寓后菜园。新中国成立后经浙江人民公葬于西湖，与章夫人原议甚合，然非先生本志也。

1935 年冬，天津《大公报》主笔张季鸾到苏为其父碑文事面谢先生，并问先生中国能亡否？先生答曰，若以单纯中国历史来看，国民党政府所造亡国条件俱备，但今非昔比，尚须看国际形势如何。倘亡国之后，愿吾子孙世世勿受其禄。此语涉及国民党，当时报界皆未敢刊出。先生在苏出语亦颇谨慎，在讲堂中决不牵涉政治一字，同学至私室请教之，亦皆一笑置之。如询同盟会事，亦只云孙中山聪明敢干而已。其他则一概不谈。

1936年农历四月，章夫人为其生母在苏州郊外苛窿山某寺祝嘏，同门师生全体前往，寺中备有素餐。临行前，章夫人语同学，诸君按日上课，用功过于劳累，乘此初夏季节，入山游览，大可开拓胸襟，若谓上寿则吾不敢。是日乘专轮前往，与余并肩而坐者为龚君振鹏、朱师希祖，舟中叙先生逸事甚多。及夜晚返城，忽报先生病笃。章夫人尚留山中，闻报亦赶至。李根源先生时居苏州，常与先生往还。一日忽传集同学分班至先生病榻前举香站立，口诵阿弥陀佛，以四人为一班，每班站两小时。至余值班时，在某日下午四五点钟。先生已入昏迷状态，痰声如锯，次日即逝去，享寿六十有七。先生精于医，其门徒孙世扬亦精医术，而皆不能治，或诊鼻痈毒菌侵入脏腑所致。当备金丝楠棺一具，价1000元，即日入殓。章夫人就灵前语同学，大师虽去世

章太炎和他的女儿们

（学会中人皆称先生为大师），学会则照旧办理，继续完成大师遗志，愿诸生在灵前签名。同学以新丧，又受章夫人之感动，皆签名，然亦有签后襆被归家者。而学会直办至1937年中日战争开始时为止。

学会规定学员修业两年，由各省市文化机关团体保送，并指定作论文一篇，经审查合格后发给听讲证即可报到入学。时余在山东工作，慕先生名，乃托由山东教育厅保送到苏州。但到苏州后困难甚多。第一，先生讲话完全余杭土音，且素患鼻疾，鼻息不通，读字又用古音，听课时几若木鸡呆立。华北诸生皆具同感。迨相处日久，查对同学笔记，渐亦明了；第二，宿舍拥挤，入夜灯火通明，读书声大作，且有高谈阔论者，几至不能睡眠。一日三餐皆系米饭，迨包饭人送到，饭菜皆凉，又不合北人口味。余遂邀集华北同学11人，另在护龙街租楼上下四间，请厨师一人专做面食，早点由个人自备，统计每人每月房饭费八九元。当时同学江浙人居多，体质柔弱，北籍者亦以马宗芗及余身体较好。马君练长拳，余习太极拳，每早携华北籍之同学到王废基五三公园练拳，傍晚再至公园茗饮。星期假日联袂出游虎丘、云隐、留园、拙政园、沧浪亭、寒山寺等处，足迹踏遍苏州全市。回思前尘犹有余恋，而流光易逝，两鬓生霜，同门师友凋零殆尽，即最亲爱之甘肃李恭、河南曹君依仁亦皆鸿飞冥冥。诸同学年龄不一，程度亦不齐，最长者54岁，为辽宁人马宗芗；最小者十七八岁。其中有教授、有教员，有大学或高中师范生，亦有慕名而来归者，大皆好学深思之士。而先生每谓得隽才甚少，孔门三千而得名者不过七十有二，才难之叹，古昔皆同，正不必为同学讳也。

先生精声韵文字训诂之学，而尤重《说文》。同学相习成风，皆争购《说文》四五种：为段玉裁之《说文解字注》，王筠之《说文句读》，桂馥之《说文义证》，朱骏声之《说文通训定声》，皆在所必读。以同学70人计，每人四五种至少应购二三百部，在护龙一街俯拾即得。自民国肇建以来，《说文》已成僻书，翻版甚少，即商务、中华亦并于四部之内，朱、桂两家尤不多见。北京琉璃厂素有文化街之称，若骤购《说文》四五种、大小数百部，恐亦捉襟见肘。而苏州书肆应付裕如，苏州向日出版书之多而且集中，决非他处可以比肩，先生卜居吴下，或亦着眼于此也。

学会虽由先生出名主办，而操持内幕者实为其夫人汤国梨。余初至苏州照例先谒师母（同学皆呼章夫人为师母），夫人谓凡来会求学者，皆属同道，我竭诚欢迎，否则虽中央大员来，恕不招待。其口气颇大，亦甚得体，又笑谓大师只是教授，并不管会事，余系会长兼庶务，诸生有事可来找余商量，不必麻烦大师，而大师亦不善于管事也。诸生一切琐事以及起居医药皆由章夫人，体贴周到，无微不至。夫人善诗词，著有《影观诗集》，曾充上海务本、爱国诸校教员。民二太炎先生登报征婚，经蔡元培等之介绍，始与先生结婚。尝谓余之学问皆系自修，并非得自章氏，虽系夫妇而谈学问机会甚少。在苏州时，先生与夫人各居一楼，除两餐时会面外，其余时间皆在读书，尚不如同学听课方便。去岁闻李老根源谈，章夫人仍住苏州锦帆路旧宅，三年前曾来京一次，精神尚佳，年龄已在80以外。其长子习土木工程，不能传其业；次子章奇留学国外。

1962 年 4 月

（原载《文史资料选辑》第 94 辑）

回忆梁启超先生

李任夫 [①]

  1926 年我在北京师大求学的时候，正是梁先生息影政坛，专门从事学术研究的阶段。自从第一次世界大战结束之后，他和蒋百里等漫游欧洲，写成《欧游心影录》一书，即决心不再过问政治。以后他在大学教课，是清华大学研究院四大导师之一，同时也在北京师大、南开大学兼课。他在师大教的是中国文化史，只讲到社会组织编，每周也只来两次。由于他的名气大，学识渊博，他每次来授课，教室里都是挤得满满的，以致室无隙位，有的还站着听。有些同学虽是学自然科学的，但届时宁可牺牲本门功课来听他的讲授，可见他的吸引力是如何的大了。

  他每次来校，坐的都是自备马车。他在车上是手不释卷的，一进校门，才把书装进提包里，但一到教授休息室，他又把书展开了。他真是一个好学不倦的人。他讲授时，对每一问题，都是上下古今，详征博引，精辟透彻，引人入胜。在引证当中，同时提出自己的见解，来启发大家。他不止一次地谈到："凡研究学问，既要能钻进去，又要能走出来，才不致为人所蔽，而能自有所得。所以古人说读书就是攻书，这个'攻'字很有意义，要很好地体会。"他的话确是我们研究学问的指针。梁先生是文满天

[①] 作者李任夫曾是梁启超的学生。

下的人，凡是读过梁先生文章的，无不为其带感情的笔锋所吸引。他的文章议论纵横，笔锋犀利，而又深入浅出，是人所共知、自成一格的。可是出乎意外，他的口才却赶不上他的文才。在行文上他是思如泉涌，下笔万言，得心应手。然而在讲演上，他不是口若悬河。他虽循循善诱，但在紧要关头，我们发觉他往往是将两手交叉胸前，好似准备与人搏击的姿态，非常紧张。我平生听过不少名人讲演，很少看到这种表情。即以孙中山先生的讲演而论，在他讲演的时候，时间长了，也偶尔将两手往后交叉，但是他的态度却是从容不迫的，他的这种动作，反而引起人们的兴趣，能提高听讲者的注意力，决不像梁先生那样使人发生急迫感。这确是一个鲜明有趣的对照。也许是梁先生在讲演上的训练不及孙中山先生的驾轻就熟吧。

记得在他50岁生日那天，他特地在北京某女校举行一次讲演。我想听听他的议论，约同楚中元（楚中元是毛泽东同志的同

梁启超

学，新中国成立后任中央文史研究馆馆员）同学一道去了。梁讲的题目是《知命与努力》。他是联系孔子所谓"五十而知天命"的话提出来的。在讲演中，一次他突然举起右手指向前面一扇墙大发其议论。记得他说："人生五十，是一生的里程碑，所以孔子说'五十而知天命'，这是孔子从几十年的经验中概括出来的一句很有意义的话。所谓天命是什么呢？决不是八字先生所谓的命，而是通过自己躬行力践认识到的一个道理。譬如我前面的那扇墙，我今天就想努力把它推倒，是不可能的，努力是要的，但在看清楚客观环境之后，明白了自己主观上纵如何努力，也无济于事，我今天不可能把这扇墙推倒了，这即所谓天命。换句话说，天下事物都有个分际，有个限度，我们所谓努力，只能在这个分际和限度之内去活动。如果要想超过这个限度，一定要勉强而行之，那是达不到目的的。中国过去有愚公移山、精卫填海的传说，那是寓言，那是神话，决不是事实。我们决不能把神话和寓言与事实等同起来。"最后才联系自己说："我从少年时代起，就立志要改造中国，中间奋斗了几十年，成了今天的我，但中国还是这么乱，这么落后，既不能富，也不能强。为了改造中国这个理想，我不知道付出了多少代价，是人所共知的，难道说我不努力吗！可是，到了今天，50岁的今天，我已认识到这个改造中国的大任，已不可能在我有生之年及身完成了，这就是我的天命观。但是中国还是要继续改造的，还要继续努力的，不过这个责任就落在各位青年身上了。我希望各位要立大志，下决心，为我们的事业继续奋斗，在这个基础上，再努力前进，一定要把中国改造过来。我虽然尽了几十年的努力，不过为各位做个开路先锋而已。"他说完之后，不禁感叹唏嘘。由此可见梁先生此时的精神风貌，已不是戊戌政变前后那样朝气蓬勃了。正由于他的这种天命观,所以他不再搞政治活动而走向学术王国,以求安身立命之所了。虽然他对一向信奉的改良主义,仍然是依依不舍的。

在一个星期天,楚中元同学为了要请梁先生为他的诗稿题封面,约我一道去看望梁先生。因为我也想请梁先生写字,便欣然同往。当我们到梁先生那里时,他即很热情地招待我们,除了泡茶之外,还添上两盘糖果,可见他是很平易可亲的师长。在我们说明来意之后,他马上欣然命笔,首先为楚中元写了封面题字,还盖上印章。次即为我写了副对联,原文是:"万事祸为福所倚,百年力与命相持"。写完之后,他一再对我说:"这是我青年时代一首诗的录句,可以想见我当年的豪气。我今天特别写给你,也是希望你立志向上奋斗。"同时他又说:"上一句是老子'祸兮福所倚'的话,下一句是墨子《非命篇》的意思。凡事要从远处看,切不可以一时的起伏而灰心丧志,一定要有'定力'和'毅力'。人的一生,都是从奋斗中过来的,这就是力与命的斗

梁启超书法

争。我们要相信力是可以战胜命的，一部历史，就是人类力命相斗的历史，所以才有今天的文明。我平生行事，也是信奉这两句话。所以遇到任何逆境，我都是乐观的，我是个乐观主义者，也许就是得力于此，希望你们青年人要从古人这种哲语中去吸取力量。"他这番话，可真是语重心长，我和楚中元都很感动。虽然时间已逝去了将近60年，每一回想，不仅他的音容笑貌，宛在目前，而且他的话，也给我一种前进的力量。很可惜这副对联，不幸在抗战中遗失了，真是遗憾。

最后，由于楚中元一个提问，又引出他滔滔不绝的议论来，是很有意思的。楚中元问他："梁先生过去保皇，后来又拥护共和；前头拥袁，以后又反对他。一般人都以为先生前后矛盾，同学们也有怀疑，不知先生对此有何解释？"他听了楚中元的话以后，沉吟了一会儿，然后以带笑的口吻说："这些话不仅别人批评我，我也批评我自己，我自己常说：'不惜以今日之我去反对昔日之我'，政治上如此，学问上也是如此。但我是有中心思想和一贯主张的，决不是望风转舵、随风而靡的投机者。例如我是康南海先生的信徒，在很长时间里，还是他得力的助手，这是大家知道的。后来我又反对他和他分手，这也是大家知道的。再如我和孙中山，中间曾有过一段合作，但以后又分道扬镳，互相论战，这也是尽人皆知的。至于袁世凯，一个时候，我确是寄以期望的，后来我坚决反对他，要打倒他，这更是昭昭在人耳目了。我为什么和南海先生分开？为什么与孙中山合作又对立？为什么拥袁又反袁？这决不是什么意气之争，或争权夺利的问题，而是我的中心思想和一贯主张决定的。我的中心思想是什么呢？就是爱国，我的一贯主张是什么呢？就是救国。我一生的政治活动，其出发点与归宿点，都是要贯彻我爱国救国的思想与主张，没有什么个人打算。例如在清末，在甲午战争以后，国家已是危若累卵，随时有瓜分亡国之忧。以当时的形势来说，只能希望清朝来一个自上而下的彻底改革。康先生的主张是对的，我以为是有前途的，不幸成了历史悲剧。可是后来情况变化了，清朝即倒，民国建立，已经成了定局，而康先生主观武断，抱着老皇历不放，明知此路不通，他还要一意孤行到底，这是不识时务。为了救国，我不得不和他分开。至于孙中山，他是主张暴力革命的，而我是稳健派，我是主张脚踏实地走的。我认为中国与法国、俄国的情况不同，所以我不主张暴力革命，而主张立宪改良，走日本维新的路，较为万全。我并不是没有革命思想，但在方法上有所不同而已。对于袁世凯之为人，因为他当时有相当力量基础，我拥护他是想利用他的地位来实行我的主张。孰知他后来倒行逆施，甘冒天下之大不韪，成为国贼。为了国家的前途，我当然与他势不两立，与他决一死战。回想我和蔡松坡发动讨袁时，我们约定，事如不济，以死殉国；事如成功，决不做官。我开始拥袁，是为了国家，以后反袁，也是为了国家。我是一个热烈的爱国主义者，即说我是国家至上主义者，我也承认。顾亭林说得好：天下兴亡，匹夫有责。假如国之不存，还谈什么主义、主张呢！还谈什么国体、政体呢！总之，知我罪我，让天下后世批评，我梁启超就是这样一个人而已。"他说到这里，似乎很为激动。我们怕为难了老师，也不愿再继续谈下去了。当然，他的言论与他的活动，是否言行一致足以取信于人呢，那是另一个问题。不过，从他一再自我强调爱国与救国这一点，他说自己是一个彻底的爱国主义者，我想决不是哗众取宠的自我标榜吧。

我们自从那次长谈以后，就很少个别接触了，只是继续听他讲课而已。在我离开北京南下以后，惊闻他于 1929 年 1 月病逝于北京协和医院。师生之谊，令我感伤，久久不能平静。他一生以惊人的才华，渊博的学识，辛勤的努力，已为我们留下了1400万字的遗产，其中若干著作，即在今天仍有一定的参考价值，可以批判地接受。以著作的丰富和内容的博杂，在中国近代著作家中，实无一人可与伦比，假如能延长他的生命，我们相信一定还有所贡献，这是一般人共同的看法。他已表现的成绩，都已成为国家的财富，永远值得纪念。我们只要回顾一下旧民主主义革命那段历史，就会发现他介绍了、宣传了许许多多的新人、新事、新学说，使人们大开眼界。他虽不是站在革命的立场，然而相反相成，对革命也起了促进作用，即许多无产阶级革命家，包括毛泽东同志在内，都或多或少受过他的影响，这是客观事实。在一定程度上，也可说他是近代史上启蒙运动的先驱者，他的贡献是应该肯定的。列宁说，历史的功绩，不是以历史活动家较之近代的要求还没有什么来判断的，而是以他们较之其前驱者做了什么新的事情来判断的。这是历史唯物主义的论断，知人论世，我们对于梁启超先生这位历史活动家的历史地位，也应当作如是观。

（原载《文史资料选辑》第111辑）

忆东南大学讲学时期的梁启超

黄伯易

我在旧制中学曾读过康有为、梁启超不少文章，随着时代转移，思想也起着变化，然而对这两位在近代史上曾起过启蒙作用的大师始终怀着敬仰之情。1921年，我在南京进了东南大学。听说梁启超受聘清华、燕京作教授，住在清华园，闭门看书，不问政治，我心想他真是无比清高。1922年夏初，我一到学校就听到梁启超、杜威、胡适受聘到南京讲学的消息了。

梁启超在国立东南大学主讲《先秦政治思想史》，先后开班两次，都与我的生物系必修课程时间冲突，连去旁听都不可能。然而因其他关系，我同他接触的机会倒也不少。令人惊异的是，在当时"自由讲学"的讲坛上，如胡适、张君劢、江亢虎、张东荪等，都大谈政治，大谈主义，而像梁先生那样在政治上几度活跃的人物，却对当时的政治绝口不谈。有一次我向他提起，他说："我在政治上经过几次风险，现在决心闭门读书，不问政治，你难道不能理解？"从他当时庄重而又矜持的面容上看，梁启超显然已经失掉他发出"死生不过开阖眼，祸福有如反覆手"壮语的青春时代了。

东南大学的"自由讲学"时期

国立东南大学的校牌是 1921 年 7 月挂在南京高等师范学校门口的。当时中国只有两所国立大学:一个是蔡元培为校长的国立北京大学;一个就是号称"东南最高学府"的东南大学。校长郭秉文在当年 8 月补行开学典礼的讲坛上说:"我一定要永远保持住南京学生的优良传统——埋头用心读书,不问政治……"这话博得了在台上的督军齐燮元和省长王瑚的嘉许。哪知郭校长在北京跑了一趟回来后,竟主张"自由讲学",并延揽国内外的许多名流学者,不分党派,利用这个最高学府讲坛,发表自己的政治主张,让学生自由选择自己的政治信仰。并强调说:"这是德谟克拉西民主精神,是美利坚民主的讲学自由风气。"他们仿照美国哥伦比亚大学,筹办暑期学校,事前在京、津、沪、汉的报纸登了广告。其简章规定,凡大学生来暑期学校肄业的,每人可选八个学分的课程,由东南大学发给修业证明。这个暑期学校的学生和旁听生,不下 2000 余人。学生来自全国,只缺内蒙古、新疆、西藏。还有两名来自朝鲜。担任暑期学校课程的教师,除原有权威教授外,郭秉文罗致来东南大学讲学的还有海外和国内知名之士,计有:美国杜威博士讲授《实验教育哲学》;美国孟禄博士讲授《教育学》;美国推士博士专任学制改革;美国吴卫士博士讲授《昆虫学》;美国巴斯德斐尔德博士讲授《农业推广》;德国杜里舒博士讲授《生机哲学》;胡适博士讲授《实用主义》兼杜威翻译;梁启超教授讲授《先秦政治思想史》;张君劢博士讲授《政治学》兼杜里舒翻译;江亢虎博士讲授《劳动问题》;张东荪教授讲授《新闻学大意》;曾琦博士、李璜博士所开课程不详。

除此以外，还有本校某常务校董和工科教授杨铨开的《政治改造思想》《乡村教育》等。以上15名教授所担任的课程和他们的社会背景，特别是政治色彩，好似把最高学府的一字房涂抹成"红墙"，在巍峨的讲坛上，外国权威哲学家和国内的各党各派"巨人"脸上抹着一层严霜，而口里喷出"火焰"。为此，在"自由讲学"时大会堂添上了一块用石绿作底的金字匾额，由柳贻谋教授手题了"美尽东南"四个大字。

上列15名教授除在各教室分占一席外，有14名教授（杨铨例外）在大会堂讲坛做过几次（至少一次）专题讲座。此外还延聘了佛学大师欧阳竟无讲了一次《佛法非宗教非哲学而为世人所必需》，金陵大学校长、美国的包文博士讲了《基督救世精神真义》。8月初，美国经济调查团从上海到南京，还开过一次盛况空前的欢迎大会。在这次大会上胡适特别强调："华府会议给中国指出了繁荣的方向，别的道路是走不通的。""以美国为首的四国银行团对中国是雪里送炭，不是锦上添花。""美国经济调查团远渡重洋来到中国，令人感谢发财亲戚远道来看穷亲戚的道义和高谊厚情。"

这时的梁启超大讲先秦政治思想，只是令人兴起苍茫万古之感。南京"自由讲学"的政治背景是北洋军阀内阁在亲日派垮台、亲美派占着优势地位的情况下，对依靠美帝国主义怀着新的幻想。这样就促进了美帝下一步与英、日、法帝的联盟，巩固北洋军阀政权，把全力用来消灭南方的革命政权，从而取得它宰割长江大动脉的优势。因此，东南大学"自由讲学"在中国历史上不是偶然的。由于美国殖民主义政策占了上风，在文化侵略的实力上大为推进了一步。封建主义教育与殖民主义教育之间的矛盾曾给梁启超带来苦闷。

南京的"自由讲学"实际上是中国从摹仿日本学制改变到美国学制的一道分界线。例如张士一教授在暑期学校还开了化学课，下学期就被派襄助推士博士组织教育考察团进行学制改革；在暑期学校举行结业式时，江苏省长王瑚讲道："我是孔子的同乡，我敢相信孔子若是生在今天，他也要学英文、穿西装，到美国留学。"正说明当时的亲美气氛。

梁启超的充沛精力和学者态度

我第一次见到梁启超，是在暑期学校的欢迎大会上。大会开完，同学们挤到食堂，对大师们的仪表品头论足。有人说想不到杜威不过是一个瘦老头，并给江亢虎的高和胡适的矬起了外号，说胡适不像一个学者，倒像花牌楼的商人。我注意到许多同学对梁启超却具有较好的印象——首先是他的谦虚态度，不似胡适等人讲话那样目空一切，有人学着他挟带云南口音的普通话说："我梁启超一定要学习孔子'学不厌，教不倦'的精神，与同学们一起进行攻错。"梁先生广额深目，精力充沛。语音清晰，态度诚恳。

连续几个星期日，我同几个听课的同学到成贤街宿舍看梁先生。他治学勤恳，连星期天也有一定日课（工作计划），不稍休息。他精神饱满到令人吃惊的程度——右手在写文章，左手却扇不停挥，有时一面在写，一面又在答复同学的问题。当他写完一张，敲一下床面，让他的助手取到另室，一篇华文打字机印稿还未打完，第二篇稿又摆在桌面了。无怪梁启超是一个多产作家。其实还不止此，他每天必得看完京沪日报和一本与《新青年》等齐厚的杂志，还得摘录必要材料。每天固定要读的日文和中文书籍纵在百忙中也全不偷懒。他好像善于五官并用，不但不致令人感觉冷漠，反而从他的一颦一笑的问答中流露出热情。他经常以"万恶懒为首，百行勤为先"来勉励同学。在勤恳治学方面，梁先生确是做到了以身作则的。

如所周知，大师们各有千秋，自上而下的"自由讲学"很快就发展到同学们自下而上的自由批评。它肇端于杜威的"真理不可知论"，和胡适的"知难行亦不易"论点，以及张君劢、江亢虎宣传他们的"社会主义"一切背离理知的问题，都在同学们脑筋里打了问号。对同学们向教授们提出的疑问，杨铨教授都提出正确的或相应的解答；梁启超教授每涉及诸大师的问题，多方回避，甚至表示矜持，以"我不能赞一辞"来作应付。因此引起许

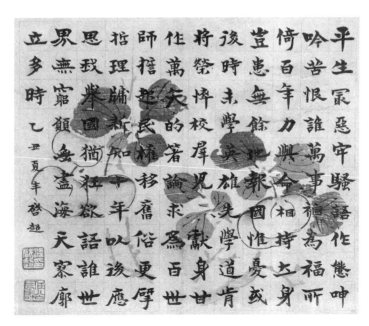

梁启超书法

多同学在"学者态度"上发出争论。有人主张中国缺乏政治理论批评，真理愈辩愈明，就应大力提倡杨铨教授的学者态度；也有的同学坚持永远保持虚衷、谦挹自守的学者对政治应守"三缄其口"的戒律，多言多败，认为梁启超教授具有真正的学者态度。两种学者态度的争论很快就反映到成贤街梁先生的宿舍，不过提问题的人很巧妙地避免伤害梁先生的尊严。但他很敏感，立时郑重地说："讲学的自由和批评的自由原本是双生的。我并非反对自由批评，却反对批评的不自由。我的态度同杏佛（即杨铨）并无两样。例如我主张真理是可知的，在我的班上已经说过了（据我后来查问他曾举出'天之高也，晨星之远也，苟求其故，千岁之日至可坐而定也'来答复同学的疑问）。是否正确？我们一定要'打破砂锅问到底！'（这是胡适讲演的原话，梁对他含有讽刺意味）我也说过同大家一起进行攻错。"这样一说，同学们关于学者态度的争论就从此涣然冰释了。

为学的兴趣与精神上的苦闷

那时南京的大学生出身地主家庭的约占一半，达官、富商子弟约占 3/10 强，小资产阶级约有 15%。自从掀起了"自由讲学"的浪潮，眼看西风压倒东风，梁启超自然不会无动于衷，熟视无睹。

盛暑时节，文史两系全体师生假座鸡鸣寺开了一次联欢会（我原系生物系学生，当时东大仿美国学制，凡总平均分数 80 分以上者可任意选择一个副系，多读四至六个学分，我选读了语文作副系）。一位江苏同学乘梁先生兴致勃勃，向他提出："现在南京延揽国内外名流学者公开讲学，有人说只有诸子百家争鸣才能与今天的盛况媲美。依先生看，这种提法是否合适？"梁先生顿时庄重地说："非常不合适！主要是没有新的东西。诸子百家各有独到之处，2000年后的今天还值得重新估定它的价值。今天的自由讲学几乎找不出一种独立见解，不过二三十年后，就被人们遗忘得一干二净了。"不几天我们听完孟禄博士讲演，就同另三位川、湘籍同学从大学后门绕道去成贤街宿舍，向他报导了中国将全盘仿照美国的教育制度来改变全国学制。我提出这问题要他发表意见。这时鼓楼的小馆正送来他的包饭，他嘱咐伙计快去准备四份客饭，一面指着桌上，带笑地说："这是一个饭桶，它只是一个装饭的饭桶！凭你把这饭桶雕花塑彩甚至把它描金也不会改变饭的质量。但中国之大，主张'美食不如美器'的人不在少数，让他们去欣赏他们的饭桶艺术吧！"（意指孟禄）说得大家发笑。这时门客正领来鸡鸣寺的和尚，展开用古锦裱好的一副玉板宣对联，要梁先生盖上他的印章说："小寺一定要把任公的墨宝，藏之名山，垂之千古。"这副对联正是我们前几天在鸡鸣寺开会时老和尚要求梁先生写的。在豁蒙楼上由于对诸子百家问题的感慨，他略事沉吟便写下了放翁的集句："江山重叠争供眼，风雨纵横乱入楼。"正说明不问政治的梁启超，对当时政治变化依然怀着不满的心情。与此同时，杨铨在讲坛上凡讲到形形色色的社会改造思想，对江亢虎、张君劢也提出尖锐的讽刺。于是教授之间也开展了自由批评。

梁启超在南京第一次专题讲座，讲题是《为学的兴趣》。在这次讲演时，听众挤满了一字房会场，超逾预期的效果，不是偶然的。在他讲词的结构上，直接采用了古文《七启》《七发》的谋篇布局——从批判一切生活烦琐，最后表达出自己的高超趣向。例如："有人说吃酒有兴趣，醉了怎么样？又有人说赌钱有兴趣，输了怎么样？……把我梁启超烧成灰来作化学分析——也只有一点为学的兴趣。"梁启超这篇文章所以能赢得多数同学的共鸣，还应归功于它的化学"亲和力"起了氧化还原作用——从此岸依然回游到此岸——东大、南高的埋头读书不问政治的传统精神；这与《先秦政治思想史》班上的同学紧紧抓住"廉价真理感情"做救生圈是一致的——然而历史绝不逆转，同学们终于回到学术兴趣的海洋。在暑假中期，由于政治气压起着变化，不但给青年们带来苦闷，许多教授也很苦闷，而给梁启超带来的是更多的苦闷。

在"自由讲学"围攻中的梁启超

从暑期学校中期起，好似一股旋风突然卷起，一股专门袭击脑海的气流，使无数青年投入苦闷之渊。它表现在真理难于摸索，人生观无法肯定，具体表现在暑期学校日刊大量以苦闷为题目的文章。有人说梁启超这时正像孔二老头到南方随处碰壁引起苦闷一样。这话触动我正想研究苦闷从何而来的念头，随即发现"学衡派"（南京东南大学一批教授组织了学衡社，按月出版《学衡》杂志，锐意提倡复古，当时被一些进步刊物指为复古派）也在攻击梁启超。

我到语文组办公室抄阅参考资料，听到系主任室几位教授正在高谈阔论："梁启超写先秦政治思想，日本学者已积累了不少资料，顺手拈来都可成书，倒是小石（胡光炜）的《中国文化史》不好编。""梁启超如果继续写汉、魏政治思想，就会感到江郎才尽了。""我敢担保凭梁启超这副本领，一辈子拿不出来！"连顾寁（铁生）教授讲《古韵学》引证道德经的徘句也愣眉怒目地攻击梁启超："道德经是道家政治思想的精神，梁启超摸不到边，他讲的不是老子，而是'咱老子'。"

在其他一些场合，对梁启超提出的抨击则更多。例如"梁启超只主张'尊王攘夷'"；"梁启超毫不了解种族斗争相纠结的中原文化"；"梁启超用他的儒家思想写《先秦政治思想史》，完全背离客观的学者态度"；"梁启超治学术感情有余而理智不足，在精神上更莫衷一是"。这分明是一场"中国线装书"与"外国洋装书"激烈的战斗，可惜我们当时排遣不开，而处处为梁启超着急。

转瞬下期开学，在秋光明媚的东大花场——菊厅，成立了国学研究会。师生二三十人借覆舟山下菊畦为背景摄完照片，公推梁先生讲话。他用10分钟作开场白后说："为了不辜负大好秋色，我建议本'各言尔志'主义，挨次普遍发言。"哪知竟好似出了一个难题，在座的教授默不出声，无人肯带头讲话，梁先生终于转变话题："改为自由漫谈吧！最好讲出一件生平最感兴趣的事……"有位同学讲了一段笑话，虽然博得大家一笑，究未能丝毫削弱"学衡派"对梁启超的冷淡。几千年地主文化要土崩瓦解，必先起于它内部的溃疡，但在当时我们并未觉察到这一点。

秋节，我们在校内六朝松下的梅庵举行第二次国学研究会，召集人在事前做了布置。开会时有教授做了专题启发报告，讨论时大家提出意见使主题内容更为丰富。因此大家感到这一次会开得极好。这时圆月初上，余兴未尽，有人转变话题到顾寁教授早年作品《人生二百年》。立时引动梁启超的兴会，说出："……我梁启超一定要活到78岁！"立时引来了教授们的不同意见。吴梅（瞿安）说："生死何足道！"王朴安说："未知生，焉知死？"

柳贻谋说："人生实难，死如之何！"陈佩君说："生死事大，无余涅槃。"……看来教授们的人生观也是五花八门的。总觉在态度上都是反对梁的。最后陈斟玄（钟凡）调侃地说："我们顾先生会算八字，让他给梁先生算算！"梁启超刚说完"我梁启超生平从不迷信！"就引起顾实大为震怒地说："我不像梁启超！我自己算过，我要活八十岁零一早晨，最后一早晨要与死神拼命！"连最好的一次会也不得不使人扫兴了。

学期开始，胡师先骕曾领我们十来位同学到南京宝华山采植物标本。在最后一晚，慧居寺的老和尚设茶点给我们饯行，并临时请来管藏经楼的大莲和尚作陪。大莲满口安徽语音，非常健谈。后来谈到胡适、梁启超等都在南京讲学，突然引起他对近代学者滔滔不绝的谈论。他如数家珍地对龚定庵、严复、康有为、梁启超等提出评语。想不到后来梁先生对我几乎引起误会。

在两星期后的一天，我到成贤街，梁一见我就带着怒容，半响才说出："有人说胡步曾和你同宝华山的和尚肆意批评我到半夜，究竟怎样一回事？"我对他说："流言止于智者，是谁在编造谎话，实际胡师和我对先生并未提出过一个字的批评。"接着我就将当晚茶话经过做了介绍。他对大莲从龚定庵到康有为的评语一一做了首肯，颜色稍霁。讲到他本人时，我却有意地说："大莲对先生的评语倒似乎过于严刻。他说梁启超治学务博而不求精，泥于学古而忽于今用，服膺师训或改弦更张都不彻底，只依违两可之间，因此进退失据。梁启超单独搞政治总是掉阖不定，而且多疑多变，比乃师康长素真是自郐以下了！"他听我原原本本道出大莲这一连串对他的评价倒很为动容，不加辩驳，最后只说出一句："不错！我梁启超的特点就是善变。"不一会儿，就心平气和地给我介绍说，大莲是他的朋友，曾做过袁世凯的秘书，由于不满政治，跑到杭州虎跑寺要求大休法师给他披剃出了家。我现在还能想起当时大莲给梁启超的批评，那是鞭辟入里的。

梁启超到金陵大学作一次讲演，也有人提出一些尖锐的批评。一位讲现代史的教授说："梁启超的政治思想是驳杂不清的，不单是保皇与护法，今天坚持君主立宪，明天又主张民主共和。在五四时代，他一面在俱乐部大讲欧洲的社会主义，被当时李大钊教授斥为安福俱乐部社会主义，同时又在北京《晨报》发表文章反对中国实行社会主义（他曾针对李大钊、陈独秀几篇文章大放厥词地说："布尔什维克何妨客气一些，先让资本家来掌握政权，大办实业，给中国3亿工农带来温饱。这样对工农既有好处，工农吃饱穿暖，中国也能富强……若一味争取政权，反而把工农害了。"）。他对日本、英国文化赞扬不绝，他说过：'中国经一次外化，就有一次进步。'今天又对美国文化的输入极力讽刺，说这是'雕花饭桶。'"如此等等。

其余还有得自传闻，令梁启超感到不快的批评。

梁启超在南京支那内学院

人所共知，梁启超在南京东南大学做过教授，只少数人知道他同时在南京支那内学院当过学生。

在暑期学校刚结束时，我发觉梁先生不似初到南京时那样精神愉快，似乎随时处在沉思状态，桌上堆满了佛学书籍。

某星期日，我从城南买了宣纸，走进支那内学院，拟请欧阳竟无给我新办的《冬青杂志》写封面。我怀着十分惊异的心情轻步走到书房的窗下，听见欧阳先生庄严地对梁谈话："我绝非轻视你梁启超，而是你的文章对青年传染力强——把佛学导入宗教的鬼神迷信。试想想，我们一代应担负何等罪过？"说到此，不禁老泪潸然；梁启超听罢埋头无语。

1906 年，梁启超与子女在日本东京。

据王恩洋（华宗、北大学生）说，由于梁启超在上海《时事新报》《学灯》发表了《唯识浅释》的文章，这时内学院开讲《唯识抉择谈》将要结束，为此，欧阳先生又重新开始讲第二遍，完全是为了不同意梁启超的说法。从此梁启超每天就由成贤街坐车到内学院随班听讲，风雨无阻，小病也不旷课。每天到内学院听讲的计有吕澂、朱谦之、蒋维乔、王恩洋、冯超如、曼珠揭谛、吴梅修，还有一个姓邱的江西人。他们同梁同堂听课，却无往来，足见出梁先生和他们显有距离。

最后的一面

1922年年底，我只有两次见到梁启超：一次是他在省议会议场讲演《护法之役回顾谈》，他的语气十分悲凉，使我联想到他当时的上袁大总统书中有"我大总统何苦以千金之躯，为众矢之的，舍磐石之安，就虎尾之危，灰葵藿（指全国人民）之心，坚萑符（指孙中山为首的革命）之志"的荒唐语句。冬至前夕，由于外聘许多教授寒假后都要离开南京，学校当局联合金大、女师仍借省议会议场开了一次盛况空前的联欢晚会。会场的前三排安置教授们和外宾，我坐第四排，恰在梁先生的后面，因此在每一个节目轮换场面之间都有攀谈机会。

东南大学的戏剧研究会当时是欧阳予倩和洪深两教授作指导，同学方面以侯曜、王德安最活跃，当演完侯曜编导的《碎簪记》；压轴是金陵大学美籍14名教授的（其中一名我认出是一个姓涂的中国教授，由于13个在美国是不吉利的数字，才拉入一个华籍教授充数）。这些有名歌手完全用煤烟把脸抹黑，一个胖美国人装扮成黑人妇女，对黑种人极尽丑化。中有一首歌曲，全用华语："一个萝卜300斤！哎哟！哎哟！"非常恶毒地刻画了南美黑奴向庄园主人报功的丑态，连梁启超也看不下去了。他回头同我说话，由于提起《黑奴吁天录》他异常感慨地说："拉丁美洲的红种人遭遇比黑人更惨。据统计在美洲移民时，红种人的土著还有千万人口，现已不足百万了。据人种学家研究，红种人的祖先6000年前是由澳洲经南极圈移到美洲大陆的，可想当时他们已经有很高的文化了。以希腊、罗马为例，中国算是世界上仅存的最大的一个古国，但何时才能富强？我们这一代恐怕看不到了。"

他看了东南大学演出的《碎簪记》，表示很不赞成，向我说："提倡这类悲剧，只给青年们带来损害。你可建议侯曜，苏曼殊从梵文翻译印度抗英义民的笔记不少，如果综合成一部历史剧当更有意义。"这话当然是正确的，不过我忘记告诉侯曜，但后来我回重庆办学曾给学生编写了《雪山春晓》。

令人难忘的是不久他便回北京，当晚的恳谈，算是我们的最后一面了。

1924年，一位川籍朋友刘念亲来南京写了一篇考据文章，揭发出《荀子》的性恶篇是后人伪造。我给梁启超写信介绍，他曾写了一简序一同在北京《晨报》副刊发表，题目是《荀子人性的见解》。1929年我在重庆报上见到梁启超的死讯，估计他才活上56岁，当时非常纳闷。直到抗战时期才从魏隺亭、许学源等几位清华教授那里得知，梁先生是患肾病死的。他由于便血而去协和医院，一位美国医生检查说是肾脏坏了一个。他进院治疗，开刀一看，原来两肾都是好的，不知怎样，医生竟糊涂地切除一个，从此他的肾病开始恶化，终于死在家里。

（原载《文史资料选辑》第94辑）

复旦校长李登辉事迹述要

朱仲华　　陈于德

李登辉（腾飞）祖籍福建同安，父母为南洋群岛华侨。他在1873年夏诞生于爪哇，1887年转往新加坡读书，1891年赴美国留学，1897年于美国耶鲁大学毕业后，回到南洋群岛，从事华侨教育事业，并参加孙中山先生在海外倡导革命的宣传工作。受到孙先生的帮助和鼓舞，他更加热爱祖国，于1905年回国，与留美同学颜惠庆等在上海创办"寰球中国学生会"，并参加曾少卿发起为反对美帝虐待华侨、华工而斗争的抵制美货运动，从事国际宣传工作。时曾少卿又把他介绍给复旦公学创办人马良（相伯），担任复旦总教习（即今教务长），兼课中国公学。1907年清政府招收江南留学生，曾聘他兼任主试。1911年辛亥革命时，他兼任英文《共和报》主笔，作国际宣传。辛亥革命军兴，武汉军政府都督黎元洪邀他为外交部长，他以"不会做官"而婉拒之，仍在沪主持复旦教务。1913年，复旦监督（相当于今日之校长）马相伯年老退休，校董会董事长孙中山先生推他继任。1917年复旦公学扩充为复旦大学。

李登辉从1905年回国后从事教育，主持复旦，直到抗日战争胜利前夕，达40年之久。他中年时儿女殇亡，后又丧偶，乃以校为家。国民党政府一再邀他为"立法委员"，他始终不就，而专心教育。1947年11月，病逝沪寓，时年75岁。

以上是李登辉简单的史略。朱仲华在 50 年以前，陈于德在 40 年以前，都是复旦学生。仲华毕业后，在 1932 年至 1943 年任过校董；于德在 1926 年到 1928 年间办过"复旦通讯社"，关于李登辉生平事迹，亲身见闻甚多，现合作本文，以供参考。

创办"寰球中国学生会"

1905 年 1 月，李登辉从南洋回国即创"寰球中国学生会"于上海。据曾任复旦校长室秘书 40 余年的老校友季英伯回忆，1905 年 1 月间，他接到上海基督教青年会分发会友的通知书。通知中说：我们首获美国耶鲁大学文学士学位的李登辉先生近自南洋返国，已商请他于某日莅会讲演，欢迎会友听讲云云。届期往听，见李年仅 30 许，黑须玄鬓，穿着朴素的西装，令人注目。因这时大家还垂着辫子，穿着清朝袍褂。由于他生长海外，还不会用中国语演讲，说的是满口英语，却讲了许多动听的话。他说："外国人办得好的事业，我们中国人也可以办，不一定要外国人来办。但我们要吸收外国人的长处，发挥中国人的智慧。"记得他讲道："现在基督教青年会规模虽大，但非中国人自办。我们应立即

李登辉

迎头赶上世界新潮流，自己站起来创办一个既像个学会又像个福利团体的组织，研究科学技术，与国际互通声气，吸收国际间先进文化，力求走改革自新之道，并须提倡高尚有益的娱乐，锻炼身心，以图改造社会，贡献祖国。"他说他"生长南洋，留学美国，目睹侨胞常受外人欺侮，又受到中山先生的教益，所以回到祖国来提醒国人，重视教育，提倡科学，以期革命自救"云云。不久，李登辉就在上海创立"寰球中国学生会"。当时同道发起人有留美同学宋耀如、颜惠庆（骏人）、王正廷（儒堂）等多人，与李都担任董事。李兼任会长，后因主持复旦，教务繁忙，邀朱少屏为总干事。季英伯本人，曾充驻会书记有年。

"寰球中国学生会"于1905年春创设于上海，为海内外中国青年服务，辅导留学生。例如代办出国及入境护照，指点报考的手续等。该会经常办理文教界和青年界福利事业，随时与国外侨胞互通音讯，征集各国科技资料，并举办讲座，聘请名人学者演讲。孙中山先生曾到会演说民族革命。又出版刊物，为中英文合编的《寰球中国学生会月刊》，附设日夜班辅习学校、职业介绍部、文娱活动室、图书馆等。在各国主要城市分设联络处，以资联系。

当时上海跑马厅及外滩公园等处，均为美英帝国主义势力霸占。帝国主义分子蔑视中国人，不许入内。李登辉一再联合"寰球中国学生会"各董事，以该会全体董事名义向"租界工部局"提出书面抗议，但因清王朝国势陵夷，抗议未获效果。而该会再接再厉，终于在所谓英租界南京路"市政厅"公演了新剧（即今话剧）《十年后之中国》，其剧情为推翻帝制，改建民国。由该会董事曹雪赓饰大总统，上海名医唐乃安饰内阁总理。观众大为轰动。

1917年，复旦由公学扩充为大学后，"寰球中国学生会"由总干事朱少屏代理会长职务，会务不像辛亥革命前后那样有声有色了。后来附设日校夜校收费较贵，其他代办福利和文娱工作等也往往带收费用，就有些营业性质的趋向了。

就任复旦大学校长的经过

1905 年，李登辉和颜惠庆等创办"寰球中国学生会"后，上海爱国人士曾少卿等以美帝国主义到处压迫华侨、虐待华工为由，发动了抵制美货的爱国运动。李登辉擅长英文，参与对外和对华侨的宣传工作。这是中国人民首次反对美帝国主义的正义斗争。当时马良（相伯）为反对帝国主义天主教会侵入震旦学院，正另办复旦公学，也参加抵制美货的爱国运动。曾少卿就介绍李登辉于马相伯，由马聘任他为复旦公学总教习，主持教务。

就在这一年的秋季，复旦公学诞生于抵制美货和反对帝国主义教会文化侵略的两大风暴之中。李登辉是实际负责人之一，编制教程，聘请教师，在帝国主义和清王朝压迫之下，披荆斩棘，克服种种困难，建设复旦。从此，李登辉毕生尽瘁于教育事业。

1911 年，辛亥革命时，复旦师生于右任、邵力子等数十人去参加革命，学校停课。武汉军政府都督黎元洪两次电请李登辉去担任外交部长，他复电"不会做官"，婉言谢绝。到了南北议和时，南方总代表伍廷芳（秩庸）聘他为临时顾问，他曾代表南方革命派意见，向伍建议。在这以前，复旦吴淞校舍，为辛亥革命军兴时毁损，事后李登辉力谋恢复，获得革命领导人孙中山先生和黄兴先生的关怀照顾。南京临时政府指定上海徐家汇李鸿章祠堂为复旦校舍，并特给临时补助费银圆 1 万元。复旦即于 1912年迁至徐家汇开学。后由李登辉与马相伯商议决定，为使学校稳固发展,聘请孙中山先生为董事长,聘请伍廷芳、程德全、颜惠庆、萨镇冰等 10 余人及复旦第一期老同学于右任、邵力子为校董。组织校董会,举行成立会议,研讨发展校务等事宜。半年后,马因年老(时已 72 岁)要求退休。即经中山先生领导的校董会同意,改请教务长李登辉继任校长,马仍为校董,帮助复旦。

1913 年 2 月,笔者(仲华)考入复旦肄业。3 月 1 日举行春季开学式时,亲见校董于右任和邵力子先生等陪同李校长到大礼堂台上,宣告就职。李向高等班及附中全体学生宣布的办学方针:第一点,为培养民治的能力,注重学生自治,反对封建专制;第二点,为复兴祖国民族,重视世界大势,提倡体育军训;第三点,为培植科教技术人才,以中学为体,西学为用,展开学术研究;第四点,为改革社会,须从个人做起,必须提倡德育,即人格教育云云。这是当时国人自办的一所私立高等学校。

革命党人荟萃复旦

到了"五四"运动前夕(当时笔者仲华正在复旦肄业),不少革命党人,由于北洋军阀重重压迫,不得不退处上海一隅,继续进行革命工作。这时,中山先生正在起草他的"实业计划",他的重要干部胡汉民、戴天仇和王宠惠等也到上海出版《建设杂志》和《星期评论》;邵力子和叶楚伧办了《民国日报》,宣传革命,都在艰苦奋斗之中。李登辉不怕南北军阀的嫌怨及社会绅富的指责,邀请他们来复旦教课。当时,胡汉民教伦理学,王宠惠教名学和法学,戴天仇教经济学,叶楚伧和邵力子教国文。还有曾任欧洲中国同盟会干部的薛仙舟教财政学和合作等课。复旦在李登辉主持之下，就像是革命党人的讲学会和逋逃薮一样。当时，中山先生的战友廖仲恺和朱执信等正在上海。李登辉也常请他们来校演讲，鼓吹革命，勉励青年。笔者还记得廖先生莅校演讲时，全校大中两部的师生齐集听讲，人数虽挤，肃静无哗，倾听他充满着革命的乐观主义的讲话。他教导我们必须反对帝国主义、反对封建主义，争取国家和民族的独立和自由。他讲完时，掌声雷动，人们对他十分钦仰。

复旦有这样多的革命人物讲学，实为当时华东各大学所少有。记得那时上海有些老辈人，认为这些教授是"过激党"，是"可怕人物"，不愿让子弟投考复旦。尤其是那些买办资产阶级的人物，更不赞成李登辉的做法。"五四"运动时，复旦学生代表上海学联向上海总商会要求动员商店罢市，会长朱葆三避而不见。代表们赶到他住宅时，他竟打电话邀龙华军队来恐吓。他曾对人说，李登辉教育出来的学生大都是"过激党"。"五四"以后，南洋兄弟烟草公司简照南、申新纱厂荣德生等民族资产阶级人物则对李登辉办学予以资助。华侨领袖陈嘉庚等亦应李邀请，与简照南等同任复旦校董。

一面编英文教本，一面读高小国文

辛亥革命前后，李登辉曾应上海中华书局之聘，兼任该书局英文编辑有年，编著了《中华中学英文教科书》《英语会话》《文化英文读本》等书。还著有《中国问题之重要因素》，也是用英文写的，曾引起研究中国问题的中外人士的重视。从"五四"到北伐革命战争时期，他还编过《李氏英语文范》《李氏英文修辞学》等书。他早期编著的《中华中学英文教科书》第三册第一课为"Doctor Sun Yat_sen"(《孙逸仙博士》)。袁世凯非法镇压癸丑二次革命后,认为李登辉仍与革命党有关系,敢在教科书里宣传孙中山"造反",于是通令各省,不准各学校采用这部英文教科书。那时国人自编的英文教本还少得很,中华书局以该书销路很好,但在袁世凯残暴的压迫之下,只得在该书再版时把这一篇文章删去。但李登辉本人及各校教师授课时,则另印讲义,补充宣讲,并作说明,使青年学子对袁世凯更起反感。不久,袁终于失败,一命呜呼。中华书局将该书重印发行时,又恢复第三册第一课原文。

李登辉坐像

当年,李登辉回国时,还不大懂祖国的语言文字,也不大了解祖国的实际情况。那时清政府正在考试"洋进士"(指留洋生回国,经考试后,赐称进士)。他以为考"洋进士"就是考"博士",取得政府的承认(承认他在国外学术上的成就),乃盲目赶到北京应试。凡是用英文和法文写答的各科试卷,成绩都好,而国文课却交了白卷。清政府的考试官认为这位"洋进士"太洋了,但还是留名存记,预备派他用场。李在拉丁文、英文、法文和学术方面很有些功夫，成绩超群。因此1907年清政府送官费留学生时，派他为江南留学生考试官。1909年又为浙江省派赴美留学生的主试官。

著名科学家竺可桢早年也曾在复旦读过短时期，清末考选留学生时，竺去应试，李是主考，所以1947年李登辉病逝后，在杭州复旦同学开追悼会时，竺尊李为老师。

李登辉为复旦校长兼任教课时，曾述及他回国时北上应试时的感想。他说，一到北方，就看见"满坑满谷"都是官，打官话，装官腔，重虚伪，轻实际；上下贪污，贿赂成风。他看得头痛极了，下定决心"教育救国"。同时，他立志发奋学习祖国语言文字。1913年间，他每天早上与夫人汤佩琳（上海清心女学堂毕业）坐着马车来校时，还抓紧时间要夫人教他国文。笔者（仲华）很想知道他们俩在教学什么书本，有一天清早特去探看。在门房扶他下车时，笔者也挨上去，只见他手执《高等小学国文教科书》一本！到1920年笔者毕业时，他已能用祖国语文讲演和写作了。后来他不但能用汉语作长篇大论演说，而且还能引证"四书"了。当时有几个大学生的国文程度还不及他呢！他继续攻读古文，并把一些有教育意义的古典文学作品译成英文，编入讲义，或发表于西报。他这位大学校长先生，比小伙子学习还起劲。他经常对学生说"学无止境"。

主张民治的民主作风

据抗日战争前上海会计师余裴山（1905年复旦老同学）说，母校（复旦公学）第一次招考在静安寺路张园楼上，投考学生在

500人以上。校长马相伯当时年已66。入学后，知总务主任为袁观澜，教务长即李登辉。李对学生，一如家人父子，很有民主化的精神和作风。他规定每日每餐，轮邀学生四五人与他在膳厅里同桌共餐。那时同学还不太多，第一、二学期，各班诸生一一轮到。他利用这时间了解学生的情况，并听取各人对学校的意见。在清代光绪末年，办学者有这种作风，确是很少见的。

他曾叫学生组织过"临时自治法庭"，由学生自己审理同学中发生的"案件"。为了提倡民治，他对学生"临时自治法庭"的审理结果，还真的照办。

反抗帝国主义的凌辱

据抗日胜利后曾任上海常德路复旦实验中学主任教师的汪云史说，他岳父曾告诉他一件李登辉痛打美国水兵的事。清代末年，李主持吴淞复旦公学教务时，经常搭火车往来吴淞与上海之间。有一天，他坐在火车上看报，听见另一车厢里有女人叫喊的声音。跑过去一瞧，见有几个美国水兵正在调戏中国妇女。他愤怒了，用手杖指着那美国兵厉声说："什么事？停止！停止！"美国兵听到他流利的英语，又看他是个上流人的样子，也就住了手。那妇女乘机逃走后，李又教训了那些美国兵。他们被训得面红耳赤。有一个悍然抢过他的手杖，掷到车窗外面去了。李奋勇奔上去，撕下了那个美国兵的肩章。这时火车刚停靠站头，李立即管自下去了。美国强盗用茶杯掷向他，想追打他而火车已开动。第二天，李到外滩去访问美国领事，对美国佬大讲道理，表示决不允许美军在中国胡闹云云。那时清政府崇美惧美，美国的军人在上海为非作歹，清政府不敢交涉。李登辉敢于斗争，并向美领事评理。当时《申报》等即略予报道。李事后在课堂里对学生说过："外国水兵常在上海调戏女同胞，侮辱中国人，为什么中国官厅置若罔闻？我撕了他的肩章对不对？你们有什么意见？"

记得他在辛亥革命光复后，住在上海北四川路时，有一次他来复旦授课之余，对我们学生说："外国人在我住处越界筑路，'租界'工部局还派人来征收'巡捕捐'。昨天我拒不交付。我对'征收员'说：外国各地纳税人有'代议士'代表居民说话，表达意见，上海'租界'里纳税的99%是中国人，为什么没有'代议士'？我说，我因此不愿意交付什么'巡捕捐'……你们同学们，认为对不对？"当场同学们齐声说"对"。那时英美等帝国主义霸占的"租界"里，由帝国主义主持的"工部局"，尚无华董及"纳税华人会"的设置。李登辉曾在西报上发表意见，以为有"代议士"可为广大纳税的同胞说话。后来英美帝国主义盘踞的租界"工部局"虽设置了几个华董和纳税中国人代表等，又何尝顾到中国人民应有的利益呢！

支持参加爱国运动的学生

1919年"五四"运动时，笔者（仲华）在上海为复旦学生代表之一，投入运动。上海第一届学联会长何葆仁，系复旦华侨生。会址附设李登辉创办的"寰球中国学生会"。当时"学联"的重要决策，多向李校长和邵力子教授请示。美国上海教会学校"圣约翰大学"校长卜舫济（美国人），不准该校学生参加"五四"运动，把带头行动的学生代表江一平（原名江亿平，浙江杭州人）、章益（友三，安徽滁县人）等多人开除。我们复旦同学将此事报告李校长。李当即召见并收容了他们，准予转入复旦，慰勉有加。叫他们仍当大胆为"学联"做事，继续为反帝反封建的"五四"运动奋斗。同时李以"中国国民外交后援会"会长名义，向海外发表通电，反对"巴黎和约"。

1925年上海"五卅"运动时，圣约翰校长卜舫济又开除爱国青年。李登辉仍应学生的要求，准予他们来复旦免试插班。他始终维护那些被教会大学无理开除的中国学生。笔者（于德）亲见程中行与裴复恒等多人从"圣约翰"转入复旦四年级。本来复旦四年级是不收插班生的。李登辉为此特予破例收容。

李信奉基督教，而且与卜舫济有旧交。据闻卜舫济曾对一些中国教徒说："清末李登辉回国后，'圣约翰大学'特赠予名誉博士，这对他声望上很有帮助；但在每次学生骚动，'圣约翰'整饬学风时，他总包庇那些野青年，一贯与'圣约翰'为敌。这不是违背教义、为基督徒所极不应有的行为吗？"李登辉闻知后，对教友们说："我爱宗教，我爱朋友，但我更爱祖国，更爱青年！"

仿美的教育

李登辉办学最突出的缺点是把美国大学的那些方式方法，生搬硬套地搞到复旦里来。例如，在第一次大革命以前，文、理、工、商各科的必修课和选修课的课目，以及所用的教本和参考书，大都照搬美国大学的，并不结合中国的具体情况和实际需要。他的办学思想是崇美而仿美的。

当年的复旦，即使是"文科"，除了国文、中国哲学、中国文学史等极少数课程外，也全用美国教本或由教师用英文编著的课本和讲义，且都用英语讲授。学生问答，也须英语，绝少用中国语言。他出布告或写手条，亦系英文。早时毕业文凭，也全用英文书写，只有毕业证明书（中国旧式八行书）上才用中文打字或油印。其他如奖状之类，满纸英文。那时的复旦文科，极像个"美国文科"。部分师生对此十分不满，由于国文教授叶楚伧、邵力子、陈望道等几位先生向李登辉提出严正的要求，才在"文科"之外，添设了一个"中国文学科"，这已经是很难得的新设施了。但即使是中国文学科学生，仍须必修许多英美教本的课目。例如社会学、政治学、心理学等，教学时还是满口英语。有关西洋文学的功课，更不必说。那时我们在复旦体育场上，一切运动术语，概用英语。在偶然发生争吵时，双方及第三者也讲英语。李登辉说，复旦教学必须优于英美人在中国开办的教会大学，并且必须与美国大学程度相衔接，使不能去外国留学的也能够进修高深的学术；如能去留学的可去进外国研究院云云。直到"五卅"反帝运动和北伐战争以后，他这套崇美仿美的教学设施，才渐有改变。

由于他把美国大学的方式方法搞到复旦里来近 20 年之久，许多学生受其影响很深。北洋军阀时代前半期的毕业生，陆续到美国去留学的很多。美国有些著名的大学亦准予复旦学生插入高级班或研究院，他们承认复旦的某些学分，不需要经过怎样繁复的考试。记得在那一些时期陆续赴美留学的有：刘慎德（即刘芦隐）、吴冕（即吴南轩）、陈萱、郭任远、何葆仁、黄华表、童逊瑗（伯蓬）、程学愉（即程天放）、余愉（即余井塘）、孙锡麒（即孙寒冰）、章益（友三）、伍蠡甫、温崇信、李炳焕、李安、寿勉成（原名寿襄）、黄季陆、曾养甫等百数人。同时尚有罗家伦（志希）等十余人，从复旦转学北大，毕业后也赴美留学。北伐前后复旦学生出洋的也不少。

拒不开放女禁

1924 年间，私立上海大学（校长于右任，实际负责人为校务主任陈望道），首开高校女禁。其他各大学负责人尚有种种顾虑，抱观望态度，看"上大"男女同学后究若如何？再定办法。1925年"五卅"运动时，"上大"第一次被封，迁到江湾新址，与复旦相距甚近。复旦学生与大部分教师认为必须开放女禁，以符合复旦精神，即由学生自治会干部等一再向李登辉提出要求。不料他拒不答应，甚至说："除非校长不做了，由你们去男女同学……"

当时洪深、刘大白和陈望道等许多教授，都支持学生这一正当要求，反对李登辉的做法。陈望道教授等向他提出"特殊的建议"，主张索性把校名改为"复旦男子大学"，遥对北京女子大学和金陵女大等，"以正视听"……但我们这位李校长却抱着"笑骂由他笑骂，校长我自为之"的态度，不予理睬。

直到北伐革命战争打到上海，他才迫于形势，开放女禁。于是复旦大、中两部，实行男女同学。不久在江湾校旁建筑了一座洋房，作为女生宿舍。"四一二"蒋介石发动反革命政变后，江湾"上大"被封，许多女生和部分男生转入复旦。笔者（于德）办"复旦通讯社"时，曾问他当初为什么反对男女同学？他说那时他阅览外国报刊知道美国有许多大学男女同学后，打情骂俏呀，始乱终弃呀，女孩子怀孕堕胎呀……闹得学风败坏，不成体统，因而反对男女同学，是"爱护复旦"。……他还说开放女禁，设备上和管理上要添许多麻烦，还是专收男生，当可办得更好；并说美国大学开放女禁后，每况愈下。原来他以美国资产阶级大学生极其腐朽的生活方式来看中国，这与他几乎以美为师的思想作风又是分不开的。复旦男女同学后，极少发生乱搞男女关系的丑闻，更没有像美国大学那种伤风败俗的坏事发生。

聘任的校董

国民党统治时期，原任复旦校董如伍廷芳等老人约有半数先后去世了，李登辉乃聘请孙科、吴铁城、陈立夫、张道藩等国民党头目为校董（陈立夫和张道藩两人是复旦早年毕业生余井圹拉来的，余井圹本人也充当了校董）。李登辉想利用他们，不愿被他们利用，自命为"无党无派"，主张"学术独立，思想自由"。他以为有了几位文教界和实业界的校董，再添聘孙科、陈立夫等人是"应时制宜"，这样充实校董会对复旦"有利"。他又以交通银行总裁钱永铭（新之）为主席校董，说是为便于筹募经费云云。但复旦教职员，与四大家族关系较密的却少得很，而有许多进步教师和民主人士，如洪深、郑振铎、张志让、陈望道、顾仲彝、王造时、丰子恺和费巩等（其间大部分都曾被国民党反动派列入黑名单，接到过恐吓信）。李登辉同情进步教授，有不少人长期被聘任。

据说当时杜月笙为中国银行董事、中国通商银行和上海中汇银行董事长。他以资助国人自办的私立大学为由，托钱新之出面，要李登辉聘他为"复旦大学校董"，李在学校缺少固定经费而力谋充实设备之际，也允许照聘了。

授予孙科"法学博士"学位

听说朱家骅想抓复旦，企图充任主席校董，以便把持这所历史悠久的私立大学。李登辉极不愿让复旦落在"党官老爷"之手。认为朱家骅决非真心办学之人，倘来主持校董会，那将使学校多事，前功尽弃，乃决计拒朱。他得知朱与陈立夫矛盾很深，于是他除邀陈为校董外，还进一步拉孙科为挡箭牌，以免朱暗中破坏复旦。

辛亥革命前，李在南洋群岛早与中山先生相识；辛亥革命后，中山先生曾为复旦第一任董事长（即主席校董），因此孙科对李比较尊敬。李即请孙科为复旦校董，又在 1935 年复旦 30 周年纪念典礼时，仿效欧美大学举行重大典礼时赠送名流学者"荣誉学位"的办法，授予孙科、于右任、钱新之、江一平等四人"名誉法学博士"学位。

当时作者应邀赴沪，参加母校 30 周年庆典。但见国民党京沪"要人"与文教界、工商界名流巨子，齐集江湾复旦，参加纪念大会。当时复旦操场上，鼓乐齐鸣，孙科与江一平等穿着"博士装"绕场一周，然后进入礼堂（于右任因事未到，电告李登辉祝贺母校 30 周年纪念，并领谢"名誉学位"）。李登辉在主席台上致辞，宣读贺电，授予孙科、江一平等"法学博士"证书。

次日沪宁各报发表复旦 30 周年典礼授孙科等名誉"法学博士"新闻后，国民党文教部门的权贵朱家骅，即对"中央社"记者发表谈话，对李登辉此举表示不满，说私立大学尤不应乱赠"名誉学位"。接着，《时事新报》对李登辉此举，予以批评，说他"滥施国家名器"，讥讽为"复旦博士"。

蒋宋夫妇的"外宾"

蒋介石与宋美龄在上海结婚时，用基督教仪式，请牧师余日章证婚。李登辉因为与宋父宋耀如及余日章均为旧友，曾应邀观礼。蒋宋结婚后，以宋父早年和李系海外旧识，而把李作为老长辈看待；并以李办学悠久，颇有声望，为表示"敬老亲贤"，所以每次自宁到沪寓邀三五"社会耆老"叙会时，总请李也去一叙。宋美龄崇美亲美，满口美音的英语，而李也照样用英语会话，甚至同蒋介石谈话，也得由宋美龄为之翻译。蒋非但不以为怪，而且礼貌有加。宋美龄接待他活像接待一个外宾。李登辉每次回来时，对亲近者叙述与蒋宋夫妇茶叙情况，往往说"为了复旦，总算又去敷衍了一番！"后来蒋介石忙于反人民的内战，无暇再搞什么"敬老亲贤"；而李登辉主张和平，反对内战，也不再与蒋宋夫妇交往了。

拒聘朱家骅为校董

李登辉对当时国民党头目多事敷衍，独对朱家骅十分讨厌。始终不聘他为校董。笔者（仲华）由复旦同学会按照校董会章程选任为校董之时，李曾谈及"朱家骅是地质学博士，为什么不好好从事研究，在为祖国建设上力谋发展，却喜欢做大官，争权夺利，还想来抓复旦校董会？大概他以为把私立大学当地盘，可一劳永逸吧？我们辛苦经营了30年的学校，决不欢迎他这种人插手……"

1947年春，笔者（仲华）因事赴沪时，曾到华山路蕊村去看望李登辉老师。这时他已退休有年。师母和他的儿女都早已去世了。有一位跟他几十年的老校工徐福，在服侍他。徐福早就认识笔者，一见之下，就登楼去通报他："朱仲华来看老校长。"他75岁高龄，听觉已差，误听为"朱家骅"，立即严词拒绝，说朱家骅还来搞什么？叫徐福回报，"有病不见"。徐福高声向他说明"是绍兴人朱仲华，即老学生朱承洵，不是朱家骅！"他才下楼接见，并对笔者说："刚才我听错了，以为那个讨厌的朱家骅又来找麻烦了。我说不见，哪晓得就是你老弟，哈哈……"我们相对大笑。

全心全意为教育

李登辉先生自1907年在沪与教会学校"清心女学堂"毕业的汤佩琳结婚后，所生育的三男一女，先后死亡。至1931年汤夫人病故后，他孑然一身，晚景凄清。有些复旦师友常劝他续娶。他说，他寄托精神于宗教，专心事业于复旦，把学府当作家庭，以学生为儿女，也就是了。他生活俭朴，不置产业。文艺界著名剧作家顾仲彝在沪曾与李为贴邻，他在《李老校长给我的印象》中说："他穿的衣服，大半还是20年的旧东西，衬衫上满是补丁，裤子短得袜筒露出一段，大衣袖光得发亮。他在家的小菜只有一荤两素，有时外加一碟花生米。每月节余的钱，捐给孤儿院等慈善事业了。他说养成了节俭的习惯，就可以无求于人了……7月30日，他起病前，早上我还去谈话。拙编《大学近代英文选》的李先生序言，就在那天他签的字。……他同我谈到时局，对现状很不满（笔者按：当时国民党反动派已掀起内战，特务横行，乱抓乱杀）。不过他要求我不要向外发表，不然，人家会套上一个帽子给他。……他鼓励我终身为教育事业努力。还说戏剧电影也是教育，说他看过我编的《三千金》，教育意义很大……"①李登辉的思想和生活作风，确实如此。他重视教育而鄙视财产；热爱祖国而厌恶官禄。抗日战争胜利后，复旦实验中学主任教师汪云史陪一个大学部毕业的同学去请李写封信给校董于右任谋事。李不肯写，当面回复说："你在当教师，不愿当了，想去做官；我可不愿保荐你！复旦学生当什么部长、大使、委员、厅长的已经不少了。我依旧教我的书，终身教书很满意！你功课很好，还是回去教书，为国家培植人才。"

　　他主持私立复旦大学40年。最后一次对复旦师生的讲话是在1947年7月复旦举行抗战胜利后第一次毕业典礼上。那时复旦已改为"国立"，他也早已退职。复旦同学会在上海江湾母校建造了"登辉堂"，以志纪念。那一次毕业典礼即在当时新落成的"登辉堂"楼上举行。校长章益请老校长莅会讲话。据那时服务于上海出版界的复旦校友何德鹤在《现实》周刊上发表的文章《一代师表李腾飞》说："他最后一次的公开演说是在今年7月5日复旦大学举行毕业典礼的时候，对

李登辉题字

———————————

① 　见1947年12月李登辉治丧委员会出版的《追悼李登辉先生特刊》。

同学说了这几句话："你们现在穿的 Capandgown，中国名词叫作学士制服。你们穿过以后，应当是一个有学问、有道德的人了，更应当对国家有所贡献……Capandgown 的来源，起于欧洲古代的传教士，是由传教士的服装改变而成的。以前欧洲的大学，起初只是研究神学的地方……一个传教士应当有服务的精神和牺牲的勇气……一个大学毕业生与传教士不同，但是，更加应当为社会服务，为人类牺牲……特别是在现在，我们还需要一致团结！全国人民团结起来，中国就有希望！……服务、牺牲、团结，是复旦的精神，更是你们的责任……'"何德鹤这篇文章里还记述着："李先生自奉俭约，不事资产……在他逝世的那一天，他的侄辈等打开他的保险箱一看，空无所有！"①

李登辉一生培植出来的学生，数以万计，服务于各省各界的人才极多。仅就教育界而言，充任过大专校长的即有 13 人之多，姓名如次：竺可桢、胡敦复、郭任远、罗家伦、何世桢、程天放、吴南轩、章益、黄季陆、黄华表、曹惠群、裴复恒、章渊若，其中极大多数是复旦毕业生，少数是肄业生，个别是清末李兼教中国公学时的学生。可是罗家伦、程天放、黄季陆等人都没有像李老师那样安于教育。

其中章益（安徽滁县人）复旦毕业后，由李登辉留任附中教员二年。1925 年赴美留学时，向李请示告别。李问他："欲习哪一科？"答以"政治"。李不以为然，鼓励他改习教育，并说将来学成回国，可为母校发展教育系，为国家多培植师资，推进教育事业，实为重要使命云云。章谨遵师命，赴美后专攻教育与心理。1927 年回国时，李即邀为复旦教育系教师，并加以培养，由

---

① 见 1947 年 11 月上海出版的《现实》周刊第 12 期。

副教授而教授而教务长（1927年章曾与南京上海各大学教授孙本文等联合发表《提倡中国本位文化宣言》。当时上海文教界称为《十教授宣言》。《大公报》《申报》《时事新报》均有记载）。抗日战争时期，复旦内迁重庆，两年后改为"国立"。章益由教务长继任校长。李年迈退休，致函说："得子继吾衣钵，吾无憾矣！"抗战胜利后，复旦迁回上海，章常趋李寓请示办理接收校产与复课等事宜。有时适有其他宾客在座，李就举当年鼓励他改习教育的往事，笑以语客，还叫他（章）也终身为祖国教育事业服务，当抱着牺牲的精神，不求利禄云云。章先后在复旦服务20多年。新中国成立后，党和政府关心他，照顾他，安排他继续高教工作，近在山东师范学院为专任教授，是民革成员。

临终前犹望祖国统一与和平

抗日战争胜利以后，国民党反动派发动了反人民的内战。1946—1947年，教育经费只占国家预算的3.5%，以致各大学师生生活非常困难。到了1947年5月，上海米价已涨到法币30万元一担，而大学生每月公费却只有法币5万元。每日菜金合法币750元，只可买两条半油条。当时交大、复旦等学生，忍无可忍，展开了"反饥饿反内战"运动。复旦与交大两校教师即举行罢教，支援学生的斗争。章益等告知李登辉，李表示同情支持，说学生和教员都干得对！当时，李双目已有些模糊，听觉也很差，但仍很关心学生运动。

1947年7月30日晚上，李突然在华山路寓所中风，经医疗后，卧病三月余。其友好及复旦师生颜惠庆、邵力子、陈望道、张志让和章益等多往探视。他一再询问国事，反对反动派发动的反人民内战，希望和平。即时笔者（于德）在上海北四川路中联公司主办文书工作，例假日前往探望。他住在一楼一底的旧式房子里，陈设简陋，病榻呻吟之间，还垂询"国家还能统一与和平吗？"75岁老人，在衰病中还这样关怀国事，热望祖国的和平统一，令人感动不已。

他的病选经医疗，延至11月19日下午突变肺炎，终于与世长辞了。21日在上海万国殡仪馆大殓时，笔者等前往致祭。复旦老校董颜惠庆、王宠惠、钱新之、邵力子等及上海各大学校长都去参加殓典。"立法院长"孙科，"上海市长"吴国桢，"市参议会议长"潘公展等也纷纷赶到殡仪馆瞻仰遗容，表示"敬悼"。陆续前往吊唁者达5000余人。殓典时颜惠庆讲话。他说，"李氏终身从事教育有三个原因，一是因为他是华侨，在国外深感华侨备受压迫的痛苦；二是百年前'耶鲁大学'第一个中国毕业生容闳回国后建议李鸿章'教育救国'，主张选派学生出国留学（中国第一批官费生120名，就是由容闳率领出洋的）。李先生受他'教育救国论'的影响很大，但主张在国内多办大学，不必大批的出洋留学；三是李回国时严复在青年会讲

李登辉在办公室

《天演论》，南洋公学及爱国学社也都在主张维新改革。他受了时代环境的影响，就决心终身办学了。"继由邵力子先生讲话，略说："李先生爱国爱民，在清代主张赶办教育，提倡科学。当日本帝国主义侵略东北时，即主张团结牺牲，抗日救国，带头捐输整月的薪资支援东北义勇军。抗战胜利后，他老人家又主张和平，临终前还期望祖国和平统了我们，但他的精神永不会离开我们的。"

1965 年

（原载《文史资料选辑》第 97 辑）

我所知道的陈独秀

濮清泉[1]

陈独秀（1879—1942），字仲甫，号实庵，安徽省怀宁县绿水乡人。他少年时代相当调皮，他的祖父管教很严，因为他有点鬼聪敏，背书背得快，老人就以当地独秀峰为他命名。他祖父常和乡人说，这孩子将来不成龙就要成蛇。当然祖父是希望他成龙的，绝不想他成蛇，以独秀二字为他命名，可知对他期望之殷。他祖父脾气很怪，客人到他家来要蹑手蹑足走过他的书房或卧室，他一听到脚步声，就大骂来人。陈独秀爱闹，是吃过他祖父苦头的。有一次，他母亲请瞎子算命，他故意在外面大叫"失火了！失火了！"算命人说我算到失火，我闻到烟气了。于是陈独秀就大笑起

陈独秀

① 本文作者即文中的濮德治。——编者

来，说算命先生一点不灵。他母亲气得要打他，他跑了。他祖父知道了，他挨了一顿打。他父亲死得早，母亲操持家务，乡人都称道他母亲贤惠。她娘家姓查，和我母亲是堂姊妹，他母亲比我母亲大20余岁，故名是一辈，从年龄上说是两辈人。陈独秀和我名义上是老表，而他大我26岁，外婆家教我以长辈看待他，事实上我的确把他尊为长辈，"五四"运动时期，我几乎把他看作"神圣"，看作"哲人"，当时全国青年也是如此。

他很早就进学，即考取了秀才，接着就到南京去应江南乡试。所谓江南乡试，就是江苏、安徽两省的秀才要考举人，必须到南京去考试，所以那时江苏、安徽两省的举人常以此自豪。他们认为别省是一省一考，而他们是两省一考，考取的举人比别省要优越得多。陈独秀在他的《实庵自传》第一章中就写了江南乡试的情况，那里面把科举制度的丑恶和当时知识分子的丑态，描写得淋漓尽致，他考取了举人，陈家曾为之庆贺一番。安徽话叫作"开贺"。

清末废除了科举制度，陈独秀未能到北京会试，因之也就没有取得进士和翰林的称号。他去到日本留学，是在辛亥革命以前。据他自己说，他曾一度加入孙中山的同盟会，写过一些文章，鼓吹革命。在日本留学期间，他交往最熟的是章士钊、苏曼殊二人，他们三人住在一个贷家里（即几人合租一屋居住）。他说一人一个性格，他自己专攻西方民主学说，酷爱西方文学，尤其是浪漫派的作品，他对雨果的《悲惨世界》佩服得五体投地。他说他对欧洲文学名著都涉猎了一下，没有一篇能与《悲惨世界》匹比的。同时他自认对"小学"（即音韵训诂）、《说文》考据最感兴趣，终其生都研究不辍。他说苏曼殊是个风流和尚，人极聪颖，诗、文、书、画都造上乘，是大有情人，是大无情人，有情说他也谈恋爱，无情说他当和尚。他说苏曼殊作画，教人看了如咫尺千里，令人神往，不像庸俗画匠之浪费笔墨，其吟咏则专擅绝句，发人幽思，字里行间别有洞天。他说苏曼殊爱谈精神恋爱，如《断鸿零雁记》即其自况，但又爱吃猪油年糕，实属假和尚。苏曼殊译拜伦、雪莱的诗，都是用中国古体诗写出的。既不失原意又属重新创作，颇为奇妙。苏的诗文，都经过章士钊和陈独秀的润色。他说有一次三人断炊，叫苏曼殊拿几件衣服去当铺当点钱来买吃食，他与章士钊在家里等待，哪知苏一去不返，等到半夜，他俩因不耐饥饿就睡了。午夜苏才回来，手上拿了一本书在看。他俩问他："钱呢？买了什么吃的？"苏说："这本书我遍寻不得，今天在夜市翻着了。"他俩说："你这疯和尚！你忘记了我们正饿着肚子？"苏说："我还不是一样，你们起来看看这本书就不饿了。"他俩气得连骂几声"死和尚，疯和尚"，就蒙被而睡，而苏将这本书看到天明，直到看完为止。他说，章士钊和他俩不同，不爱文艺而致力于政法，是一个十足的官迷。当时章和一个大佐夫人恋爱，被大佐侦知，写封信来要和章决斗。他们三人商量叫章逃避了，才免了一场大祸，否则章早已死在那大佐的刀下，也就不能在段祺瑞执政时当什么司法部长和教育部长了。他说他们三人虽各有各的性格，各有各的志趣，但友情融洽，毫无芥蒂，可以称得上挚友。除这二人以外，陈独秀和章太炎也时常过往，他很钦佩章的"朴学"，认为他是一个"国宝"，而章对陈的"小学"也十分赏识，认他为"畏友"。他说章太炎为人非常小气，朋友向他借钱，偿还时付息，他竟受之而无愧色，是一个嗜钱如命的人，是一个文人无行的典型。章后来给军阀官僚写墓志、寿序一类的东西，一篇文章要五千至一万元的润资，便是他人格庸俗的表现。他说章太炎尽管对我国文史有很深的造诣，但有他可笑的偏见，即章太炎认为甲骨文是宋朝人的伪造。这一偏见，使人看出章在这一方面的无知。

陈独秀对于当时的同盟会人士，除孙中山、廖仲恺、朱执信外（他很钦佩他们），他认为都是些平庸人才，不足与谋，也不足与言。他骂汪精卫一类的文人是政客、官僚，类似蒋介石一类的武人是军阀。他认为同盟会是一堆全躯保妻子之徒，绝对干不了革命。他说后来这些人，在国民党统治时期都当了文武高官，祸国殃民。辛亥革命前后，陈独秀回国，曾在安徽芜湖第五中学当过国文教员，苏曼殊在同校当图画教员，据说很得学生的景仰。他说他和苏曼殊常以诗文自娱，多有唱和，苏有一首《东行别仲兄》："江城如画一倾杯，乍合仍离倍可哀。此去孤舟明月夜，排云谁与望楼台。"就是写给他的。还有一首《过若松町访仲兄》："契阔生死君莫问，行云流水一孤僧。无端狂笑无端哭，纵有欢肠已似冰。"也是写给他的。他写给苏的诗也多，但他没有背给我听。

民国成立，柏烈武（文蔚）曾一度当过安徽省督军，柏慕陈的文名，请陈独秀当他的秘书长。但陈后来对我说，柏的相貌，的确像个将军，大头大脸，相当堂皇，当时皖人称他"柏大头"，可是实际上一点本领也没有，简直是个肉柱。当时安徽国民党人分成两派，一派是柏烈武派，一派是管鹏派，争权夺利，倾轧不休。有一个人是管派投靠柏派，柏烈武召见他，这个管派见到柏烈武，大肆吹捧一番，柏听了非常高兴。阿谀的话说完了，要搜寻一句更好的恭维话，最后他说："今天能见到柏公，实属三生有幸，像柏公这样庸庸碌碌的将军，真是海内仅有。"陈独秀听了哈哈大笑，柏烈武听了睁着大眼问他："你这是什么话！"那人答道："我这是老实话，从我心中说出来的，我实在找不出更好的话来表示我对柏公的敬仰了。"陈独秀说，这个人本意是说柏烈武禄位荣华，令人钦佩，但他找出庸庸碌碌四个字来恭维柏烈武，实在是恰到好处，妙不可言。从此以后皖人都称柏为"柏庸碌公"。

北京大学校长蔡元培请陈独秀任北大文学长（等于后来的文学院长），他说蔡元培是一个忠厚长者，主张"兼容并包"，学术自由，只要言之成理，持之有故，不管是什么学说，什么主张，都可以到北京大学来讲学。所以那时他既聘请李大钊、胡适、钱玄同、刘半农等所谓新派教授，也请了辜鸿铭一类的保皇派教授。陈独秀说，当时的北大是很有趣的，辜鸿铭上课，带一童仆为他装烟倒茶，他坐在靠椅上，辫子拖着，慢吞吞地讲课，一会儿吸水烟，一会儿喝茶，学生着急地等着他，他一点也不管。蔡元培能容忍他这样摆架子，玩臭格，一点也不生气。对于陈、胡、钱、刘等人，也不管他们讲什么学派，什么主义，即使他们把天吹得掉下来，他也不管。一个讲座，任学生自由去听，也不阻止。他这个自由主义，是包罗万象的，陈很钦佩蔡的这种风格，说学术自由就应该如此，所以他说蔡先生是一位好好先生。同时他又说在大节上，蔡先生是能坚持真理的，这个真理指的是什么，他没有给我说明，大约是指蔡倾向进步革新。

陈独秀的出名并不因为他当了北大文学长，而是由于他主编《新青年》。《新青年》从 1915 年至 1922 年先后出了近百期，里面写文章的人，除陈独秀、胡适、钱玄同、刘半农以外，还有李大钊、鲁迅、易白沙、吴虞、陈大齐等，前期是用文言文写的，后期改用白话文。他们提出"打倒孔家店"，"拥护'德''赛'两先生（即民主与科学）"，反对吃人的旧礼教，提倡自由婚姻，主张个性解放和改造国民性，推崇进化论。在文学上主张推倒旧文学，建立新文学。陈独秀写的《文学革命论》，胡适写的《文学改良刍议》成为当时青年的"圣经"。这是一个资产阶级启蒙运动，在这些反封建的口号之下，他们联合起来一致向封建势力宣战。但后来陈独秀、李大钊、鲁迅等受了十月革命的影响，倾向共产主义，而胡适、钱玄同、刘半农等不信共产主义，坚信欧美资产阶级民主。前者形成左派，胡适成了右派，于是《新青年》的人就分化了。当时《新青年》的影响非常之大，尤其在知识分子当中是如此。由于阶级斗争的发展，受左派影响的青年，逐渐走向共产党，受右派影响的青年就逐步走向国民党，如罗家伦、傅斯年、段锡朋等就是后一类角色。陈独秀就因主编《新青年》声名才大噪起来。当时全国青年几乎把陈、胡、钱、刘当作"圣哲"来崇拜。

《新青年》

在《新青年》前期，陈独秀是一个小资产阶级激进民主派，还不是马克思主义者，看他写的文章，多半都是鼓吹欧美的资产阶级民主。后来他写了一些宣传共产主义和苏俄的文章，他转变为初步马克思主义者，可是他对马克思主义没有深刻研究，只因为他的文章写得明快有力打动人心，青年们把他推崇为大刀阔斧冲锋陷阵的启蒙大师。既是这样，为什么要他当上中国共产党的总书记呢？据陈独秀告诉我，中共第一次代表大会他因事留在广东，没有参加，之所以要他当总书记，是第三国际根据列宁的意见，派一个荷兰人马林来中国转达的。说是中国无产阶级还没有走上政治舞台，党的总书记一职，要找一个有名望的人，号召力要大点。实际是否如此，我不敢肯定，陈既这样说过，我就如实地把它写出来。陈独秀还告诉过我参加第一次代表大会的13个代表的名字。我记得是，湖南代表毛泽东、何叔衡；湖北代表董必武、陈潭秋；北京代表张国焘、刘仁静；上海代表李达、李汉俊、包惠僧①；山东代表邓恩铭、王烬美；广东代表陈公博；东京代表周佛海。我听了非常诧异，就问他，周佛海、陈公博都在国民党当了大官，后来还当了汉奸，难道他俩从前都是共产主义者吗？他说："千真万确，一点也不奇怪，人要叛变，就像女人要嫁人一样是阻止不住的。"他对一个人的革命或叛变，没有作出阶级的分析。

从党的第一次代表大会到第五次代表大会，陈独秀在闲谈中谈得较多，不管谈得正确与否，现在我如实地把它写出来，供了解他的政治思想作参考。

他说第一次代表大会中就有"左"和"右"两种倾向，张国焘、刘仁静两人是倾向极"左"的，主张中国要进行社会主义革命，建立无产阶级专政。他说他俩是醉心左倾名词的"疯子"，简直是痴人说梦。他俩也不看看当时的中国是个什么情况，以为那样少数的无产阶级就可以单独进行社会主义革命，真是"幼稚得可笑"。李汉俊却倾向极右，他主张党只能进行研究和宣传马克思主义，不能搞实际革命工作。他认为一切都要合法，不能进

---

① 包惠僧应为广东代表。

行非法活动，他认为中国无产阶级太落后了，要想像俄国无产阶级那样，最少还要几十年。陈独秀说，李汉俊要搞合法的马克思主义，可惨的是蒋介石连这个合法的人，也不允许他存在，必杀之而后快。李汉俊还免不了死在蒋介石的屠刀之下。

陈说第一次代表大会，拒绝了这两种倾向，制定了党的章程（按：应为党纲）。他说这个章程是按照列宁建党的原则，即布尔什维克党组织精神而制定的，是订得好的，比欧洲各国的党章要革命得多。

陈说第二次代表大会根据列宁在共产国际第二次代表大会的殖民地革命的提纲，制定了中共的党纲。党纲决定中国革命要分两个阶段，第一个阶段是民族民主革命，打倒帝国主义，打倒军阀，建立民主共和国。这是资产阶级民主革命的性质，是党的最低纲领。第二个阶段是社会主义革命，打倒资产阶级，建立劳农政府，建设社会主义直到共产主义，这是最高纲领。至于领导权问题，并没有明确规定。他说这个问题，不仅当时中共弄不清楚，即共产国际也没有确切的指示，意思是为他后来把革命领导权拱手送给国民党开脱责任。在他看来，革命的两个阶段，就是两次革命，他说革命的大业不能一蹴而就，因此大革命失败，不能完全怪他。

他说第三次代表大会，关于联合战线问题，发生了很大的争论。张国焘反对与国民党合作，反对共产党员参加国民党，主张中共单独革命，主张"旗帜鲜明"。陈说他自己坚决反对这种"左倾空谈"。他说他按照共产国际的指示，实行国共合作。他否认他放弃斗争投降国民党，他说既谈合作，双方都有让步，还说这种让步是根据共产国际的指示办的。陈独秀之顽固讳过，诚属惊人！

他说第四次代表大会，中心问题讨论了发动群众促进革命斗争。这次大会以后，接着就发生了"五卅""六三"运动和省港大罢工，接着就是北伐战争，中共由一个小党发展成为一个有群众基础的大党，工农入党的数量大有增加，但知识分子还占多数，这是一个不可避免的缺点。

他说第五次代表大会，自己成为众矢之的，大家骂他是右倾机会主义。他承认思想保守是有的，总以为北伐战争，打到北京才算打倒了军阀，那时再与国民党分裂不迟。他主张先扩大后加深，说这是机会主义，不能心服。他说大家斥责他是投降主义，更使他气愤。他说，我投降了哪个？蒋介石把延年、乔年都杀了（陈延年、陈乔年是陈独秀的儿子），我投降他吗？汪精卫高唱："革命的到左边来，不革命的滚开去。"不仅我以为他是"左派"，连斯大林也认为他是"左派"。他说与左派保持联合，不要过早闹翻了，这是共产国际即斯大林历次给他的指示，他执行了指示。结果，机会主义、投降主义的罪名落在他一人身上，他不服气。他说当时共产国际的代表是鲁易（印度人），鲁易把共产国际给中共的指示，关于武装工农、进行土地革命的决议，拿给汪精卫看了，汪大惊失色，于是决定反共，这难道是我的罪过吗？他说这个指示也来得太迟了，武装工农，进行土地革命，不是一天两天能够办到的事，接到这个指示，也无法即时执行。他说关于湖南农民运动，曾说过"过火了一点"，并没有说"糟得很"，后一句是武汉政府的军阀官僚和土豪劣绅说的。关于十万农民围攻长沙，由中央下令撤退和武汉政府收缴工人纠察队枪支，和解散童子团等事，他说也不能责怪他一人，连鲁易也是赞成的。他顽固地企图把这一系列的投降主义行为，都推给共产国际，好像他并没有任总书记的职务。他竟说，"我做了斯大林的替罪羔羊"。

　　五大并没有撤销陈独秀的职务，使他得以继续执行机会主义路线，以至使轰轰烈烈的中国大革命遭到失败。他还自嘲地说，大革命失败的原因，有主观和客观两个方面。从主观方面说，中共的领导力弱，当时中共领导人，理论既差，也没有进行过革命，即实践也差。从客观方面说，帝国主义联合起来，国民党又投入帝国主义怀抱，反动势力大于革命势力若干倍。两相比较，革命打不过反革命，所以大革命失败了。他说这种分析（命定论的分析！）是比较客观的，并说斯大林也做了同样的分析，不过是把机会主义的责任完全推到我的头上而已。中共"八七"会议，撤销了陈独秀总书记的职务，他从武汉秘密地到了上海，闭门深居，过着隐士生活，他想潜心研究喜爱的文字学，不再参与政治。那时他还保有党籍，本不应如此消沉，但他这个人非常偏颇，而且相当自负，要他承认错误、改正错误是难以办到的。他说他们要我写悔过书，过从何来，如何悔之，我不明白，他们为什么不要斯大林悔过呢？我是执行他的训令的，他悔过我就悔过，要我做替罪羊，于情于理都说不通。1928 年，第三国际要他到莫斯科去，并给他东方部长的职位，他竟严辞拒绝。他说你们骂我是右倾机会主义，还有人骂我是叛卖革命，在这种情况之下，要我到莫斯科去当什么东方部长，岂非揶揄。我不愿当官，更不能当一个被人牵着鼻子走的牛，对你们的好意，敬谢不敏。我说："老先生在这点上，你未免过于顽固了。"他说顽固不是我的性格，我认为对的，我是要坚持的，执拗的性质，我是有的，小时候，母亲骂过我是个"小犟牛"，但是我知道错了，我并不顽固。把不合理的罪名加在我的身上，纵要我人头落地，我也不会承认。1929 年他的外甥吴继严从莫斯科东方大学回到中国。吴继严是受托洛茨基影响的人，对托十分敬仰。他把苏共路线斗争的情况，向陈独秀做了详细的陈述，当然他是站在托的立场说明一切的。他告诉陈，列宁在逝世以前有一份遗嘱，说斯大林性情暴躁，处事专横，不适于当党的总书记，应另选一个适当的人。说托洛茨基才华出众，在十月革命中立下功劳，缺点是自信过分，但不能以非布尔什维克视之。说布哈林是党内宝贵的理论家，但不懂辩证法。说季诺维也夫和加米涅夫在十月革命中犯错误决非偶然。陈独秀听了他外甥的话，兴奋地问："真有此事？"吴继严说："千真万确，一点不假。"陈说："讲下去，讲下去，我很爱听。"吴继严就把托派那一套一五一十地背诵出来：说苏联工农兵和广大人民都恨斯大林，骂他"独断专横""专制暴君""红色沙皇""胡椒厨师""没有到过西欧，不懂西方民主，不知西方文明""土包子，乡巴佬"，等等。而托洛茨基则深得人民信仰，说他是革命家、思想家、军事家、外交家、文学家、演说家，才华盖世，超人天才等等。吴继严接着问陈读过美国共产党作家约翰·里德《震撼世界的十日》一书没有，陈说久闻其名，尚未过目。吴继严说此书值得一读，它上面把列宁和托洛茨基并列，认为他俩是苏联的开国元勋，但根本没有或很少提到斯大林。

陈独秀听了吴继严的话，十分兴奋，极感兴趣。吴就把托的著作和吹捧托的著述，一本一本地拿给陈看了。经过数月的思想酝酿，陈下了决心，同托洛茨基合流。于是纠合 87 人，于 1929 年 10 月发表了一个宣言，即《我们的政治意见书》，说共产国际在斯大林领导下不革命了，中共更不革命了。要继续革命，就必须在托洛茨基的"不断革命"和"世界革命"理论指导下，组织一个新的政党来完成。于是一个命名为"无产者社"的托派组织应运而生。

参加这个组织的人有彭述之、郑超麟、尹宽、高语罕、李季、王独清、何资深、刘伯垂、李仲三、马玉夫、罗世璠、蔡振德、薛农山、任曙、孙煦、彭贵生、彭贵秋、蒋振东、韩俊、吴继严、杜畏之、刘静贞、张以森等。其中有所谓"理论家",如彭述之、郑超麟、尹宽、高语罕、李季、吴继严、杜畏之等;也有所谓"实际派",如何资深、马玉夫、罗世璠、蔡振德、薛农山、蒋振东、韩俊等。其他多半是挂名的队员,因对陈独秀偶像崇拜,乌合在他旗下而已。

陈派办了一个刊物名为《无产者》,上面带纲领性的文章,多是托洛茨基和陈独秀写的,别的则是那些"理论家"写的。刊物的宗旨一是宣传推翻国民党,二是批评共产党。当然,神化托洛茨基,魔化斯大林,美化陈独秀,丑化中共当时的领导,也是重要内容。

《无产者》出了好些期,除供"无产者社"的成员阅读外,也送给外人看,以扩大宣传。从组织上说,它只是一个百余人的小集团,虽然它在沪东、沪西工厂里,也有几个支部,但没有什么大影响,至于知识分子,大多做些宣传工作。他们是些能说会讲、舞文弄墨的"干才",因此他们的社会影响,比起他们的人数来是大得多了。当时社会上把中共中央说成是"干部派",而把陈独秀派说成是"元老派"。所谓元老,当然是说陈是个老资格,他写的文章还是有些人爱看的,也有人出于好奇心,总希望找一本《无产者》来看看。这就是托派在当时也造成一些影响的原因。另一个原因是,当时神州国光社办了一个《读书杂志》,在这刊物上,开展了中国社会性质的争论。中共作家认为中国是一个半殖民地半封建的社会,革命的对象是帝国主义和封建势力。中国革命的实践已完全证明这是正确的分析。但是陈独秀为配合托洛茨基的理论，竟歪曲历史和现实，说中国没有奴隶社会，自秦汉以来，商人是无冕之王，商业资本早已发达，现代中国已是资本主义占优势的社会。他用文字学证明中国无生产奴隶，只有家用奴仆。他的偏激执拗，诚属非凡。他要"无产者社"的"理论家"李季、高语罕、彭述之、郑超麟、尹宽、吴继严、杜畏之、任曙等，都参加这次论战。因《读书杂志》登载各方面的文章，因此，托陈派的主张，得到公开宣扬。

中国托派小组织，共有四个：（1）1929年上半年，从莫斯科中山大学回国的梁干乔（在莫斯科会见过托洛茨基，托要他回国后，组成托派）、区芳、陈亦谋、张特组成一个"我们的话社"，出一个刊物《我们的话》。（2）1929年秋陈独秀组成"无产者社"，已如上述。（3）1930年春从莫斯科列宁学院回国的刘仁静（他从欧洲回国，绕道土耳其君士坦丁堡拜会托洛茨基，托嘱他回国后组织托派）纠合王文元、宋逢春组成一个"十月社"，出版刊物《十月》。（4）1930年春，从莫斯科东方大学回国的赵济、刘英、王平一组成一个"战斗社"，出版刊物《战斗》。这四个托派小组织，都自居是托派正统，得到托洛茨基的承认，你看不起我，我看不起你，甚至互相攻击，互相谩骂。"十月社"、"战斗社"、"我们的话社"斥"无产者社"是老机会主义，要陈独秀写悔过书承认错误，才考虑他的托派资格；而陈独秀则斥那三个组织是乳臭未干、猴儿崽子。他不止一次地说，你们想学斯大林，未免过早了。于是四派都告状到托洛茨基那里。托回信说，你们的文件，我都看了，看不出你们在政治纲领上有什么原则的分歧，既然政治原则一致，组织上应立即统一起来。于是托派统一大会应运而生。

在筹组统一大会之中，在各派代表人数问题上发生了争论。

陈派主张按人数比例选出代表，其他三派主张按派别选出同样人数的代表，相持数月，最后还是陈独秀提出派别与人数相结合的办法，解决了纠纷。他说我们不是开分赃会议，大家应立足于革命的要求，顾全大局，不要再拘泥于派别成见了。1931 年 5 月，托派统一大会在上海召开，其详细情况拟于另一文中撰述。现在只谈谈陈独秀在这个大会上的政治报告及其他青年托派与他的争论。

毋庸怀疑，陈独秀是这个大会主席团主席。他首先提出为中国革命而牺牲的同志默哀三分钟，然后开始了他的政治报告，这个报告不太长，主要内容还记得一些，他说他一生最反对王婆裹脚式的文章，为文和发言，都要言简意赅。他的报告的主要内容是：

一、国际形势：现在是资本主义相对稳定时期，工运处在低潮，世界革命是将来的事，目前只能有经济斗争，我们不能存幻想。

二、国内形势：国民党对内高压，对外投降，军人独裁，用刺刀削去了人民的权利，饿殍载道，民不聊生。工农群众有革命的要求，但被压得喘不过气来，国民党统治者，则是醉生梦死过着酒绿灯红的生活，资产阶级各派，都是反动的。

三、中国社会的性质：资本主义占着优势，封建势力只是残余的残余。

四、革命的性质：当前当然是资产阶级民族民主革命，但目前还没有革命，不要侈谈，将来革命起来，必须用十月革命的方式解决民主革命的任务。我们的口号应提出人民政权，我认为人民政权就是无产阶级专政，我们在政纲上只能写人民政权，不能写无产阶级专政。

五、当前的中心口号，应为"国民会议"而斗争。他说，我认为国民会议既是我们动员群众的策略口号，也是我们的战略目的，不要以为"国民会议"是臭的，"苏维埃"是香的，更不能认为"国民会议"是右的，"苏维埃"是左的，这要依人民的力量为转移，人民力量大，"国民会议"可以变为"苏维埃"，人民无力量，"苏维埃"也会变成空壳。如果工农有实力，"国民会议"就能成为人民政权。

六、民族民主要求："反抗帝国主义求得国家独立"；"实行八小时工作制，规定最低工资"；"土地归贫农"；"改善士兵待遇，严禁体罚"；"言论结社自由，反对统制新闻封锁出版"。

这个报告在"大会"上引起了争论。1. 关于无产阶级专政的问题。"十月社"代表王文元，集中了青年代表的意见说，政纲上规定战略目的是"无产阶级专政"，应该明确地提出，不能模棱两可。如果说战略口号一时不能达到，就不提出，这是站不住脚的。比如说共产主义者最高纲领是在全世界实现共产主义，这个终极目的，一时还不可能达到，但绝不能因为一时达不到，就连共产主义也不能提。"人民政权"这个口号，阶级内容不鲜明，它可能是几个阶级的联合政权。列宁说国家政权只能是一个阶级的统治工具，不可能是几个阶级的统治工具。不要忘记国民党把它的政权叫作国民政府，人民政权与国民政府，在字义上讲得难分辨其异同，因此我主张，政纲上应该肯定而明确地提出"无产阶级专政"，这也是老托给我们规定的，在这个首要问题上，我们似乎不应修改。2. 关于"国民会议"问题："十月社"代表濮德治，代表青年托派发言说，老先生（指陈独秀）说"国民会议"，既是策略口号，也是战略目的。我们不敢赞同，若是如此，何必分什么战略与策略呢？我们青年自认幼稚，水平太低，但我们起码知道"国民会议"和"苏维埃"都是历史的范畴，也各有其阶级内容。我们没有见过"国民会议"成为无产阶级政权形式，也没有见过"苏维埃"成为资产阶级政权。老先生这样说法，是我们第一次听到，虽然是首次听到，也促使我们回忆，好像考茨基也说过类似的话，社会民主党也有过这类主张，他们认为资产阶级民主，比无产阶级专政要好得多。我们赞成把老托对"国民会议"解释写进政纲（托洛茨基对"国民会议"的解释是：在革命的低潮时期，以"国民会议"为中心口号，以动员群众，利用"国民会议"的讲台，宣传工人的主张。革命高潮到来，就组织苏维埃以夺取政权）。这时陈派代表郑超麟起来反驳王文元，他说陈独秀的政治报告运用了辩证法，因而是正确的，值得拥护的。而王文元的主张是形而上学的，机械论的，不能采纳。陈派代表彭述之，则摆出"理论家"的架势，大谈其东方大学学来的八股，自吹自擂地说"无产者社"如何正确，其他三派如何幼稚可笑。于是会场紊乱起来，吵嚷代替了争论。最后陈独秀站起来说：你们青年同志，一向喜欢左倾，痛恨右倾，这本是好的现象。列宁说过左倾容易纠正，右倾难于挽救，我赞成列宁的分析。我喜欢青年，爱护青年。不过我认为左一点不要紧，但不要造成左倾名词的拜物教，一听了左的名词就肃然起敬，心向往之，一看到右的名词就掩鼻而过，怒目而视，这样解决不了任何问题。无产阶级专政是马克思主义的政治术语，在讨论问题的时候，写一百次也不怕。但政纲上写上这个词，就不如"人民政权"通俗易懂，醒人耳目，国民党的"国民政府"，人民领教够了，实质上是个刮民政府。现在我们提出"人民政权"，老百姓容易了解是人民自己的政权。专政独裁，人民不爱听这类名词，因为人民身受其害太多了。经过深思熟虑，我才提出"人民政权"这四个字，你们多考虑一下，能同意更好，若不能同意，我可以把它改为"无产阶级与贫农专政"，这是我最后的让步，我绝对不能赞成在政纲上硬邦邦地写上"无产阶级专政"的字眼，在中国这样一个农民占大多数的国家，用"无产阶级专政"作号召是很不适当的。至于"国民会议"问题，小濮的发言，不是个人意见，可以慢慢讨论，不过我要提醒你们一下，如果把"国民会议"看作臭的东西，连自己也不愿为之奋斗，那如何要群众起来为它的实现而努力呢？这是十分可笑的矛盾，可以说很滑稽，幼稚，近于荒谬。

陈独秀文章写得很好，讲话并不太高明，大家对他有偶像崇拜，争论持续了两天，终于通过他的政治报告。虽然也有些修改，大体上都按照他的意见写上托派的政纲。关于托派名称，陈独秀提出"中国共产主义同盟"，有的人提出"中国共产党左派反对派""中国共产党布尔什维克列宁派""中国工人党""中国工农劳动党"，等等。陈独秀听了笑着说，你真是名词拜物教，人家用过的名称，我们一概不用，何必盗窃别人的名义呢？政见要光明磊落，决不应东扯西拉，拖泥带水，"中国共产主义同盟"，既别于第三国际属下的各国共产党，也别于欧美各国的社会民主党，更别于世界各国的资产阶级政党，旗帜鲜明，光明正大，如果你们尽在名词上纠缠，我主张用"中国托派"做我们的党名。这时引起会场上一阵哄笑，结果，他的提议还是通过了。最后大会进行选举，陈独秀说，我主张用无记名投票自由选举，既反对资产阶级的形式民主，也不赞成第三国际包办提名的选举。选举结果：陈独秀、彭述之、郑超麟（无产者社）、王文元、宋逢春、罗汉、濮德治（十月社）、陈亦谋、区芳（我们的话社）九人当选托派中委。罗汉、濮德治二人看到"战斗社"无一人当选，又看到自称托派"祖师"的刘仁静没有当选，当即提出愿"退避让贤"，请大会顾全大局，补选刘仁静和赵济二人。陈独秀不同意，他说，你们两人的好意，值得嘉许，但大会选举不是儿戏，我认为合法有效，无须补选，须知"统一大会"是为了革命，不是"巴黎和会"为了分赃。接着就开了第一次执委会。选出常委五人——陈独秀、郑超麟、王文元、宋逢春、陈亦谋。又选出党报委员会委员五人——陈独秀、郑超麟、彭述之、王文元、宋逢春。常委、报委都推陈独秀为书记，中执委书记当然也是陈独秀。陈亦谋、濮德治任组织工作，郑超麟、彭述之任宣传工作。最后，陈独秀致闭幕词说，以前分裂是不好的，现在统一起来，就要努力工作，不能天天在亭子间里空谈革命了，中国人民正在水深火热之中，我们一天也不能忘记，他们在期待我们，我们应担当历史赋予我们的使命。

陈独秀的希望是很大的，口气也确不小。可是中国革命的实践同他主观愿望相去万里。悲惨的结局，正在等着他。他幻想这个统一大会，就像中共第一次代表大会一样，由小而大，由弱变强，将来能够承担革命的任务，使他成为一个大党领导人，总书记的地位得以恢复。他不能认识凡是违反历史潮流的人，没有不失败的，正如泡沫一样，瞬即幻灭。

"统一大会"闭幕不久，"无产者社"的"四大金刚"之一，自称工人运动健将的马玉夫，因为未被选为"中委"，就跑到国民党龙华司令部去告密，于是托派中央机关遭到破获。结果郑超麟、王文元、宋逢春、陈亦谋、濮德治、何资深、江常师、楼国华、刘静贞、张以森，还有一个姓王的工人及其妻女共13人，一道被捕。这就是说，托派中委九人中被捕了五个，常委五人中被捕了四个。陈独秀、彭述之、罗汉、区芳仅以身免（因马玉夫不知道他们的住址）。这对中国托派和陈独秀是一次沉重的打击，陈独秀哀叹说："我不识人，马玉夫是个工人，哪里想到他会如此下流。"他也没有想到就在同时，"我们的话社"头头梁干乔，也因为未被选为"中委"，一气就跑到南京当了军统特务。还有一个区芳跑得无影无踪。

被捕的人押解到龙华司令部，受军法审判，以"危害民国"的罪名，各被判处两年半至十五年的有期徒刑。陈独秀想收拾残局，重整旗鼓，但很长时间也收不拢来。许多托派如惊弓之鸟，各自分飞。一年以后，陈才和彭述之组成一个新的常委会，又因囿于合法观点，不愿把刘仁静、赵济等纳进常委，于是把"无产者社"的罗世璠拉了进去，又要谢德盘当上常委会秘书。若从合法的观点来看，此二人也是不合法的。这样一来，又引起了托派群众的不满，说这个常委会是"无产者社"清一色小组。

1932年日本侵略者发动侵沪战争，监狱人满，疫病丛生，濮德治、宋逢春二人得以保外就医。经陈独秀催促，参加了常委。关于国民会议问题，再次展开争论，陈独秀坚持自己的主张，其余的人不表赞同。他发火了，穿起长衫来高声大叫：我不愿和你们这些资产阶级在一起争论，我不要什么群众，不要你们，我干我的，你们干你们的好了。说着就走了，大家跑去拉他，他也不管。彭述之说，他就是这种脾气，过去开中央委员会，也是如此，他这种家长式的作风，是永远也改不了的，于是不欢而散。

1932年9月，陈独秀因患胃溃疡，卧病在家，彭述之、宋逢春、濮德治、罗世璠，在谢德盘家开每周一次的常委会。突然巡捕到来，将上述人等逮捕，立即拘押于巡捕房，大家庆幸陈独秀没有被捕。可是到了晚上见陈独秀也被捕入房，却不见谢德盘。而谢德盘是唯一知道陈独秀住址的人，他是常委秘书，也知道托派机关地址，于是案情大白。这是第二次托派机关的大破获。这次被捕的人有陈独秀、彭述之、宋逢春、濮德治、罗世璠、曾猛、何智琛、彭道之、王平一、梁有光等。此事轰动一时，人们称为"陈彭案"。根据后来推断，此案是由国民党特务黄麻子，纠合几个由莫斯科中山大学回国的盖叔达、费克勤和由东方大学回国的徐乃达等尾随濮德治，侦知常委会地址，于是来个紧急逮捕。这些不齿于人类的东西，目的是要抓到陈独秀，才能得到国民党三万元的赏金，于是威胁利诱，征服了软骨小犬谢德盘。后来听说这些走狗，为分得奖金打得头破血流，而黄麻子在上海过了几个月的糜烂生活，就被中共红色恐怖队送上了西天。

上海公共租界的法庭，对陈、彭等人随便问了几句，就把全案人犯引渡给上海市公安局，关押在侦缉队。这个侦缉队，和龙华警备司令部一样是全国闻名的鬼门关。侦缉队长慕陈独秀的大名，请他写几个字留念，陈执笔一挥，写了"还我河山"和"先天下忧"两个横幅。那个队长估计，陈独秀的生命不会长久了，将来这几个字，会很有价值的。当时中共中央发了一个"反对国民党白色恐怖"的宣言，国内学者名流如蔡元培、杨杏佛诸先生，国际上学者如杜威、罗素、爱因斯坦等人也致电蒋介石，为陈独秀说情，蒋介石置之不理，并下令将陈、彭二人押解南京军政部，由何应钦直接审讯，问了几次，不得要领。于是电令把谢德盘送到武汉行营，详细盘问谢德盘，问陈独秀与红军有无关系，谢德盘告诉蒋没有关系。为缓和国内与国际舆论，蒋介石被迫批示"全案交法院审理"，于是全案人犯被解到江宁地方法院看守所拘押，关了半年以上才由苏州高等法院派人来审理。陈独秀告诉我，高等法院派人，颇费周折，谁也不愿审理这种倒楣的案件，一点油水没有，还要上下受气，挨人咒骂。他们实行"推事"，不是推敲法律，而是把事情推开了事（国民党审判官称为

推事），推来推去，最后高等法院派了一位胡善称任审判长，朱
儁任检察官，来南京审理陈案。既然由法院审理，那么，法律程
序上一些手续和形式，当然要煞有介事地进行。如法庭要公开审
判，被告有辩护的权利。陈独秀的好友章士钊律师自告奋勇为陈
独秀义务辩护。彭望邺、蒋豪士也愿任全案义务律师。检察官依
"危害民国紧急治罪法"提起公诉，审判长也依同法来审理。
旁听席上既告客满，庭外也挤满了人群。这台戏是演得相当热闹
的。当时国民党《中央日报》曾报道审判情况，标题是《隽语风
生法院审理陈独秀》。

陈独秀自撰辩诉状洋洋数千言，极尽推敲之能事。大体采文
言白话并用，他说非如此不足以表达心情。当时我对他有偶像崇
拜，能背诵全文，现因时隔40余年，仅记得一些文句而已。

文章开始写道"余行年五十有五矣，弱冠以来，反抗清帝，
反抗北洋军阀，反抗封建思想，反抗帝国主义，奔走呼号以谋改
造中国者于今三十年。前半期即'五四'运动以前，专注重知识
分子方面；后半期乃转向工农劳苦大众方面。盖以十月革命之感
召与战后世界大势之所趋，使余不得不有此转变也。……半殖民
地的中国，经济落后的中国，外而困于帝国主义，内而困于军阀
官僚，欲求民族解放，人民苏生，绝非上层全躯保妻子之徒，所
能完成以血购自由的大业，必须以大众的革命怒潮冲毁一切恶旧
势力，中国强盛始可得而期。"

文章接着概述当时中国的情况："自辛亥革命以来，共和招牌
高悬，实则一事无成，而连年军阀混战，都以争夺地盘，搜刮人
民为目的。弄得工业凋蔽，农村破产，国家将亡，民不聊生，予
不忍眼见中国人民辗转呼号于帝国主义与国民党两重枪尖之下，
而不为之挺身奋斗也。""中国革命（指辛亥革命）先于苏俄革命

（指十月革命）者七年，今日二者之荣枯几不能比拟，其故可深长思矣。"

对蒋介石的民族主义，陈独秀批驳说："对日本侵占东三省，采取不抵抗主义，甚至驯羊般跪倒日帝之前媚颜投降，宁至全国沦亡，亦不容人有异词，家有异说。……'宁赠友邦，不与家奴'竟成国民党之金科玉律。儿皇帝将重见于今日。不亦哀乎？"

对蒋介石的"民权主义"，陈独秀愤然说："国民党吸尽人民脂膏以养兵，挟全国军队以搜刮人民，屠杀异己……大小无冠之王，到处擅作威福，法律只以制裁小民，文武高官俱在议亲议贵之列。……其对共产党人，杀之囚之，犹以为未足，更师袁世凯之故智，使之自首告密，此不足消灭真正共产党人，只以破灭廉耻导国人耳。……周幽王有监谤之巫，汉武帝有腹诽之罚，彼时固无所谓共和民主也。……千年以后之中国，竟重兴此制（指遍布全国的特务），不啻证明日本人斥'中国非现代国家'之非诬。……路易十四曾发出狂言'朕即国家'，而今执此信条者实大有人在。……余意毁坏民权罪即邻于复辟。……否则军阀之魁，民主之敌，亦得以再造共和自诩（当时段祺瑞应蒋介石邀请从天津南下，蒋以师礼遇之。国民党《中央日报》以大字标题报道《共和勋臣段芝泉氏莅京》），而妄人竟以共和勋臣称之……国民党以刺刀削去人民权利，以监狱堵塞人民喉舌，……民权云乎哉。"

对蒋介石的"民生主义"，陈独秀嘲讽他说："连年混战，杀人盈野，饿殍载道，赤地千里。老弱转于沟壑，少壮铤而走险，死于水旱天灾者千万，死于暴政人祸者万千。……工农劳苦大众不如牛马，爱国有志之士尽入囹圄，……民死之不暇，何以言民生？"

陈独秀的辩诉状，最后一部分，提出究竟是谁"危害民国"，他写道："国者何？土地、主权、人民之总和也，此近代国法学者之通论，决非'共产邪说'也。以言土地，东三省之失于日本，岂独秀之责耶？以言主权，一切丧权辱国条约，岂独秀签字者乎？以言人民，余主张建立'人民政府'，岂残民以逞之徒耶？若谓反对政府即为'危害民国'，此种逻辑难免为世人耻笑。孙中山、黄兴曾反对清廷和袁世凯，而后者曾斥孙、黄为国贼，岂笃论乎？故认为反对政府即为叛国，则孙、黄已二次叛国矣，此荒谬绝伦之见也。"

这时旁听席上发出一阵笑声，大家交头接耳，赞许陈的辩诉言之有理。审判长胡善称，怕惹起麻烦，就站起来说：旁听者不得喧哗，被告陈独秀不得有鼓动言辞。为表白自己又画蛇添足地讲了几句，说什么要万众一心，上下一致，精诚团结。

陈独秀说："你不要我讲话，我就不讲了，何必还要什么辩诉程序呢？"胡善称说："不是不要你讲话，要你言辞检点一点，你讲吧。"

陈独秀说："刚才你说团结，这是个好听的名词，不过我觉得骑马者要和马讲团结，马是不会赞成的，它会说你压在我身上，你相当舒适，我要被你鞭打还要跑，跑得满身大汗，你还嫌慢，这种团结，我敬谢不敏。"旁听席上爆发了哄堂大笑。

胡善称说："讲你的辩诉，不要讲骑马不骑马了，它与本案无关。"陈独秀说："好，闲话休提，书归正传，我遵命讲我的辩诉了。"又引起一阵笑声。

陈独秀接着说："余固无罪，罪在拥护工农大众利益开罪于国民党而已，余未危害民国，危害民国者，当朝衮衮诸公也。冤狱世代有之，但岂能服天下后世。余身许工农，死不足惜，惟于法理之外，强加余罪，则余一分钟呼吸未停，亦必高声抗议也，……法院欲思对内对外，保持司法独立之精神，应即宣判余之无罪，并责令政府赔偿余在押期间物质上精神上之损失。"

接着，章士钊从律师席上站起来为陈独秀辩护。章氏在当时是名闻全国的大律师，普通讼案，即以高酬奉请，也难得其应允。章与陈是青年时代留学日本时的知交，因此，他愿为陈辩护，完全义务，不取酬劳，时人称之为"有古义士之风"。尽管在"五四"运动前后，章与陈在政治主张、文学体裁各方面，是对立的，也打过笔仗，章为陈辩护，人们说他"古道可风"。

章士钊的辩护词也是洋洋千言，文词重视逻辑性（这是他一贯的主张），讲法理的多，讲法条的少。他端正了一下律师衣袖，开始说道："本律师曩在英伦，曾闻道于当代法学家戴塞，据谓国家与政府并非一物。国家者，土地、主权、人民之总和也；政府者，政党执行政令之组合也。定义既殊，权责有分。是故危害国家土地、主权、人民者叛国罪也，而反对政府者，政见有异也，若视为叛国则大谬矣。今试执途人而问之，反对政府是否有罪，其人必曰若非疯狂即为白痴。以其违反民主原则也。……英伦为君主立宪之国家，国王允许有王之反对党（King's opposition），我国为民主共和国，奈何不能容忍任何政党存在耶！本律师薄识寡闻，实觉大惑不解也。……本法庭总理遗像高悬，国人奉为国父，所著三民主义，党人奉为宝典，总理有云：'三民主义即是社会主义'，亦即共产主义。为何总理宣传共产，奉为国父，而陈独秀宣传共产主义即为危害民国耶？于法于理能服人乎？若宣传共产即属有罪，本律师不得不曰龙头大有人在也。……现政府致力于讨共，而独秀已与中共分扬，余意已成犄角之势，乃欢迎之不暇，焉用治罪为？……令侦骑四出，罗网大张，必欲使有志之士瘐死狱中，何苦来哉？……为保存读书种子，余意不惟不应治罪，且宜使深入学术研究，国家民族实利赖焉。……总上理由，本律师要求法院宣判独秀无罪。"

至此，陈独秀当庭发出声明："章律师辩护词，只代表他的意见，我的政治主张，要以我的辩护诉为准。"旁听席上有"革命家""革命家"的赞声。

陈独秀、章士钊两篇辩诉状，在当时是轰动全国的，各大报纸都希望登载，但国民党以"不许为共党张目"而禁止之。只有天津《益世报》登载了全文，国民党《中央日报》不仅不予登载，反由程沧波写了一篇《约法至上答陈独秀与章士钊》。这篇文章确如王婆裹脚，又臭又长，除了约法至上，拥护拥护，邪说该死，打倒打倒之外，没有讲出一点道理来。连约法怎样产生，是否通过民意，都一字不提，只是强词夺理，党腔党调，咿里哇啦地讲上一大堆。因此，国人对他没有重视，而陈、章二人的辩诉状，被上海沪江大学、苏州东吴大学，选为法学系的教材。这是两个教会学校，才有这点胆量，至于国内其他大学，都在国民党控制之下，纵有此意，也不敢冒昧，明哲保身，谁愿冒坐牢的危险呢？①

陈、章的辩诉，纵有万分理由，也改变不了国民党既定政策，法院秉承当局意旨，宣判陈独秀、彭述之各处有期徒刑十五年，濮德治、罗世璠、朱逢春、曾猛、何智琛各处有期徒刑五年，为安抚舆论，彭道之徒刑两年半，王平一、梁有光二人宣判无罪。所有被告都知道，司法独立是一句空话，本打算安心过

---

① 章士钊去南京为陈独秀辩护时，曾作了一首感慨的诗："龙潭血战高天下，一日功名奕代存；王气只今收六代，世家无碍贯三孙。廿载浪迹伤重到，此辈清流那足论？独有故人陈仲子，聊将蝓李款牢门。"陈独秀字仲甫，章引用於陵陈仲子之典称陈独秀为"陈仲子"。

铁窗生活，但律师们都说量刑过重，应该向最高法院上诉，于是上诉了。陈、彭的上诉状是自撰的，其中也有许多可读之句，我记不得了。其他人的上诉状，是由律师代写的。官司悠悠，三冬九秋，时隔年余，最高法院才裁决下来：陈、彭二人改判八年徒刑，其余的人仍维持原判，即五年徒刑。最高法院的判决是终审判决，只有执行而无上诉的可能。于是将一干人犯押解至南京老虎桥模范监狱执行。陈独秀得到一点优待，他一个人住一间牢房，派专门看守，监视他的一切。其余人住普通牢房。起初监视颇严，不准亲属探监，不准通信，不准读书看报，后经绝食斗争，才渐渐放松一些。陈独秀说："你们执行恶法，我拼老命也要抗议。"典狱长说："恶法胜于无法。"陈独秀说："恶法就要打倒。"典狱长说："我无权打倒它。"话虽这样说，他还是做了让步，以上三不准，终于悄悄地准了。

陈独秀久患十二指肠及胃溃疡病，血压也高，国民党当局绝对不允许保外就医，典狱长为了上下两全，准许濮德治、罗世璠二人轮流看护他。平时每周一次，病时不拘此例。因此长期相处，对他的为人有相当了解，现在从各方面给以真实的素描。

狱中生活：他房里有两个大书架，摆满了书籍，经、史、子、集，每样有一点，但他对文字学最有兴趣，成天埋头钻研《说文》。据他说从文字的形成和发展，可以看到社会和国家的形成和发展。我说有什么用处？他说，你不知道，用处可大了，中国过去的小学家（研究《说文》的人），都拘泥于许慎、段玉裁的《说文解字》和注，不能形成一个文字科学，我现在用历史唯物论的观点，想探索一条文字学的道路，难道没有用处？我当然不劝你们青年人去研究这种学问，可是我已搞了多年，发现前人在这方面有许多谬误，我有责任把它们纠正过来给文字学以科学的面貌。我不是老学究，只知背前人的书，我要言前人之未言，也不标新立异，要做科学的探讨。他也和我们讲过"六书"（即所谓指事、象形、形声、会意、转注、假借），那是对牛弹琴，我们不感兴趣。我说，据你所说，古之文人也会创造别字、错字。他说，此话怎讲？我说转注、假借不就是当时没有的字，就转借来用吗？他说，这个意见很新鲜，我还没有听过，不过你是不是为青年写别字辩护呢？我说，谈不上辩护，我认为青年人写几个别字是难免的，中国方块字太难，同音同义字又多，形式又有什么正、草、隶、篆，我想社会前进，文字语言也随之而变动，写别字没有什么了不起的罪过，但老学究们就从这点看不起青年，我认为这是顽固，不知你以为如何？他说，你有这点见解，很不错，我研究文字学，就是从发展的观点出发，我主张语言文字都大众化，由繁入简，最后目的是拉丁化即拼音文字。不过在这方面只能促渐变，不能来突变，如果来突变，那就要大家读天书，任何人也不懂。我说，写别字也是渐变呀！他说，是的。大家一致写的别字，就应该承认它。我说，大家约好来写别字，是不可能的。他说，这不要紧，如医院里打针，大家都说打臀部（读"殿"部），其实这个字应读"豚"部，管他"殿"部"豚"部，打在屁股上就是了；又如青年都说鼓吹革命，这个"吹"字应读"Trai"，而不读吹。现在大家都读吹，管它哩，吹喇叭也是吹，吹牛也是吹，宣传革命也是吹，大家都读吹，你一定要读"Trai"，那就是顽固。再如"骇然"的"骇"字，不应读"骇"而应读"海"，现在大家都读骇怕的骇音，反正是骇怕惊奇的意思，怎么读都行。总之创造新字也好，写读别字也好，都要渐进，不能由你自做仓颉，随心所欲地创造出一种文字来。须知中国文字并不是仓颉造出来的，而是古代人民的社会创造。

关于研究文字学，有一段笑话，江苏南通有一位姓程的老先生也是小学家，因慕陈独秀之名，来到监狱里看他，两人一见如故，初期互道钦佩，中期交换著作，也互称对方有卓见，后期争论起来，闹到面红耳赤，互斥浅薄，两人都高声大叫，拍桌对骂，幸而没有动武。原因是，为了一个父字，陈独秀说父字明明是画着一个人，以手执杖，指挥家人行事。而那位程先生说，父字明明是捧着一盆火，教人炊饭。陈说你不通，程说你不通；陈说你浅薄，程也说你浅薄。我好不容易把他俩劝开，说学术讨论应心平气和，不应发火，我诌了几句打油诗嘲讽他俩："一曰执杖一曰火，二翁不该动肝火，你不通来我不通，究竟谁人是浅薄。若非有我小濮在，遭殃不只是板桌，异日争论平心气，幸勿动怒敲脑壳。"程老先生笑了，陈独秀骂我"你这小鬼是浅薄"，"我要敲打你脑壳"。我说我岂止浅薄，对于你们这一行，我简直是无知。

隔了一会儿，陈独秀又和程老先生和好了，他写了一封信给罗家伦（当时中央大学校长），推荐程老先生教文史，罗家伦以程老先生迷信鬼神而拒绝了。后来陈对我说，罗家伦自诩不信鬼神，其实他信的鬼神是万鬼之中最恶的鬼（指蒋介石）。

我和罗世璠曾多次劝陈独秀停止文字学的研究，最好乘有生之年写写自传和中国大革命史（胡适也劝过他写自传），但他都不以为然。他说，大革命史因手头无材料，不能凭记忆来写；关于自传，他说想写，但难于下笔。所以直到他去世为止，大革命史一字未写，自传只写了一篇《江南乡试》（亚东图书局出版）。总之，他凭自己的爱好，只迷恋文字学，别人劝他是劝不醒的。在狱期间，他写了《实庵字说》《老子考证》《孔子与中国》《干支是字母说》等篇，在《东方杂志》上发表。他说《实庵字说》与郭沫若有过争论，他对郭沫若有些地方很钦佩，如郭说古代人不知人从何来，对生殖器崇拜，古文中"也"字很多，他说"也"字是女阴的象形，人从女阴中出来，人们觉得神奇。陈说这是郭的卓见，但有的地方，陈又说郭浅薄。郭曾为文答复，说陈在这方面是行家，是前辈，但他困在狱中，看不到许多书，所以孤陋寡闻。我不懂这个问题，之所以写下来，因确有这件事。关于老子，人们都说他姓李名耳，陈说此系俗见。他考证出老子就姓老，故称老子。正如诸子百家各有其姓一样。孔子姓孔，孟子姓孟，墨子姓墨，杨子姓杨，庄子姓庄，荀子姓荀。唯独老子给他姓李，焉有此理，此与当时姓氏规律不符。老聃即老子的姓名，何来李耳之名。他这种说法，是否有确切的论据，不得而知。关于《孔子与中国》，他说孔子影响至深且大，每一封建王朝，都把孔子当作神圣供奉，信奉孔子是假，维护统治是真。农民起义之时，孔子就一时倒楣，新的王朝得胜，即刻又把孔子抬得天高。"五四"运动之时，我们提出"打倒孔家店"，就是这个道理。但在学术上，孔孟言论，有值得研究之处，如民贵君轻之说，有教无类之说，都值得探讨。关于《干支是字母说》，我更是摸不着头脑，只听他说"甲"是龟形，"乙"是燕形……干支了无意义，不能解释，他认为是字母。

陈的书法：陈在狱中，有许多人请他写字，有的他拒绝了，有的他欣然命笔。他自撰的对联，我记得的有两副。一是：行无愧怍心常坦，身处艰难气若虹。一是：海底乱尘终有日，山头化石岂无时。

画家刘海粟到监狱去看他，他就写了第一副送刘，刘也送了一幅画给他。他能写好几种字体，看起来是相当挺秀的。我喜欢他写的狂草体和郑板桥体。他说写字如作画一样，既要有点天分，也要有些功夫，功夫锻炼内劲，天分表现外秀，字要能达内

劲外秀，那就有点样子了，即所谓"中看"了。庸人写字，只讲
究临摹碑帖，写来写去，超不出碑帖规范，难免流于笨拙，有点
才气的人，又往往不屑临摹，写出字来有肉而无骨，两者都难达
妙境。我问他，你写得怎样呢？他说，差得很，差得远，许多年
来没有写字了。意思是说天分有一点，功夫是不够的。谦虚之中
仍有自负。

陈独秀书法

陈独秀对翻译书的见解：他只懂日、英两种文字，日文可以
看书，英文也可以阅读。因为老了，怕翻字典，他读外文著作，
要我们代他把书中生字查出来。我们一面照办，一面劝他读读翻
译的书，于是引起他对翻译大发议论。他说，现在许多翻译的书，
实在不敢领教，读它如读天书，浪费我的时间，简直不知道它讲
些什么，如胡秋原这小子，从日文中译出这样一句话，"马克思
主义在三层楼上展开"，这是什么话，我当然不懂，我想也没有
人懂，我要问马克思主义为什么一定要在三层楼上展开呢？难道
二层楼上不能展开吗？我找到原本，查对一下，原来是说"马克

思主义发展分三个阶段"。日文中的三阶段，就写三阶段，而三层楼则写三阶。若说胡秋原眼误，未看到这个段字，那是不能原谅的。译出书来，起码要自己看看懂不懂通不通，连自己也不懂的东西，居然印出书来，真是狂妄无知，害死人呀！他说，这是一种不负责任的态度。胡译乱译，还美其名曰"直译"。我认为翻译这种工作，不是闹着玩的，首先要精通外文，本国文字也要通达。现在有些懂点 A、B、C、D 的人，就大胆地搞起翻译来，真叫作荒谬绝伦，我认为严复对译书的要求"信、达、雅"三字，还应该遵守：信，就是忠实于原著；达，就是译文要通顺；雅，就是文字要力求优美。严复译的八部书，在这三个字上下过功夫。现在有人说这三个字不足为训，我说，非也。严译丛书，用古文体写的，青年人读不懂。但他是先读通原著，然后才从事重新创作，使之成为中文书，态度是严肃的，功夫是下得深的。当时在知识分子中，起了启蒙作用。现在哩，人们侈谈什么"直译"而反对"意译"，以掩饰他们的死译瞎译，叫读者如看天书，不知所云，这是一大"虐政"，一大灾难。殊不知直译绝非一字一扣，一句一摹，而是保住原著风格。意译亦非随心所欲，胡乱行文。外文与中文差别很大，风俗习惯亦不相同，能直译的，当以直译为准则，不能直译的，就应辅以意译，我意直译意译应相辅而成，决不应偏向一方，而违信、达、雅三字原则。我反对林琴南式的"意译"，更反对胡秋原式的"直译"，若要从二者之中选择一种，那我宁愿读前者而斥后者狗屁不通。

陈独秀论文艺：王独清（创造社诗人之一）写了一本诗，歌颂1927 年"广州起义"，那书上诗句，印得很新奇，有大字小字，正字歪字，加上一些惊叹符号，很像炮弹打出后的破片飞散一样。他拿去给陈独秀看，希望陈给他以好评。哪知陈看了哈哈大笑起来，连说我不懂诗，不敢提出评论，但是我佩服你的大胆，独出心裁，自创一格，弄得王独清十分狼狈，讪讪而退。后来在狱中谈起此事，他就谈出他对文艺的见解。他说，文艺这种东西，绝不能用模型来套制，八股文为何一文不值，就是因为他是僵尸文章，臭不可闻。王独清那本诗，形式上看来颇为新颖，但他中了形式主义的毒，以为把一些口号写入诗句，这就是无产阶级革命文学了。其实这是笑话。结果把诗弄成屎，自己还不知道，甚至还洋洋自得，这是很可悲的。我问他无产阶级的政治思想是否可以写入诗文中呢？他说当然可以，不过这要高明的手法。现在许多作家，不肯在这方面下苦功，写出一套公式文学，人不像人，狗不像狗，味同嚼蜡，毫无生气。他们以为把政治思想塞进文艺中，就是革命文艺，谬矣。如果这样，要文艺家干什么？有党的宣传部和新闻记者就够了嘛。我问他对现实主义和浪漫主义有什么看法，两者是否应结合起来？文艺家是否应有阶级的立场，写出无产阶级和劳动人民的文艺来？他说这两个问题太大，很难说得清楚。文艺家当然要代表人民的利益创造革命文艺，但是这不是一蹴而就的事。我不赞成对文艺家画地为牢，告诉他们要写无产阶级现实主义文学，不要写资产阶级浪漫主义的文学，这是办不到的，也是束缚创作自由的。中国古典文学之所以能开出绚丽的花朵，如《红楼梦》《水浒》《西游记》《儒林外史》《西厢记》《桃花扇》等，有哪一个是由别人出题或指出范围写成的呢？世界文学中第一流作家如莎士比亚、莫里哀、雨果、巴尔扎克、歌德、海涅、托尔斯泰、屠格涅夫等，又有哪个是奉命写成出色的作品来的？他们都不知道什么现实主义和浪漫主义，可是作品中都包含着这两种。世界上优秀的文艺作品，不可能把哪些作品划成现实主义的，哪些作品划成浪漫主义的，我认为一个卓越的作品，它反映社会的情况，反映得相当高明，使人读了为之神往，作家写到哪里，读者如身入其境。喜怒哀乐，悲欢离合，都与作家有同一情感。这种作品就是好作品，不管他出身贵贱或政治倾向如何。列宁说托尔斯泰的作品是俄国革命的一面镜子，但他的思想是有害的甚至是反动的。但这并不妨碍人们称他是一位伟大的作家。托尔斯泰把当时沙皇统治的俄国社会各个方面各个阶层都写到了，写贵族入骨三分，写农民恰如其人，但他并没有叫一声打倒沙皇，也没喊一声农民万岁。作品中极其巧妙地反映出统治阶级的万恶和农民的悲惨，这就是用艺术的力量，唤起人民革命。上述这些作家，都不是下层人民，多数出身贵族，可是他们的作品却代表了人民的呼声，这就使得人们叫一声好，称赞他们是伟大的作家，伟大的作品。

中国古典文学方面有名人，曹雪芹、施耐庵、吴承恩、吴敬梓、孔尚任、王实甫等，也是世界难寻的伟大作家，尤其是曹雪芹，他在《红楼梦》中所描写的末期封建社会，可以说淋漓尽致，入骨传神，使人们不必读史，就一眼看到清初中国社会一幅全图。人物之多，入画入神，结构之紧，合理合情，真是旷世珍品，千古奇文。可惜难以翻译，外人不能欣赏，日本汉学家称《红楼梦》为天下第一奇书，诚不诬也。曹雪芹十年寒窗，才写了这部著作的前八十回，态度是何等严肃（托尔斯泰的《战争与和平》也写了七年）。诗文词句的推敲，也沥尽心血，故能达到美的结晶，绝非今之作家粗制滥造所能比拟。我问他，照你这样说，一个时代只能出一个作家，其余作家只好停笔，等待伟大作品问世了；而文学是社会生活的反映，难道只允许一个大作家反映，不允许多数作家努力去做吗？他停了一下说，不然，我不是这样意思，我是着重说不应草率从事，想写就写，写出来的东西，轻飘飘的，没有味道，一读即完，不像《红楼梦》那样百读不厌。至于说反映社会生活，这说起来容易，做起来殊难。如有的人写工农，除了苦呀悲呀没吃没穿啦，一下子就走向革命，接着就是拥护和打倒，最后或坐监或杀头，至死不屈。实际生活，绝不会这样简单，前进有过程，后退也有过程，作家的任务，要通过体验社会生活，再加上艺术构思，巧妙地描画出活的工农来，而不要借工农之口，说出知识分子的话来，叫人看了四不像。中国谚语说画虎难画骨，画人难画情，画虎不成反类犬，画人不成反类精。听说赵子昂画百马图，未着笔前，在书房里打滚，拟马的各种姿态，再出而观马，然后下笔。百马图中的马各有不同姿态，正如曹雪芹写众多丫鬟小姐，各有各的性格一样，这种精神和技巧都是应该效法的。要说现实主义，我想这才是真的现实主义。说到浪漫主义，我认为没有浪漫主义就没有文学，文学要有幻想，要用浪漫的构思和手笔，巧妙地反映出社会生活来。否则读读历史看看报纸就够了，何必还要什么文学呢?《西游记》是用浪漫的手笔写出来的，若用现实主义去衡量它，那是荒唐的。但它在文学上有特殊的价值。无论写孙悟空、猪八戒等以及各种妖精都栩栩如生，十分美妙，这种浪漫主义，是值得赞赏的。

陈独秀谈诗歌:自"五四"运动以来，他主张用白话文代替文言文，这是众所周知的，但对诗歌应采白话还是文言，他没有肯定。在狱中谈到这个问题，他谈开了。他说以前之所以不谈，是要看看白话是不是可以写出好诗来。现在看起来，白话诗还不能证明它已建立起来，可以取古体诗而代之。我看了许多新诗，还没有看到优秀的作品，能使人诵吟不厌。我认为诗歌是一种美的语言和文字，恐不能用普通语言来表达。诗有诗的意境，诗的情怀，诗的幻想，诗的腔调等等需要去琢磨。绝不是把要说的话，一字不留地写出来就是诗。现在有些人，把一篇散文，用短句列成一行一行的就说这是诗，这把诗看得太简单了，可笑之至。我问他，照你这样说，我们又只有等李、杜出来了？他说李、杜不会复生，今日绝不会有李、杜时代不同了，意境也不一样了。今人吟诗应有今日风格，不过诗歌究竟不同于散文，它要有情趣，要读之铿锵作声，要使读者有同情之心，生悠然之感。我反对诗不像诗，文不像文，不费推敲，小儿学语式地乱写。须知唐宋各家诗词，是费尽心血，才能达到美的境地。我问他，青年人学作古诗如何？他说，我不提倡也不赞成。因为古诗讲究音韵格律，青年搞这一套太浪费时日，音韵格律是写诗一大障碍，有人穷毕生之力，也不能运用自如。要么严守格律，写出东西来毫无生气，要么破律放韵，仅求一句之得，据此而求千古绝唱，难矣。我问他，你既不赞成当今的新体诗，又反对青年人学学古诗，那么诗歌一道岂不要绝子绝孙了吗？他考虑了一下说，这确是一个难答的问题，我想可以美的语言、美的文字结合起来写诗，但主要的还是美的意境，青年人想写诗，最好先读读《诗经》、楚辞、唐诗、宋词，了解一些诗味，然后动笔，想来会有进益的。他给我讲一个笑话，他在芜湖中学教国文的时候，有一个学生学作诗，文中有这么两句："屙屎撒尿解小手，关门掩户阖柴扉。"他大笑之后在诗上打了一个横 ×，批上"屎臭尿腥"四个字，并写了两句："劝君莫作诗人梦，打开寒窗让屎飞。"

总之他认为诗是一种美文，白话难以写出美诗，他最反对把散文写成短句，加上些啊、呀、吗、呢，再加上些惊叹号就自称是诗。

他在狱中随兴之所之写了《金陵怀古》二十四首七言绝句。一首嘲讽一个党国要人，如邵元冲挨过蒋介石的一记耳光，陈立夫挨过蒋介石的一顿脚踢，蒋作宾闻蒋介石放屁而曰不臭，宋霭龄巧遇大学生等等。虽然是一些无聊的小事，但诗写得相当辛辣，可以看出那时当局的一些丑态。不知这组《金陵怀古》可曾留下稿件没有。

陈独秀论民主与科学：陈与托派青年，关于民主问题，有过长期争论，到了监狱，他还是坚持他的主张，甚至还走得更远。他几次拍桌子打板凳，斥我们无知。有一次典狱长把我提去询问："我们为了陈先生年老多病，让你们去照应他一下，怎么你们和他吵起来了？"我说："我们劝他吃药，他坚决不吃，所以吵起来了。"他说："啊！原来如此，往后你们好好劝他，不许大吵大闹了。"于是掩盖了一场风波。

陈独秀说"五四"运动前后，在《新青年》上提出民主与科学，不是信手拈来的，而是经过深思熟虑，针对中国的情况才提出来的。一般青年只懂其皮毛，而不懂其实质。中国经过几千年封建统治，民主与科学荡然无存，正因为没有民主与科学，弄到国将不国、民难为民的地步。帝国主义侵略，更加深了这种灾难。今天讲民主科学，并未过时，反而更加需要，我可以武断地说没有民主，就没有进步，也没有革命，没有科学就不能生存，就要亡国，有民主才能有科学，有科学才能保民主，二者缺一不可，少一点也是不行的，我生平研究历史，发现原始社会在生产、生活方面实行共产主义，在社会组织方面，实行民主主义，虽然那时还不知道这两个名词，但确是当时社会的两大支柱。后来阶级社会产生了，这两大支柱被统治者推倒了，埋葬了，而且埋得很深很久，叫人们忘记了。卢梭把它发掘出来，说："人生而自由者也。"我们不能因卢氏是资产阶级启蒙运动的大师，就说他的话说得不对。我认为法国大革命时期，百科全书派一些著述是有很大贡献的。当时他们提出自由、平等、博爱的口号，也是不能非议的。后来欧洲各国民主革命相继完成，建立民主制度发展了科学，使他们走上资本主义道路，富强起来了，民主制度也受到限制了，自由、平等、博爱只限于资产阶级范围以内了。广大无产者和劳动人民，都摒弃于民主之外，这不是民主之罪，而是资本主义制度之罪。我认为民主制度是人类政治的极则，无论资产阶级革命或无产阶级革命，都不能鄙视它，厌弃它，把它当作可有可无，或说它是过时的东西，在东方落后国家，长期受封建制度束缚，没有民主的气息和习惯，更应把它当作战斗的目标而奋斗。我问他，你这种见解，是否混同资产阶级革命和无产阶级革命的战略目标呢？是否违背马克思主义呢？无产阶级革命目的，难道是为了民主主义而不是为实现社会主义——共产主义而奋斗吗？他答道，所以我说，你们对马克思主义的了解相当片面，相当机械而且幼稚，从马克思到列宁都没有把民主主义和社会主义分裂开来，如你们一样把民主主义当作资产阶级的私有财产，而把社会主义当作无产阶级唯一的要求。他们多次教导，从资产阶级形式民主，到无产阶级实质民主，是社会发展的必然趋势。列宁说过资产阶级民主，是少数人压迫多数人的民主，而苏维埃民主是多数人压迫少数人的民主，后者是比前者广泛得多扩大得多。德国社会民主党成立之时，恩格斯还健在，他并没有指责这个党名称要不得，列宁也没有摒弃俄国社会民主工党这个名称，可见他们并不轻视民主而是重视民主的。我问他，马克思、列宁明明说过要用无产阶级专政代替资产阶级民主，对此你如何解释呢？他说，是的，他们说过，但他们也说过，无产阶级专政是无产阶级和广大劳动人民最广泛的民主，只对极少数反抗新政权的人实行专政。难道这还不明白吗？你们总是把专政这个名词奉为神灵，而把民主视为妖魔，岂不怪哉。现在苏联实行无产阶级专政，专政到反动派，我举双手赞成，但专政到人民，甚至专政到党内，难道是马克思、列宁始料所及吗？此无它，贱视民主之过也。总之我认为民主与科学是人类历史长期的要求，绝非权宜之计、临渴凿井的对策。如果用公式表达，就是原始社会里，共产主义和民主主义是两大支柱。奴隶社会和封建社会推倒和埋葬了这两大支柱。资本主义社会，发掘了民主，发展了科学，人类大跨步前进。社会主义、共产主义社会，民主与科学无限发展，走向人类大同。

对于这种"高论"，他虽言之谆谆，我却听之藐藐。我又提出两个问题，请他解释。一个是把民主与科学提到贯穿历史的高度，是否违反阶级分析的原则；一个是如果中国革命成功，你主张采用什么制度。

他说，关于第一个问题，我并未违反阶级分析的原则，我认为代表大多数人民利益，就是最好的阶级立场。成天大叫无产阶级万岁的人，未见得有利益于大多数人民，也未见得有利于无产阶级。民主与科学是大有利于中国人民的，当然也有利于无产阶级。关于第二个问题，现在还没有实现的东西，难以预言，不过如果革命胜利，我设想要建立一个民有、民治、民享的人民政府，实行名副其实的自由、平等、博爱。我问他，林肯的政府是人民政府吗？法兰西共和国实行了自由、平等、博爱吗？他答道，正因为他们没有名副其实地实行他们的口号，所以我们要认真地实行起来。须知上述口号，鲜明响亮、通俗易懂，人民心向往之。若不拘泥于名词偏见，我认为无产阶级专政，就应该做到民有、民治、民享和自由、平等、博爱。我说，那是假的，他们是说着骗人的。他说我们要做真的，我们不需要骗人。我说，巴黎公社的教训和十月革命的经验，你忘记了？他说，巴黎公社教训不在于过于民主，十月革命的经验，也不在于实行专政。资产阶级政权是少数统治多数，他们能允许集会结社言论出版自由，不怕垮台，而无产阶级政权是多数统治少数，竟怕这怕那，强调一党专政不允许言论自由，焉有是理。最后，我问他，你是马克思主义者还是百科全书派？他说，马克思主义是吸收前人的精华发展起来的，没有德国的哲学、英国的政治经济学、法国的社会主义，他不能凭空创造出一个学说来。我信仰马克思主义，因为它是无产者和人民甚至全人类解放的思想武器。彭述之说过"马克思主义以外无学问"，这话对吗？简直是愚昧无知。现在苏联就是把人造成一个模型，不容有别的样式，还自诩为马列主义，马列地下有知，想会慨叹呜呼的。

陈独秀谈哲学：陈独秀说，对中国古代哲学，稍有涉猎，对西方哲学著述，读得较少，他自谦是门外汉。他不赞成一些青年读了几本哲学书就大谈什么唯物主义与唯心主义，什么辩证法和形而上学。他说，有些人开口是辩证法，闭口是辩证法，骂人家是机械论，是形而上学。实际上，他们自己在那里搞诡辩，变戏法，叛徒叶青就是一个最坏的典型。当他投降国民党以前，讲话写文章都侈谈哲学，叛变以后，他仍然口口声声不离开什么哲学，而且恬不知耻地说是"马克思主义哲学"。天下无耻之事，岂有甚于此者。唯物主义和辩证法，只有革命者和进步者才能认识和运用，反动派谈唯物主义只能是拜金主义，而他们讲辩证法只能是变戏法。我认为辩证逻辑和形式逻辑是并行不悖的，现在有些人，只迷醉于辩证法这个时髦的名词，而弃形式逻辑于垃圾堆，妄矣。哲学上无论中外，代有名家，很难把他们截然划分谁是唯物主义谁是唯心主义，谁是辩证论者谁是机械论者。大别为唯物唯心两派是可以的，截然划分是难办到的。因为他们当中，有的是唯心论者兼有唯物论的因素，如康德。有的是唯物论者又带有机械论瑕疵，如费尔巴哈。有的是唯心论的辩证论大师，如黑格尔。直到马克思才树立起辩证的唯物主义和历史的唯物主义这个光辉的体系。中国诸子百家多数属于唯心主义的范畴，老、庄、孔、孟是也。但他们著作中有唯物主义的因子，也有朴素的辩证法。杨、墨、荀、韩非等，基本上是唯物论者，但也夹着许多唯心论。中国最早的唯物论者是王充，应该读读。列宁劝告青年，不可不读考茨基和普列汉诺夫的哲学著作，这是对的。现在苏联哲学在德波林的把持下，搞得乌烟瘴气，完全是一派经院气息，生拉活扯，叫人不敢卒读，哀哉！

陈独秀很赞赏易卜生和尼采。易卜生认为思想家先世人道出真理，言人之不敢言，世人不能接受，于是群起而攻之，等到时代进展，人们认识到他是真理，又为他树起丰碑。丰碑树立之时，新的思想家又出来道出新的真理，同样又遭到攻击，后来又为他树立丰碑，等等。易卜生说少数人永远是对的，多数人永远是错的。陈独秀说，这是至理名言。我说列宁批评过易卜生，说他是小资产阶级的偏见。陈说，不管列宁批评过没有，我认为易卜生是对的。从广大人民利益来说，当然是多数人对，少数人错，但从思想启蒙这个出发点来说，易卜生是对的。有史以来的思想家、哲学家，都有过同样的遭遇。哥白尼的后学伽利略、开普勒受到宗教法庭的迫害，是举世周知的史实，但是真理并不在宗教法庭方面，而在科学家方面。即以马克思、恩格斯、列宁来说，他们代表真理，但一生多半都处在少数的地位。陈劝我读读易卜生的《国民公敌》《社会栋梁》和《娜拉》。我说读过了，他说，再深读一下，才知其味。

讲到尼采，陈独秀说，我以前道听途说，以为他是帝国主义的代言人，但现在我看了他的代表作《札拉图斯特拉如是说》，才知道他是批判万恶社会的哲人。我问他，尼采不是主张超人哲学吗？世界上哪来超人呢？他说，正因为世界上没有超人，所以他要把人类提高到超人的地步。他认为德国社会上层人物是一群动物，蠢猪，笨驴。他骂大学教授学驴叫，新闻记者是骗子，当局是强盗，官吏是盗贼……这是对资本主义社会的有力的声讨，哪里有帝国主义代言人的气味呢？德国政府把他关进疯人院，岂不是自己打自己。所以读书要自己钻研，绝不能以耳代目，道听途说。尼采理想东方社会要纯朴得多，像人得多，他想不到东方社会的落后贫穷，还有很多不像人的人。陈把《札拉图斯特拉如是说》拿给我看，劝我也读读它，我翻了几页，只见陈在上面写着"此声何声也，汹涌澎湃，荡尽人间污浊……"我老实告诉他，我看不懂，也不想看。他说，看不懂可以慢慢来，不想看，那就是满足于偏见，安于愚昧。须知学术思想，是应该绝对自由的，请三思之。

陈独秀谈妇女问题：这个问题关系到他的私人生活，本来不愿写，但为了忠实于历史资料，还是如实地写出来。陈的原配夫人高氏是个旧式家庭妇女，在乡中有贤惠之名，生了两个儿子，长子名延年，次子名乔年。陈从日本回国探亲，把高氏夫人的妹子高君曼，带去日本留学，日子一久，他俩就结成伴侣。这事曾引起了乡里的非议，说是太不像话。但陈处之泰然，一笑置之。后来原配死去，陈与高君曼正式双宿双飞，初期感情融洽，相处甚好。怎奈陈有寡人之疾（好色），在北京常跑八大胡同（妓院），高君曼愤然与之争吵，继之以打闹，最后以分居宣告破裂。高君曼斥陈为无耻之徒，陈则骂高为资本主义。清官难断家务事，亲

朋不敢置一辞。高生了一男一女，没有参加革命，比他们的两位
兄长延年、乔年二烈士相差远矣。

　　陈独秀晚年，在上海找到一位姓潘的女工，又结成夫妇。这
个女工，年仅20余岁，七分人材，三分打扮，看来十分摩登。他
俩走在一道，人们必以为是父女。我们非常诧异，为何此女愿嫁
老馆，更惊叹陈猎艳技术之高明。陈被捕之后，此女赁居南京，
常到狱中探陈。有一天，典狱长提我询问，我摸不着头脑，以为
大祸将临。到了他的办公室，看他脸色严肃且带怒容，我心想事
情不妙，但只有与之周旋。他叫看守退出，把门关紧。开始言
道，我今天把你提来，有件事要你转告。陈先生在我们这里，我
们没有把他当作犯人看待，上面叫我们优待，我们也尽量给他以
优待。但是优待也有个界限，这里是监狱，不是旅馆。陈先生近
来忘记了他在坐监狱，把我们这里当作旅馆，这是使我们很为难
的。这时我心里平静下来问他，究竟出了什么事，请你直说吧。
他说，你可知道有个姓潘的女士经常来看望陈先生，她是他的什
么人？我说大概是他的学生。他说，不像学生，学生岂能天天来
看老师。我说，是不是他的小女儿？他说，更不是了，他的小女
儿我见过。我说，那么是谁呢？我推想不出。他说，你恐怕知道
的，碍于陈先生的面子，你不肯说罢了。我说，请你直截了当地
说吧。他说，根据看守人的报告说陈先生和那个姓潘的女士，在
他的监房里发生过肉体关系，这怎么行呢？这事传出去，岂不要
叫我同他一样坐牢吗？请你婉言转告他，要为我的处境想一想。
面子要双方来顾，如再有这样行动，那就莫怪我无情了。我说，
怕不会吧？请你再调查一下。他说，调查过了，千真万确。不瞒
你说，当年我也是崇拜陈先生的一人，以为他的道德文章可以做
青年模范，现在看来，他的文章虽好，道德有限。你告诉他，往

后请他自爱一点，也为我们着想一下。我唯唯而退。

第二天，典狱长叫我把话转告陈独秀，我一五一十地说了，他神色自若，毫无赧颜。我愤然说道，你这个人在政治、思想一切方面都非常偏激，在行为方面也很乖张。一个政党的首脑，这样对待生活，对吗？外面小报上说你不以嫖妓为耻反以为荣，确有此事吗？他最初听了默无一言，似有愧色。但听了小报所说，他火起来了。他说，大报造大谣，小报造小谣，你怎么信它？这是私人生活，不用别人管。我说，你是一个政党领袖，对妇女问题，没有正确而严肃的态度行吗？他自知理屈，沉默良久，然后说道，在建党以前，在这方面，我是放荡不羁的，可是建党以后，我就深自检点没有胡来了。我说，这位潘女士从哪检点来的呢？他说，难道我不能有个伴侣吗？

陈独秀谈《新青年》旧友：有一次谈到李大钊（守常），他说，非常钦佩，十分敬仰，守常是一位坚贞卓绝的社会主义战士。从外表上看，他是一位好好先生，像个教私塾的人，从实质上看，他平生的言行，诚如日月之经天，江河之行地，光明磊落，肝胆照人。段祺瑞制造"三一八"惨案，他曾亲临前线；张作霖要逮捕他，事先他也有所闻，组织上曾劝他离开，但他坚持岗位，不忍搁下工作。最后视死如归，为党捐躯，慷慨就义，面不改色，世人称他为马克思主义先驱，革命家的楷模，是一点也不过誉的。他对马克思主义的研究，比当时的人深刻得多。他对同志的真诚，也非一般人可比。寒冬腊月，将自己新制棉袄送给同志，青年同志到他家去，没有饿着肚子走出来的。英风伟烈应与天地长存。我问他，人们说："南陈北李"，你比他如何？他说差之远矣，南陈徒有虚名，北李确如北斗。我说，自谦乎？他说，真言实语，毫无虚饰。

在"五四"运动的前期，陈与胡适、刘半农、钱玄同等算是文字知交，都在《新青年》上发表文章，当时人们称为陈、胡、钱、刘四支大笔。陈入狱后，胡念当年旧交，曾到监狱探访，而当年北大学生，如罗家伦、段锡朋等，也去过监中看望。陈谈到胡适，他说，胡适这个人，实在难测，在《新青年》上有大胆狂言的勇气，也写过一些号角式的文章。新文化运动，也是有贡献的。但他前进一步，就要停步观望一下，后来他走了一步，就倒退两步，这就难以挽救了。当初，我曾寄希望于他，同他谈马克思主义，有时他兴奋起来，也说马克思是一大思想家，有独到的见解。但考虑良久，又退回到杜威那里去了，如是者几次，都不能把他拉到革命人民这方面来。胡对陈说，你相信你的马克思，我相信我的杜威，各不相强，各不相扰，大家何必走一条路呢？结果他从杜威走向蒋介石，走到华盛顿当了中国大使。陈很为他惋惜。陈说，你若只做学术研究，也许不会被人鄙视的。胡适说，我也为你惋惜，你若不当政党领袖，专心研究学术，想来也会有些成就而不致身陷囹圄的。胡适告诉陈独秀，白话文学已建立起来，老舍、巴金、曹禺等是杰出的作家。陈问鲁迅、茅盾呢？胡答，不见他们的作品，这两位恐怕致力于文学为革命服务去了。胡的话带有讽刺意味。陈以似同意非同意的语调说，可惜不可惜？陈、胡的私交比较深厚，胡适说，没有你的《文学革命论》，白话文学，难达今日之成就。陈说，没有你的《文学改良刍议》，文学还会停在八股的牢笼中。

陈谈到刘半农，说他对音韵一道并没有什么研究，但在法国人面前，大谈音韵，以为法国人不懂音韵，讵料法国的音韵学家，把他驳得体无完肤，使他面红耳赤，息鼓而逃。一个人应该本着知之为知之，不知为不知的精神去做学问，不知并不羞耻，强不知以为知，必然要大丢其脸，弄到无地自容。刘半农就是"猪八戒的妈妈飘海——丑死外国人"，应引为教训。现在他死了，胡适写的挽联说，"守常惨死，独秀幽囚，新青年旧友，而今又弱一个；打油风趣，幽默情怀，当年知音者，无人不哭半农"。陈说，此联写得不高明，但余有同感焉。

关于钱玄同，陈独秀说，当时他是最激进的人物，每篇文章，都"左"得出奇，但是后来，他不"左"了，也不激进了。陈说，他要封存一切古书，并要废除汉字，你想他可"左"得出奇？

谈到鲁迅，陈独秀说，首先必须承认，他在中国现代作家中，是首屈一指的人物。他的中短篇小说，无论在内容、形式、结构、表达各方面，都超上乘，比其他作家要深刻得多，因而也沉重得多。不过，就我浅薄的看法，比起世界第一流作家和中国古典作家来，似觉还有一段距离。《新青年》上，他是一名战将，但不是主将，我们欢迎他写稿，也欢迎他的二弟周建人写稿，历史事实，就是如此。现在有人说他是《新青年》的主将，其余的人，似乎是喽啰，渺不足道。言论自由，我极端赞成，不过对一个人的过誉或过毁，都不是忠于历史的态度。我问陈独秀，是不是因为鲁迅骂你是焦大，因此你就贬低他呢？（陈入狱后，鲁迅曾以何干之的笔名在《申报》"自由谈"上，骂陈是《红楼梦》中的焦大，焦大因骂了主子王熙凤，落得吃马屎。）他说，我绝不是这样小气的人，他若骂得对，那是应该的，若骂得不对，只好任他去骂，我一生挨人骂者多矣，我从没有计较过。我绝不会反骂他是妙玉，鲁迅自己也说，谩骂绝不是战斗，我很钦佩他这句话，毁誉一个人，不是当代就能作出定论的，要看天下后世评论如何，还要看大众的看法如何。总之，我对鲁迅是相当钦佩的，我认他为畏友，他的文字之锋利、深刻，我是自愧不及的。人们说他的短文似匕首，我说他的文章胜大刀。他晚年放弃文学，从事政论，不能说不是一个损失，我是期待他有伟大作品问世的，我希望我这个期待不会落空。

陈对当年北大教授如王星拱、邓以蛰等都谈到过，内容已记不得了，只记得他说王是留英的科学家；邓是留法的美学家，两人都是陈的挚友，而邓家与陈家还有亲戚关系。邓曾为文称陈是当代"文章魁首"。邓的祖父就是有名的书法家邓完白（石如）。当时安徽省的名流如关升（明甫）、李光炯、胡远浚（渊如）等都到监狱去看过他。湖南第一师范几位老教师，也去看过他，我只记得有一位姓杨的老先生，须发皓然，谈笑风生，他是毛主席的老师，谈到毛主席在湖南第一师范读书时一些情况。

陈独秀在狱中与外面托派的关系：陈独秀被捕后，中国托派已面临崩溃的边缘，虽然刘仁静、赵济、罗汉、陈其昌等曾先后出来，企图收拾残局，但始终挽回不了形存实亡的局面。陈独秀也想把他们扶植起来，重整旗鼓，但身居囹圄，困难重重，无已只好想尽方法建立一点联系。外面文件、书刊，当然不能邮寄到狱中，而陈的文章或建议，又不能公开的送出，结果由郑超麟的妻子刘静贞，自告奋勇，愿意冒险担任交通。她奔走于上海南京之间，每月一次，从未间断。于是把联系挂上了。据刘静贞说，有时搜查甚严，有时也马虎一点，她总是把文件扎在月经带上，使他们无法搜查。

联系虽挂上了，托派工作并没有什么起色，对"国民会议"问题还是无休止的争论。陈独秀还是坚持原来的主张，青年托派也毫不让步。上文已作概述，无庸赘述。托派对外先后办了两个名为《嘤鸣》和《动向》的杂志，陈独秀也写过文章在上面发表，当然是用笔名，影响不大，除少数知识分子有同情之声外，一般人并不知道有这两个刊物。

托洛茨基搞的什么"第四国际",看到中国托派濒于破灭,派了一个人来到上海,帮助托派收拾残局。此人是美国人还是英国人,不得而知,托派只叫他外国人。他希望到南京狱中去看看陈独秀,陈说不可冒昧,恐怕闹出事来,结果他没有来。在文件来往、相互讨论中,陈与这个外国人发生争论。外国人站在青年托派一边,批评陈为不可救药的老机会主义者。陈则斥外国人乳臭未干,毛手毛脚的小猴儿。这个外国人来上海不到一年,看到中国托派奄奄一息,自己又无起死回生之术,于是愤然凄然而去。

陈独秀看西安事变:1936 年 12 月 12 日,发生了"西安事变",震动全国。监狱中听到蒋介石被张学良、杨虎城扣在西安,莫不喜形于色,欢声雷动。监狱当局立即奉命戒严,中央岗亭架上两挺机枪,枪口对着各监房的出口,看守长大声疾呼,有再叫嚷者,拖出去枪毙。但监房里还是不断地谈着此事,有人说这一下蒋介石完了,判长期徒刑的人说,我们有出狱的希望了。有的又说,蒋介石有钱有办法,也可能不会完蛋,等等。陈独秀对这件事,简直像儿童过年那样的高兴,他托人打了一点酒,买了一点菜,对我和罗世璠说,我生平滴酒不喝,今天为了国仇家恨,我要痛饮一杯。他先斟满一杯酒,高举齐眉说,大革命以来,为共产主义而牺牲的烈士,请受奠一杯,你们的深仇大恨有人给报了。于是他把酒奠酹地上。他斟了第二杯,呜咽起来说,延年啦乔年,为父的为你俩酹此一杯!接着他老泪纵横,痛哭失声。我们见过他大笑,也见过他大怒,但从未见过他流泪。我们劝慰他说,何必动感情呢?何况此事还在开演阶段,如何发展,尚难预料,我们不要空欢喜一场又白伤心一阵呀!他说,人非木石,孰能无情。我看蒋介石这个独夫,此次难逃活命。东方国家的军事政变，很少不杀人的，他转悲为喜劝我们喝酒，我们的心情，是和他一样的，所以也痛饮了几杯。想起来好笑，这样儿童式的天真，事情一来，沉不住气，竟发生在陈独秀身上，不能说不有点稀奇。过了十多天，我们在梦中被爆竹之声惊醒，南京全城一夜放个不停，我们很诧异，还不到春节嘛，往年就是春节，也没有放过这样多的爆竹。第二天起来，才知道蒋介石被放回南京了。陈独秀和我们，都感到惘然。他又一次像儿童一样发出奇谈。他说，看起来蒋介石的统治，是相当稳固的，不像我们分析的那样脆弱。我们问，根据何在？他说，从爆竹声中，可以听出，他有群众的基础。我们说，天呀！爆竹是警察下命令放的嘛。他说下命令放的，最多只能放个把小时，昨天放了一夜，能说是命令的作用吗？我看南京的人民，是相当拥护他的。我们说，不要凭感想分析了。他说只要不是瞎子聋子，也会认识到这一点。我们说，只要不是儿童，也不会做这样幼稚的分析。他说，你们才幼稚呢。我们说，你是老而幼稚。他说，你们以为蒋介石一吹就倒吗？你们会走到无知盲动的地步。我们说，你以为蒋介石能一辈子称帝称王吗？你会走上机会主义的老路。他听到机会主义这个名词，就条件反射地发起火来，拍桌大骂我们无知、幼稚、没有进步，不堪造就。我们怕典狱长知道了，又要找麻烦，就忍着气说，以后再看吧，是你的分析对，还是我们的分析对，历史会作出判断的。

陈独秀出狱：1937 年 7 月 7 日，日本帝国主义发动了蓄谋已久的侵华战争，这就是闻名于世的"七七"事变。蒋介石直到这时，还是采取不抵抗主义，说什么"牺牲未到最后关头，决不轻言牺牲，和平未到绝望之时，决不放弃和平"。日本人可不听他那些谄媚的鬼话，同年 8 月 13 日，日军大举侵略上海。蒋介石还去下令不准抵抗。可是下级军官和士兵，不能忍受日本帝国主义的压迫和欺凌，也不忍见中国的危亡，于是奋不顾身地起来抵抗，抗日战争开始了。蒋介石恐怕失去军心，这才消极应战，我们才看出，他的政权，十分脆弱。以军事方面言，问题极多；以政治方面言，更腐败不堪；以经济方面言，也是一团乱麻。到了这种地步，他还没有改革的意念，更谈不上决心了。他在解决"西安事变"的协议中，曾答应释放全国的政治犯，可是他一回到南京，又食言而肥。当时中共中央派周副主席和董老驻南京，迫使他兑现，他不得已才同意释放全国政治犯。陈独秀能够出狱，完全是中共的救援，国民党《中央日报》以《陈独秀爱国情殷深自忏悔》为标题，登载他的出狱。我和罗世璠向陈提议，"爱国情殷"四字，可以默认，"深自忏悔"四字必须声明更正。但陈独秀这个人，是非常乖僻的，新闻记者来见他，本可乘此机会，讲讲自己的主张，但他避而不见。8月26日，日机夜袭南京，狱中中了八枚炸弹，第二天这监里所有政治犯都被释放出狱。

陈出狱后，暂住在他的友人家中。他说，董老衔中共中央之命，曾去访问他一次，多年未晤，谈得很长。董老劝他，应以国家民族为重，抛弃固执和偏见，写一个书面检讨，回党工作。他说回党工作，固我所愿，惟书面检讨，碍难遵命。他就是这样固执，自弃于党的挽救，实堪慨叹！在这期间，蒋介石曾派人劝诱陈独秀当什么"劳动部长"，陈断然拒绝，他说他想教我装点门面当他的走卒，真是异想天开。他骂高语罕去见蒋是无耻之尤。

陈独秀移居武昌：日机轰炸南京，日益疯狂。陈独秀听友人劝告，移居武昌，在武昌双柏巷，租了平房三间作为寓所。这时，我已回到故乡安庆，几次接到陈的手书，教我速来武汉，说什么"别来无时不念兄，而兄竟忘我耶？……故乡非久留之地，勿使英雄老去，掷国家民族于不顾也。"我到了武汉，才知道他想重整旗鼓，另起炉灶，复兴托派事业。他说，我们这几个人是做不出什么名堂来的，我想教你去开封找找罗章龙，看他意见如何。罗与我相处甚好，有一定才能，他最恨王明之流，现在河南大学教书，你去跑一趟如何？我说，当然可以，不过能否不辱使命，没有把握。于是他写了一封亲笔信，要我带给罗章龙。我到了开封，等了几天，才见着罗章龙，他看了陈给他的信，沉思良久，才说，陈先生的好意我非常感激，不过我现在致力于教学，无意搞政治活动，请回去转告陈先生。我知道事情吹了，说，请你写封回信好吗？他说，当然要写，请你明天来拿吧。这时有一位摩登女郎来找他，衣着讲究，其貌不扬，我自审不便久留，就告辞而去。第二天取了罗的回信，搭车回到武昌复命。陈看了信说，我也听说他在谈恋爱，算了算了。食色性也，奈何奈何！

陈在武汉，写了几篇文章，一篇是《论全民抗战》，大意是：日本是强国，中国是弱国，单靠政府这点力量是不行的，必须全民动员，武装工农，与日帝周旋到底，胜利方可得而期。举凡政治、经济、军事、文化各方面，都要有大的改革，才能适应抗战之需要，若一仍旧贯，迷信独裁，则中国前途，不堪设想了。另一篇是《打倒消极先生》，大意是：抗战是关系国家民族生死存亡的大事，不容采取消极态度，敷衍应付。政府与人民，都应下最大决心，以最积极态度，全力以赴去争取最后胜利，须知抗战不是应战，不打则已，打就要打到胜利。希望政府与人民迅速觉醒起来，完成中华民族的大业。

陈独秀把几篇文章送给当时《扫荡报》上发表。我问他，你不知道《扫荡报》是最反动的报纸吗？他说，知道知道。我说，既知道，为什么还把文章送给它那里发表呢？他说魔鬼办的报纸，我也敢送去发表。我说，你这不是自己糟蹋自己吗？他说，你的思想还停留在斯大林主义那边，马克思就把著作送到资产阶级报纸上发表过。我问他，根据何在？他说，你去翻翻书。我不愿和他再争论下去，不辞而别，到了汉口。

陈独秀迁往重庆，老死于江津。日本帝国主义要吞并中国，是它早订的国策。它不管蒋介石消极抗日、积极反共的政策对它怎样有利，还是要打到底的。虽然它也搞过诱降，而蒋介石也愿意上钩，但条件没有谈成，日军决定打下南京之后，箭头就直指武汉。于是陈独秀又听从友人劝告，移住重庆。在重庆时期，他在广播电台做过一次广播讲话，大意是，中华民族的利益大于各阶级利益，民族解放斗争大于阶级斗争。一个社会主义者，对于抗日战争，应该坚决拥护，积极参加。对当今政府，应采取支持、建议或批评的态度，而不应采取反对、推翻以致打倒的办法。如果在这场民族解放战争中，采取这种办法，那就是帮助敌人灭我民族，其罪等于叛国。接着他提出，全民动员，积极抗战，建议政府做各方面的重大改革。大敌当前，非如此不足挽救中国之危亡，全国同胞，奋起抗日，日寇不灭，何以家为，最后胜利，定属于我。

当时政府报纸，对他讲话的前半段，大登特登，认为对他们有利，对后半段，则一字不提，噤若寒蝉。这个政府，希望它真诚抗日，不亦难乎！

陈独秀在重庆未待多久，又移寓江津，老病交缠，意志消沉。从他的来信中（这时我来到云南教书），可以看到他承认一生事业，多归失败。但他并无忏悔之意，也未写出经验教训。1940年第二次世界大战爆发，他有过分析。他说，这次战争，是人类何去何从的决战。德、意、日代表独裁国家，英、法、美代表民主国家。前者若战胜后者，人类将陷入黑暗的深渊，数百年来民主革命所取得的成果，将毁于一旦，人类会倒退到中世纪甚至奴隶社会那样悲惨的境地。所以全世界人民的任务，就是要不顾一切牺牲，去与独裁国家战斗到底。工人阶级和被压迫民族，都应一齐放下阶级斗争和民族斗争，为全人类的自由民主而奋斗。后者战胜前者，这是人类的希望，就目前的形势看来，十分令人忧虑。德、意、日法西斯强盗，已经拿着锐利的刀枪，闯进门来，而英、法、美的绅士们，还在穿着睡衣拖鞋才从床上爬起。这样而求胜利，岂可得乎？他主张不分国家，不分民族，不分阶级，全人类都要投入保卫民主保卫自由的战斗，否则人类黑暗时代，就会到来，何堪设想。郭沫若见到陈独秀这段分析后说，我以为看错了名字，简直不相信自己的眼睛。郭老不知道陈独秀的为人，更不知道他的后半生还原为民主的吹鼓手。叶剑英说，陈独秀是一个非马克思主义者，我认为是正确的评论。在建党初期，他初具马克思主义的观点，但他始终未能成为一个马克思主义者。

由于把民主抬到无限的高度，陈独秀仇视任何形式的专政，他不管资产阶级的独裁，还是无产阶级专政，一概反对。晚年他寄给我一首五言长歌《告少年》，原稿已上缴给政府，我还记得几段，录之以供参考。他写道：

> 大空暗无际，昼见非其形。众星点缀之，相远难为明。
> 西海生智者，厚生多发明。摄彼阴阳气，建此不夜城。
> 食以延躯命，色以延种性。逐此而自足，何以异群生。
> 伯强今昼出，拍手市上行。旁行越郡国，势若吞舟鲸。
> 高踞万民上，万民齐屏营。有口不得言，伏地传其声。
> 黄金握在掌，利剑腰间鸣。二者惟君择，送死顺则生。

云雨翻覆手，信义鸿毛轻。食人及其类，勋旧一朝烹。

哲人间世出，吐词律以诚。忤众非所忌，坎坷终其生。

毋轻涓涓水，积之江河盈。亦有星星火，燎原势竟成。

作歌告少年，努力与天争。

后批：

伯强，古传说中之大疠疫鬼也，以此喻斯大林。

近日悲愤作此歌，知己者，可予一观。

画家徐悲鸿，由南洋回国，经过云南，我曾将此歌给他一阅，他说此歌若对一般独裁者而言，倒很贴切，若对斯大林而言，我不敢苟同。在一般青年中，这首诗没有发生什么影响。我曾写信问陈，《告少年》是对一般独裁者而言，还是专指斯大林。他回信说，我给所有独夫画像，尤着重斯大林。另一封来信说道，如果能叫马克思、列宁复生，如果他俩肯定今日苏联所行的一切，就是他俩的主张。那我就要说一声，你们的学说，我不赞成，我宁要民主不要专政。最后一封信，把他的思想，写成一个公式：

民主、科学→社会主义。民主、科学→共产主义。

1942 年，陈独秀的胃溃疡和脑充血同时发病，他这个相信科学的人竟轻信江湖医生的药方，服了扁豆花煎的汤药，中毒而亡。享年 64 岁（实际年龄 63 岁），遗著有《文字学》一部。

陈独秀的祖父曾对他做过宿命论的预言，"此儿不成龙即成蛇"，其预言属唯心主义，不足谈论。但牵强附会地说来，从辛亥革命到"五四"运动，从"五四"运动到中国大革命，陈独秀像一条生龙，大刀阔斧，冲锋陷阵，向恶旧势力开火，前半生应该肯定他是个革命家。但是自从他与托派合流以后，一切言行，都由变色龙转变成为一条蛇，尽管他主观上还自称革命，但客观上起了反革命的作用。历史的辩证法就是这样无情。十年追随，深知其人，我认为他是一个从思想到行为都是放荡不羁、自行其是的人，是一个小资产阶级民主主义的狂飙派，马克思主义者的光荣称号，他是不能承当的，政党领袖，他更不能胜任。这是我这个与之相处十年失足回头人的看法。我衷心希望读者给予批评和指正。

几点说明：一、陈独秀的前半生，因有《新青年》和《独秀文存》在，世人知之较多，故从简叙述。他后半生的言行，世人知之甚少，叙述较为详尽。二、陈讲给我的话，大体都还记得，复述出来，可以保证其精神大意不走原样，但求一字不差，乃不可能之事，为慎重起见，他的讲话，一般都不用引号。

1979 年 8 月

（原载《文史资料选辑》第 71 辑）

弘一法师

丰子恺　宋云彬

　　弘一法师俗姓李，名息，字叔同，别名哀、哀公、息霜、婴等。于1880年生于天津。他的父亲名筱楼，操银行业，时年已68岁，母王氏时年20余岁，是侧室。他5岁上父亲逝世。19岁时奉母迁居上海，入南洋公学肄业。参加当时的沪学会，以文章驰名上海。又与上海书画家组织上海书画公会于福州路杨柳楼台旧址，所作书画金石冠绝一时。26岁上母亲逝世，他就带了父亲的遗产，自费留学日本，入上野东京美术学校，研究西洋画；又入音乐学校研究钢琴；又与曾延年等组织春柳剧社，演"茶花女遗事"及"黑奴吁天录"，自饰旦角；又办《音乐小杂志》。31岁，即1910年，返国，

1900 年的李叔同

担任天津工业专门学校美术教员，不久迁居上海，在杨白民所办城东女学任教；又参加当时的"南社"，发表诗词文章；又担任《太平洋报》文艺编辑，主编该报之副刊画报；又与柳亚子等创办"文美会"，主编《文美杂志》。其时他在东京所创办的"春柳剧社"已迁回上海，是为中国最早之话剧团体；但李先生自己不复参加演剧。34岁，即1913年，从上海迁杭州，担任浙江两级师范学校美术音乐教师（我就是当时该校的学生——丰子恺注），不久又兼任南京高等师范美术音乐教师。对中国早期的艺术教育贡献甚多。1916年，他37岁时，相信道家之言，入西湖虎跑大慈山，断食17日。后得马一浮先生指示，舍道信佛，即于1918年39岁时在虎跑寺剃发为僧，法名演音，号弘一，别号甚多。他18岁时曾在天津与俞氏女结婚，生二子，俞氏早死。他在东京曾与一日本女子结婚，无出，出家前赠资遣返日本，不久亦早死。他出家后云游各地，居无定所。最长住的是浙江温州庆福寺及福建泉州各寺。他起初崇奉净土宗，后来专修律宗。他本来爱素食，出家以后，物质生活极度节约，芒鞋破钵，竟是一个苦行头陀。平生兼长绘画、音乐、演剧、诗文、书法、金石等艺术；出家后一切都屏除，独书法始终不舍，经常书写佛号、经文，广结胜缘，若计幅数，无虑千万，流传在江浙各地，泉州尤多。关于佛法著作甚多，其中《四分律戒相表记》，不用排版，乃亲手书写制照相版刊行者，字体非常工整，一笔不苟。1942年农历九月初四日，弘一大师在泉州温陵养老院圆寂，享年63岁。他临终前数日略感微疾，就预先写好遗嘱及告别友人书。九月初一日，起来写"悲欣交绝"四字，付与侍疾僧妙莲，此为法师绝笔。初四日（公历10月13日）午后8时，即安祥示寂。其灵骨一部分葬在泉州，一部分葬在杭州虎跑寺，均建有墓塔。

林子青编著《弘一大师年谱》，记述大师一生事迹甚详。

丰子恺同志应文史资料研究委员会之约，写了一篇《弘一法师》，因为文史资料研究会给他的约稿信里请他跟我合写，所以他先把稿子寄给我，要我修改增删，由我们两人共同具名发表。

子恺是弘一法师的及门弟子（子恺肄业浙江第一师范，法师那时候是第一师范的美术音乐教师），而我跟法师连一面之缘都没有，只从夏丏尊、柳亚子、欧阳予倩等先生那里听到了一些关于法师的遗闻逸事，我又不懂音乐、美术，也没有研究过佛法，实在没有资格来修改增减子恺写的这篇文章，所以我一直把它搁着，没有交出来，一搁搁了一年多。

子恺这篇文章似乎太简略了一些，然而他是用十分严肃的态度来写的。《世界佛教居士林林刊》（第十八期）登载过一篇弘一法师传略，作者开头说："世之传弘一大师者，不传其文，即传其艺。然以大师之大智慧，岂在多能鄙事，乃率以稗官之笔出之，甚非恭敬之道也。"我想，子恺也许顾虑到这一点，所以他写得简略而严肃。

然而我却从李叔同先生的出家做和尚，联想到另外一个问题，就是近百年来我国知识分子中间有代表性的人物在政治上的归宿问题。近百年来，由于受帝国主义的侵略，不少知识分子从爱国主义出发，参加了种种政治活动，其中有改良派，有革命派，有急进的，也有比较保守的。最后归宿则又各各不同，有的从改良派变为革命派，也有从革命派变为改良派甚至于反革命，有的从保守变为急进，也有从急进变为保守甚至于消极。像李叔同先生，最初同情康有为①，也参加过革命派的文艺团体南社，提倡话

---

① 李叔同先生同情康有为的维新运动，他自己刻了个图章，文曰"南海康君是吾师"。戊戌政变后，有人说他是康党，所以他就在那一年奉母南迁。

剧，自己扮演过茶花女，无疑地他是近百年来我国知识分子中间有代表性的人物之一，他是一位积极的爱国主义者，但他终于遁入空门，他的归宿是比较特殊的。他为什么要做和尚呢？他的做和尚是不是由急进变为保守甚至于消极呢？我说他遁入空门，用了个"遁"字，他同意不同意呢？我水平太低，无法解答，所以最后决定，就我所掌握的材料，对子恺写的《弘一法师》做些补充，让大家来研究这个问题。我所掌握的材料，主要是林子青编的《弘一大师年谱》和子恺编的弘一法师遗著《前尘影事集》。补充分为前后两部分，前一部分是出家以前的弘一法师即李叔同先生，后一部分是出家以后的李叔同先生即弘一法师。记述容有错误，写法也许近乎所谓"稗官之笔，甚非恭敬之道"，都由我负责，跟子恺无涉。

1962 年 9 月云彬识

一

李叔同先生年轻时候是一位所谓"翩翩浊世佳公子"。姜丹书写的《弘一律师传》，说他"年少翩翩，浪迹燕市，亦曾走马章台，厮磨金粉。与坤伶杨翠喜、歌郎金娃娃、名妓谢秋云辈以艺事相往还"。他到了上海，也跟名妓朱雁影、李苹香有往还，朱、李都能诗会画，都画了扇面并题上诗送给他。这两张扇面，他后来装成卷轴，出家的时候送给夏丏尊，请夏代他保存。他有四首词，一首赠歌郎金娃娃，一首忆金娃娃，两首忆杨翠喜，都编入《前尘影事集》中，现在转录三首在后面。

金缕曲　赠歌郎金娃娃

　　秋老江南矣。忒匆匆，春余梦影，樽前眉底。陶写中年丝竹耳，走马胭脂队里。怎到眼都成余子。片玉昆山神朗朗，紫樱桃慢把红情系。愁万斛，来收起。　　泥他粉墨登场地。领略那英雄气宇，秋娘情味。雏凤声清清几许，销尽填胸荡气。笑我亦布衣而已，奔走天涯无一事，问何如声色将情寄。休怒骂，且游戏。

菩萨蛮　忆杨翠喜

　　燕支山上花如雪，燕支山下人如月。额发翠云铺，眉弯淡欲无。夕阳微雨后，叶底秋痕瘦。生小怕言愁，言愁不耐羞。

　　晓风无力垂杨懒，情长忘却游丝短。酒醒月痕低，江南杜宇啼。痴魂销一捻，愿化穿花蝶。帘外隔花阴，朝朝香梦沉。

　　他于1905年即清光绪三十一年，东渡日本，入上野美术专门学校，临行填《金缕曲》一首，留别祖国并呈同学诸子。其词曰：

　　披发佯狂走。莽天涯，暮鸦啼彻，几株衰柳。破碎河山谁收拾，零落西风依旧。便惹得离人消瘦。行矣临流重太息，说相思刻骨双红豆。愁黯黯，浓于酒。　　漾情不断淞波溜。恨年年絮飘萍泊，遮难回首。二十文章惊海内，毕竟空谈何有。听匣底苍龙狂吼。长夜凄风眠不得，度群生那惜心肝剖。是祖国，忍孤负。

　　这首词洋溢着爱国主义的热情，比前三首大不相同。他到日本的第三年，感怀家国，曾作《初梦》《廉衣》诗各二首，《初梦》二首最能表现他当时的心境。其诗曰：

鸡犬无声天地死，风景不殊山河非。妙莲花开大尺五，弥勒松高腰十围。

恩仇恩仇若相忘，翠羽明珠绣裆。隔断红尘三万里，先生自号水仙王。

风格绝似龚定盦。这也是当时一种风气，南社诸公自柳亚子以下皆如是也。

他跟曾延年等组织春柳剧社在1906年，就是他到日本的第二年。这个剧社曾经得到日本戏剧家藤泽浅二郎的指导和帮助，公演过几次都很成功。不久欧阳予倩也参加了。抗战时期，我们在桂林，予倩同志跟我谈过李叔同先生在日本扮演茶花女的情况，时隔多年，记不清了。林子青编的《弘一大师年谱》，从予倩同志写的《春柳社的开场》和《自我演戏以来》两篇文章中，摘录了有关春柳剧社和李叔同先生的几段，① 现在就把它抄录在下面。

"有一天听说青年会开什么赈灾游艺会，我和几个同学去玩，末了一个节目是《茶花女》，共两幕。那演亚猛的是学政治的唐肯君（常州人），演亚猛父亲的是美术学校西洋画科的曾延年君（曾君字孝谷，号存吴，成都人），饰配唐的姓孙，北平人，是个很漂亮而英语说得很流利的小伙子。至于那饰茶花女的，是早年在西湖师范学校（云彬按：应作浙江第一师范学校）教授美术和音乐的先生，以后在 C 寺（云彬按：即虎跑寺）出家的弘一大师。大师天津人（云彬按：原籍浙江平湖县），姓李名岸，又名哀，号叔同，小字息霜。他和曾君是好朋友，又是同学。……

---

① 林子青引予倩同志的文章，没有注明哪几句话是引自《春柳社的开场》的，哪几句话是引自《自我演戏以来》的。

他本来留着胡子的,那天还有王正廷君因为他牺牲了胡子,特意在台上报告给大家知道。我还记得他那天穿的是一件粉红的西装。……这一回的表演可说是中国人演话剧最初的一次。我当时所受的刺激最深。……于是我很想接近那班演戏的人,我向人打听,才知道他们有个社,名叫春柳。"

从这里我们可以知道,春柳社第一次公演的时候,予倩同志还只是个观众,但是他后来参加春柳社了。年谱引的李芳远《春柳时代的李哀先生》一文中,有公演"黑奴吁天录"的演员名单,其中就有欧阳予倩,他是饰小海雷的。但这个演员名单是否可靠,不得而知,予倩同志正在医院养病,我也不好意思去向他打听,还是再摘录予倩同志的文章吧:

"春柳第二次又要公演了。第一次的试演颇引起许多人的兴趣,社员也一天一天的多起来——日本学生、印度学生有好几个加入的。其余还有些,现在都不记得了。中坚分子当然首推曾、李,重要的演员有李文权、庄云石、黄二难诸君。……

"曾孝谷的黑奴妻分别一场,评判最好。息霜除饰爱米柳夫人之外,另饰一个男角,都说不错。可是他专喜欢演女角,他为爱米柳夫人做了百余元的女西装。那时候我们的朋友里头惟有他最阔,他家里头是做盐生意的,他名下有30万元以上的财产,以后天津盐商大失败的那一次,他哥哥完全破产,他的一份也完了。可是他的确是爱好艺术的人,对于这些事不甚在意,他破了产也从来没有和朋友们谈及过。……

"老实说,那时候对于艺术有见解的,只有息霜。他于中国词章很有根底,会画,会弹钢琴,字也写得好。他非常用功,除了他约定的时间以外,决不会客。在外面和朋友交际的事,从来没有。黑田清辉是他的先生,也很称赞他的画。他对于戏剧很热

心，但对于文学却没有什么研究。他往往在画里找材料，很注重
动作的姿势。他有好些头套和衣服，一个人在房里打扮起来照镜
子，自己当模特儿供自己研究，得了结果，就根据着这结果，设
法到台上去演。自从他演过茶花女以后，有许多人以为他是个很
风流蕴藉有趣的人，谁知他的脾气却是异常的孤僻。① 有一次他约
我早晨8点钟去看他——我住牛区，他住在上野不忍池畔，相隔
很远，总不免赶电车有些个耽误，及至我到了他那里，名片递进
去，不多时，他开开楼窗，对我说：'我和你约的是8点钟，可
是你已经过了五分钟，我现在没有工夫了，我们改天再约吧。'
说完他便一点头，关起窗门进去了。我知道他的脾气，只好回头
就走……

　　"像息霜这种人，虽然性情孤僻些，他律己严，责备人也严，
我倒和他交得来。我们虽好久不见面，常常总不会忘记。他出家
的时候，写了一副对联送我，以后我便只在玉泉寺（云彬按：即
虎跑寺）见过他一次。"

　　关于李叔同先生在日本组织春柳剧社和他自己扮演茶花女
的事情，在一本叫作《芝居》的日文杂志里松居松翁写的一篇文
章中也提到了。他说："中国的俳优使我佩服的便是李叔同君。
当他在日本时，虽仅仅是一位留学生，但他所组织的春柳社剧
团，在乐座上演《椿姬》（云彬按：即茶花女）一剧，实在非常

---

① 说到他的脾气孤僻，我还听到过一个传说。据说，他在浙江第一师范
当教师的时候，卧室的外面安上个信插，他不在的时候，送来信件就
搁在信插里。他早起晚睡有一定时间，很少改变。一天晚上，他已经
睡了，忽然学校的收发员来扣房门，说有电报。他在里面回说："把
它搁在信插里。"到下一天早上，他才开房门取看电报。有人问他：
"打电报来总有紧急事情，为什么不当晚就拆看呢？"他说："已经
睡了，无论怎么紧急的事情，总归要明天才能办了，何必急急呢！

好。不，与其说这个剧团好，宁可说就是这位饰椿姬的李君演得非常好。他们那脚本的翻译是很纯粹的。化装虽然简单一些，却完全是根据西洋风俗的，当然和普通的改成日本风的有些不同。会话的中国语，又和法语有相像的地方，因此愈使人感得痛快。尤其是李君的优美婉丽，决非日本的俳优所能比拟。我当时看过以后，顿时又回想到孟玛德小剧场所见裴菲列表演的椿姬，不觉感得十分地兴奋，竟跑到后台去和李君握手为礼了。……虽然这个剧团后来便消灭了，但也有许多受他默化的留学生立刻抛弃了学业，而回国从事新剧运动的。可知李叔同君确是在中国放了新剧最初的烽火。"

李叔同先生是 1910 年回国的，下一年是清宣统三年辛亥，予倩同志说的"天津盐商大失败"就在那一年。据袁希濂写的《余与大师之关系》一文中说："其家在天津某国租界，夏屋渠渠，门前有'进士第'匾额。余曾数次饭于其家。师之兄为天津名医，兄弟极相得。且富有资产，一倒于义源善票号五十余万元，继倒于源丰盛票号亦数十万元，几破产，而百万家资荡然无存矣。"但是，李叔同先生对于这些事情是不搁在心上的，予倩同志说他破了产也从来没有和朋友们谈及过，确是事实。我曾问过夏丏尊先生，他也这样说。

1912 年，李叔同先生到了上海，就在那年参加南社。那年 3 月 13 日，南社举行第六次雅集，到会者柳亚子、朱少屏、黄滨虹、胡朴安、黄季刚、李叔同等 40 人，聚餐摄影，尽欢而散。就在那年秋间，李叔同先生到了杭州，在浙江两级师范教音乐和图画。同姜丹书、夏丏尊夜游西湖，撰《西湖夜游记》，中间有这样一段话："曩岁来杭，故旧交集，文子耀斋，田子毅侯，时相过从，辄饮湖上。岁月如流，倏逾九稔，生者流离，逝者不作，堕欢莫拾，酒痕在衣。刘孝标云：'魂魄一去，将同秋草。'吾生渺茫，可睎然感矣。"颇有人生无常之感。然而就在那年他写的一首《满江红》，对革命做了热烈的歌颂。其词曰：

> 皎皎昆仑，山顶月，有人长啸。看囊底，宝刀如雪，恩仇多少。双手裂开鼷鼠胆，寸金铸出民权脑。算此生，不负是男儿，头颅好。　荆轲墓，咸阳道：聂政死，尸骸暴。尽大江东去，余情还绕。魂魄化成精卫鸟，血花溅作红心草。看从今，一担好山河，英雄造。

1913年，浙江两级师范改组为浙江第一师范，李叔同先生仍旧教音乐和图画。到1915年，他又兼任了南京高等师范的功课。那年5月16日，南社在杭州西湖孤山的西泠印社举行临时雅集，社长柳亚子及社友高吹万、郑佩宜（柳亚子先生夫人）和李叔同等27人参加。那年他写的诗词很多。如《悲秋》云："西风乍起黄叶飘，日夕疏林杪，花事匆匆，梦影迢迢，零落凭谁吊。镜里朱颜，愁边白发，光阴暗催人老。纵有千金，纵有千金，千金难买年少。"又如《忆儿时》云："春去秋来，岁月如流，游子伤漂泊。回忆儿时，家居嬉戏，光景宛如昨。茅屋三椽，老梅一树，树底迷藏捉。高枝啼鸟，小川游鱼，曾把闲情托。儿时欢乐，斯乐不可作；儿时欢乐，斯乐不可作。"都带有极浓厚的感伤气氛。

他在杭州教了7年书，跟夏丏尊相处极好。夏先生在《弘一法师之出家》一文中说："我和弘一法师相识，是杭州浙江两级师范学校（后改名浙江第一师范学校）任教的时候。这个学校有一个特别的地方，不轻易更换教员。我前后担任了13年，他担任了7年。在这7年中我们晨夕一堂，相处很要好。"他的得意门弟子，除子恺外，还有刘质平等。

李叔同先生是个音乐家、美术家。他所作的歌曲，后来有一部分经他的弟子刘质平谱曲，编成《清凉集》，于 1936 年由开明书店出版。在充满着靡靡之音的当时，他的歌曲集的出版，确实是给了音乐界一服清凉剂。他的油画和炭画，子恺他们还保存几幅。他出家以后，不搞音乐、美术了，但还常常给人家写字，其目的是广结众缘。请他写字，有求必应。我也托夏丏尊先生求得他一副小对子，集华严经句，上联是"心生大欢喜"，下联是"佛放净光明"。我不懂佛法，但很爱他的上联。"心生大欢喜"不就是我们常常说的"心情舒畅"吗？他的字写得实在不错。叶圣陶先生说他的书法蕴藉，毫不矜才使气，意境含蓄在笔墨之外，所以越看越有味。我也有同感。

说起李叔同先生的写字，有个故事不妨顺便在这儿讲一讲，那是在他做了和尚以后的事了。上海开明书店通过夏丏尊先生，请他把字典中的常用字，画了格子，一个一个写，预备制成铜模，用来排印书籍，他也居然答应了。他试写了一个时期，觉得不成，写信给夏先生，提出许多理由，表示不能再写下去。其中一个理由是，写的字整幅看还可以，如果每个字制成铜模，用来排印书籍，那就不成了；还有一个理由是，字典"女"部里面有些字（如"淫""奸"等），"尸"部里面有些字（如"屍""屎""屌"等），都是出家人所不应当写的。

二

李叔同先生是 1918 年 8 月 19 日（农历七月十三日）正式披剃出家的，那时候他 39 岁。出家的前两年，他在虎路寺试行断食三个星期。夏丏尊先生写过一篇《弘一法师之出家》，首先讲到他断食三个星期的事情。夏先生说："有一次我从一本日本的杂志上见到一篇关于断食的文章，说断食是身心更新的修养方法，自古宗教上的伟人，如释迦，如耶稣，都曾断过食。断食能使人除旧换新，改去恶德，生出伟大的精神力量。并且还列举实行的方法及应注意的事项，又介绍了一本专讲断食的参考书。我对于这篇文章很有兴味，便和他谈及，他就好奇地向我要了杂志去看。以后我们也常谈到这事，彼此都有'有机会时最好断食来试试'的话，可是并没有做过具体的决定。至少在我自己是说过就算了。约莫经过了一年，他竟独自去实行断食了，这是他出家前一年公历年假的事。他有家眷在上海，平日每月回上海二次，年假暑假当然都回上海的。公历年假只10天，放假以后，我也就回家去了，总以为他仍照例回到上海了的。假满返校，不见到他，过了两星期他才回来。据说假期中没有回上海，在虎跑寺断食。我问他：

弘一法师

'为什么不告诉我？'他笑说：'你是能说不能行的，并且这事预先叫别人知道也不好，旁人大惊小怪起来，容易发生波折。'"夏先生又说，"他的断食共三星期，第一星期逐渐减食至尽，第二星期除水以外完全不食，第三星期起，由粥汤逐渐增加至常量。据说经过很顺利，不但并无苦痛，而且身心反觉轻快，有飘飘欲仙之象。他平日是每日早晨写字的，在断食期间，仍以写字为常课，三星期所写的字，有魏碑，有篆文，有隶书，笔力比平日并不减弱。他断食时，心比平时灵敏，颇有文思，恐出毛病，终于不敢作文。他断食以后，食量大增，且能吃整块的肉（平日虽不茹素，不多食肥腻肉类）。自己觉得脱胎换骨过了。用老子'能婴儿乎'之意，改名李婴。依然教课，依然替人写字，并没有什么和前不同的情形。据我知道，这时他只看些宋、元人的理学书和道家的书，佛学尚未谈到。"

他这一次断食的成功，对于他的出家是起着决定作用的。同时马一浮先生对他的鼓励，也起了极大的作用。马先生是当代有名的理学家，也深通佛法。年谱引他 1917 年 1 月 21 日（农历丙辰十二月二十八日）给李叔同先生的信说："昨游殊有胜缘。今晨入大慈山，入晚始归，获餐所馈上馔，微妙香洁，不啻净土之供也。……故人彭君逊之，耽玩羲易有年，今初发心，修习禅观，已为请于法轮长老，蒙假闲寮，将于明日移入，他日得与仁者并成法侣，亦一段因缘尔。"夏丏尊先生在《弘一法师之出家》一文中说："据说他自虎跑寺回来，曾去访过马一浮先生，说虎跑寺如何清静，僧人招待如何殷勤。农历新年，马先生有一个朋友彭先生，求马先生介绍一个幽静的寓处。马先生忆起弘一法师前几天曾提起虎跑寺，就把这位彭先生陪送到虎跑寺去住。恰好弘一法师正在那里，经马先生之介绍，就认识了这位彭先生。同住了不多几天，到正月初八日（1917 年 1 月 30 日），彭先生忽然发心出家了，由虎跑寺当家为他剃度。弘一法师目击当时的一切，大大感动。可是还不想出家，仅皈依三宝，拜了悟老和尚为皈依师。演音的名，弘一的号，就是那时候取定的。……假期满后，仍回到学校里来。从此以后，他茹素了，有念珠了，看佛经，室中挂佛像了。"

到了 1918 年 8 月 19 日（农历七月十三日），他在虎跑寺披剃，依皈依师了悟上人为剃度师。在剃度以前，他把一切书籍、字画和衣服等分赠给朋友、学生和校工们。又把平生所刻图章送给西泠印社。该社把那些图章藏在山壁中，题曰"印藏"，以作纪念。夏丏尊先生在《弘一法师之出家》一文中说："暑假到了，他把一切书籍、字画、衣服等，分赠朋友、学生及校工们，我所得的是他历年所写的字，他所有折扇及金表等。自己带到虎跑去的，只是些布衣及几件日常用品。我送他出校门，他不许再送了，约期后会，黯然而别。"好了，李叔同先生出家做了和尚了，我们不应当再称他李叔同先生，应当称他弘一法师了。

丰子恺（右）李叔同（中）刘志平（左）

弘一法师起初奉净土宗，后来专修律宗。律宗以持戒为主，它的清规戒律特别多。我听夏丏尊先生讲过，弘一法师持律很严，他遵守律宗的戒律，每天只吃两顿，过了中午就不吃什么东西；① 冬天不穿棉袄，所以他总是在气候温和的浙江温州或福建泉州等地度过冬季的。律宗自从唐朝道宣律师重兴以来（即所谓南山宗），历宋、元、明、清，虽代有提倡，然已失南山正脉。弘一法师曾经在慈溪五磊山创设"南山律学院"，还著有《四分律比丘戒相表记》，亲手书写，制成锌版刊行。关于李叔同先生做了弘一法师以后的情况我不想在这里多说，因为我不懂佛法，并且认为出家后的种种应该让写高僧传的去写，我只能补充下面几桩事情。

在第一次国内革命战争时期，即 1927 年春间，北伐军到了杭州，建立革命政权，弘一法师在浙江第一师范教书时候的学生宣中华等，以公开的共产党员的身份参加了省政府。那时候有一些思想反动或者不了解党的宗教政策的人，散布谣言，说革命政府要封闭寺院，驱逐僧众。弘一法师正在杭州城隍山常寂光寺闭关，大概有人把那些谣言传给他了，他就写信给他的朋友堵申甫说："余为护持三宝，定明日出关。"还开了一张名单，其中有他的学生宣中华、徐白民等，请堵君邀请他们到城隍山开茶话会。他预先写好若干幅字，每人送一幅。这次的茶话会开得很圆满，经宣中华把党的宗教政策对他讲了，他欢喜赞叹，

---

① 为什么过午不食呢？据夏丏尊先生说，因为被打入饿鬼道的饿鬼，过了午时，就从地狱里放出来，让那些饿鬼看人家吃东西而自己不能吃，非常难过，这也是一种惩罚。为了免得让饿鬼们受罪，所以过了午时就不吃东西，也是佛家慈悲之道云。

也就没有说什么。①

他又写信给他的老师蔡元培（在南洋公学的老师）和旧友经亨颐、马叙伦、朱少卿（时任教育厅厅长），现在把原信照录如下：

> 旧师子民，旧友子渊、夷初、少卿诸居士同鉴：昨有友人来，谓仁等已至杭州建设一切，至为欣慰。又闻子师在青年会演说，对于出家僧众有未能满意之处。但仁等对于出家人中之情形，恐有隔膜。将来整顿之时，或未能一一允当。鄙拟请仁等另请僧众二人为委员，专任整顿僧众之事。凡一切规画，皆与仁等商酌而行，似较妥善。此委员二人，据鄙意，愿推荐太虚法师及弘伞法师任之。此二人皆英年有为，

① 关于弘一法师邀请宣中华同志等茶话的情形，是1928年在上海查仲坚同志讲给我听的。那时候宣中华同志已经被国民党反动派杀害了。他是个革命先烈。弘一法师因为跟他过去有师生之谊，邀他去谈谈关于保护佛寺等问题，原是极平常的事情。林子青编的《弘一大师年谱》，引姜丹书《弘一律师小传》，说什么"民国16年春，杭州政局初变，青年用事，锐气甚盛，已唱灭佛之议，欲毁其像，收其宇，勒令僧尼相配。是时上人适卓锡于吴山常寂光寺，倩居士堵申甫转邀青年主政之剧烈者若干人，往寺会谈，谈言微中，默化潜移。……此数子中，固有旧日门生，其最剧烈某君，出寺门而叹曰：'今方重袭御寒，何来浃背之汗耶。'因此灭佛之议遂寝。"林子青还加上个按语说："青按：所谓最剧烈某君，传即宣中华氏，原为一师学生，时任职浙江省党部，平日善辩，是日一师特邀坐其侧，婉言规劝，宣君竟不能置一辞，出寺门后即觉满身大汗，亦不知其所然。是年清党运动，宣君闻即以共党之故被杀云。"姜丹书的话已经说得不对，宣中华同志这样一位革命青年，为什么见了弘一法师会汗流浃背？从哪里知道宣中华同志他们"唱灭佛之议，欲毁其像，收其宇，勒令僧尼相配"？林子青的按语愈加胡说八道。请问林子青：你说"是年清党运动，闻宣君即以共党之故被杀云"，你对宣君之被杀，感到愤慨呢，还是认为宣君唱灭佛之议而应该得到这样的报应呢？这不但侮辱了革命先烈，也侮辱了弘一法师。我现在谨向子恺建议：发大宏愿，好好地给弘一法师编个年谱。

胆识过人，前年曾往日本考察一切，富于新思想，久负改革僧制之宏愿，故任彼二人为委员，最为适当也。至将来如何办法，统乞仁等与彼协商。对于服务社会之一派，如何尽力提倡（此是新派），对于山林办道之一派，应如何尽力保护（此是旧派，但此派必不可废）；对于既不能服务社会，又不能办道山林之一流僧众，应如何处置；对于应赴一派（即专作经忏者），应如何处置；对于受戒之时，应如何严加限制。如是等种种问题，皆乞仁等仔细斟酌，妥为办理。俾佛门兴盛，佛法昌明，则幸甚矣。此事先由浙江一省办起，然后遍及全国。谨陈拙见，诸希垂察不具。

弘一。三月十七日。

抗日战争爆发以后，弘一法师到过上海，又回厦门。夏丏尊先生写过一篇《怀晚晴老人》说："他回厦门以后，依旧忙于讲经说法。厦门失陷时，我们很纪念他，后来知道他早已到了漳州了。来信说：'近来在漳州城区弘扬佛法，十分顺利，当此国难之时，人多发心归佛法也。'……厦门陷落后，丰子恺君来信，说想迎接他到桂林去。我当时就猜测他不会答应的。果然，子恺前几天来信说，他不愿到桂林去。据子恺来信，他复子恺的信说：'朽

弘一

人年来老态日增，不久即往生极乐。故于今春在泉州及惠安尽力弘法，近在漳州亦尔。犹如夕阳，殷红绚彩，瞬即西沉。吾生亦尔，世寿将尽，聊作最后之纪念耳。……缘是不克他往，谨谢厚谊。'这几句话非常雄壮，毫没有感伤气。"那时候，他除了讲经说法以外，经常给人家写字。曾经写几十百幅"念佛不忘救国，救国必须念佛"的口号，分赠各方。

1942年夏间，他卓锡泉州温陵养老院。9月24日、25日两日（农历八月十五日、十六日），他给晋江中学学生写了百多幅字。10月2日（农历八月二十三日），身子感到不舒服。凡是和尚有病，大都不肯就医，而用断食方法来治疗的，他也是这样。到了10月6日（农历八月二十七日），他完全断食，只饮开水，但还勉强起来给人家写字。10日（农历九月初一日）下午，勉强起来，写"悲欣交集"四字，交给侍疾僧妙莲。在这以前，他还写好一封致夏丏尊的遗书：

丏尊居士文席：朽人已于　　月　　日迁化，曾赋二偈，附录于后。君子之交，其淡如水。执象而求，咫尺千里。
问余何适，廓尔忘言。华枝春满，天心月圆。
谨达不宣。　　　　　　　　　　　　　　　　音启。
前所记月日系依农历。又白。

这封遗书的月日，原都空着，他示寂后，由侍疾僧妙莲补填。13日下午7时3刻。弘一法师西逝了。

法师示寂以后，夏丏尊先生把他的遗书和他的涅槃瑞相，制成锌版、铜版付印。那时候我在桂林，夏先生寄给我一份，正好欧阳予倩同志在搞戏剧展览会，他向我要去展览了。

法师的灵骨，一部分葬在杭州虎跑寺。墓塔的建成，记得在1956年，那时候我在杭州，子恺特地从上海来杭州，参加墓塔建成典礼，马一浮先生还作了诗，我勉强和了一首，可惜几次迁居，把诗稿给遗失了，现在一句也记不起来，此亦足证我与佛法之无缘也。我在杭州工作的时候，曾经建议在虎跑寺里辟一间弘一法师的纪念室，也没有能够实现。

（原载《文史资料选辑》第34辑）

马一浮事迹侧记 [1]

黄萍荪

苏曼殊致刘半农书中有云："杭州马一浮无书不读，听其细谈，令人忘饥。"马一浮，何许人也？今天求之于 50 岁以上的学者和书法家中，或尚存一淡淡的概念；倘上溯已逾花甲的人，也许还能略述其二三事；若年在耄耋，如叶圣陶先生者，于马之治学、为人，大抵能举其核要，然在国内外已稀如麟凤，不可多得了。除此，仅可询之其现存的门人中。惜乎七十子之徒，也寥若晨星了。有之，则散居四方，欲访而不得其门，所以想要为之作一侧记，确有无以下笔之苦，因之只能就 20 世纪 30 年代初至 40 年代中期和他所接触的若干次过程中，经过苦思冥索，再参考各家所记，獭祭而成之。

初访马先生

马一浮先生住在杭州马所巷一座三开间的白木大厅里。室内，不像我原先设想的定有若干古今名人书画张之，抬头一看，厅屋正中，只有"蠲戏斋"三字。字作隶体，每字直径五尺见

---

① 原题为《自学成才的典范——马一浮事迹侧记》。

方，并非写在一块什么珍贵的木板上，请名手镌缕，精工髹色，而是书之于一幅寻文的夹面，衬托后粘在悬堂匾的地位上而已。

马所巷在杭州的中城区（杭州城区很早就划分为上、中、下三区），昔为一条坎坷曲折的穷巷。一位穿长褂的老家人把我引入厅右。接着循规蹈矩地退了出去。马先生在杭州住了那么多年，我从未在任何一个公共场所与其有一面之雅。在我的想象中，学者，更何况是一位理学名儒，其容必道貌岸然，其语必引经据典，然而出乎意料的是其人笑容可掬，其语平易谐谑，所谓"架子"也者，倒很难挑剔得出来。这位别署"湛翁""蠲叟"的先生，虽然长髯拂胸，但窥其鱼尾之纹，实也不过 50 岁上下。其人较中等身材者略差，大脑广颡，面如满月，目光射人。原先我坐在下首椅上，马先生连说："请上坐，请上坐！"待我勉从其请后，主人方就坐。他以手探颈，搜索有顷，莞尔曰：

"我住在陋巷，不求人知，门外更鲜记者辙迹。足下因寿毅成①之介，不能不延子上座。闻记者之操觚，专为访天下事而求诸当世之名士，目的在得其片言只语，见报交差。哈哈，抱歉了，抱歉了！"

马一浮头像

---

① 寿毅成为马一浮高足，曾任杭州中国银行副经理。

我问："马先生，何歉之有？"

马答："一是不敢僭'名士'的桂冠，二是'不知有汉，无论魏晋'，怎可妄议天下事！子不闻乎茶坊酒肆，犹且'禁谈国事'，今座无三人，更应遵守'宪谕'。但既蒙先生枉驾，少不得要聊尽人情，为此遍索内衣，打算扪二三虱和记者先生浮一大白，而结果还是抱歉，抱歉！连虱子也迁地为良，不愿在我体内寄生，自亦不便相与言天下事了，奈何！"说罢朗声大笑，陈设简朴的厅中暂时出现了一片寂静。

马先生爱喝浓得涩口的普洱茶，几旁置一小小的炭炉，炉上搁一把锡壶，一年四季，一日 24 小时，不可一日无此君。其时仿佛以此来解我之围，他为客和己各斟一杯说：

"喝惯了龙井，对普洱怕不易进口，但一旦涩消，甘余之味，出自舌底，久而弥笃。龙井无其醇，碧螺也难望其项背，只是杭人鲜有知音，惟居于陋巷者有是癖耳。"

我的回答是："马先生，普洱茶在杭州固难找到知音，马所巷可说是鲁殿灵光。今天的造访，旨在瞻丰采，亲謦欬，为世之仰先生之学和书法者，于字里行间获悉蠋戏斋中的声容笑貌，非为论天下事而来也。"

我以为人总是爱戴高帽子的多，遗憾的是事实恰恰相反，马先生竟然不屑一顾地挡了回来。

他说："唔！我懂得了，眼下报纸兴'印象记'一栏，先生之临，也想来个'印象'不是？"

我连连摇手，说："不是，不是！"

马先生接着道："是要我写几个横七竖八的字吗？"

我说："报人穷酸，先生的书法已订有润例，虽然也想得到片纸尺楮为蓬荜光，却未敢启齿。"这时我把双手一摊，也打了个哈哈。

马先生说："这是先生的遁辞。我很知道自己的涂鸦之作距可鬻的程度还远着呢，但要说到字，真正写得好的还推……"

马先生引我入后轩的便座前，壁上挂一三尺直幅，他以指点着道："论书法，今人令我服膺的当推这位谢无量先生，还有沈尹默、马夷初（叙伦）、马君武诸君。他们毫端的神韵、变幻，真到了化境。先生如真有办法得到上面几位的，再看我写的就不免有大巫与小巫之别了！"

我领悟到蠲戏老人的这几句话是别有会心的，不得不漫应之，就说："上面几位的书法固然各有千秋，然就恬淡、冲和、古拙和悬肘运笔了无痕迹可寻这一点来说，恐怕上述数位又当反过来服膺先生了！"其实我这几句话是在未至蠲戏斋的前三天求教于杭州另一位书法家而得之的，居然没有露馅，总算对付过去了。

辞出前，我说："马先生，您老学贯中西，一定著作等身，是否可赐一二卷长长后生的智益？"自以为这不为不当，哪知还是碰了个软钉子。

马先生说："孔子尚且述而不作，马某何人，何来著作等身！卖字，不错，我出过润格；卖文，则吾岂敢？记者先生，你一定看错人了，看错人了！"这时我已走至滴水檐前，主客一拱而别。

出得门来，便在那位老家人的阍室中逗留片刻，目的在探询主人家的成员。翁曰："我家姑奶奶过门不到一年西去。姑老爷久未续弦，志在读书写字，好像无暇及此。"

"为树先茔墓碣"而鬻书

昔时鬻书，"润例"前冠一"小启"，请名流为之，鬻者附于骥尾，庶几其人其书可身价百倍，洛阳纸贵。马一浮先生异于是，他说他的卖字是为了"以先茔碑碣未树"而为之，故小启不假人手，出自己之笔，其启曰：

> 四方士友，谬重拙书，辗转征求，不容逊谢。暮年事此，比于执御，恒苦自力不给，思焚笔砚，藉息诸缘；徒以先人墓碣未树，分当自竭筋力，稍易匠作之志。苟遂斯志，无所复须，永当辍笔。世间事有始必有终，今告友朋：从此日起，期以一年将断兹役！过此以往，吾书不可复得；如或见齿，请无后时。虫御木以成文，何心涉有；鸟飞空而灭影，瞬息不留。本此益人之功，敢希好我之过云尔。

向人"敬求墨宝"的，大率有一共性，喜欢书者在右上角写下自己的"大号"。然而细审"小启"后的附条一，求者又不免扫兴而趑趄了，其词曰："求书者多索题上款，昆弟之雅，昔唯限于画家；先生之称，今乃施之行路。既嫌滥附，亦病不诚。自兹以后，一律勿题上款，犹为不失于义，请勿以是见责！"度老人之意，可能为忧求者踵接，应之不暇而以是说限制耳。虽然，写是这样写，马一浮先生毕竟非铁石无私，一般还是如求者之愿，被填上"大号"的多。他也深知煞风景的条条框框，毕竟难行，不得不酌情变通了。但另一附条的五个"不书"，还是严格执行的。何为"五不书"？曰：一不书祠墓碑志；二不书寿联、寿序、征启；三不书讣告、行述、像赞；四不书题签和时贤作品；五不书市招。此"五不书"中，一、三款，一般书家皆以奇货可居的，盖多数无行情，而是因人论价，往往有高出润例十百倍者。如张宗昌后人求章太炎撰书墓志铭，不仅赍银圆5000造其门，还得做孝子跪请而后始允哩！但不书市招一款，也有突破的。20世纪30年代初，杭州青年路有"石氏眼科医院"一竖牌，赫然署马一浮而不书蠲叟。人有询其故，马答："余苦目疾，久不愈，石君为我悉心治疗，既愈，概璧余酬。诘以故？曰：愿得某书一额，于愿足矣！余感其意而乐为之书。"

约1942年，马一浮在四川乐山濠上草堂书房挥毫。

马一浮，何许人也？

马一浮，名浮，原名福田，字太渊，浙江会稽东关人。旧绍兴府属原设山阴、会稽两县，等于杭州的钱塘、仁和。马一浮中年后，别署湛翁，将知"天命"时改为蠲叟，又号蠲戏老人，故名其斋曰蠲戏斋。有人说马一浮是绍兴人，何以说话没有越音而是一口四川腔？其实这也毫不为奇，他父亲在四川做过几任县令；也有说他母亲是四川人的。马回原籍不过10岁左右，父亲给他请了一位比较有名的举人老爷当塾师。按说，举人课童生，已经降格而就了，本如坂上走丸，绰绰有余；然事竟有出乎这位孝廉公始料所不及的。原来这个童生对所授的课程不仅能超越完成，尤使老师棘手的是不时突破框框条条，提出课外的种种疑难，要求老师满足其无限的求知之欲。孝廉公颇谙"知己则明，知人则哲"这一颠扑不破之理，知道这孩子天分特殊，凭自己胸中这点备货，是供不应求的。一朝穷底，将何以堪！于是急流勇退，赶紧向东翁辞馆。

马福田的父亲接到西席的辞馆书，慌忙到馆向举人老师道歉，他知道师之言辞，不外两个原因：一是"醴酒不设"，可能在生活上有疏慢之处；二是孩子顽皮、鲁钝，不肯受教。老师边听边卷铺盖、边摇头，说是两者皆非，只因令郎天资颖悟，其器识之宏毅，见解之精辟，提问之广博，均非俗儒所能发其智力，启其才思。为了避免误人子弟之嫌，希另请高明，好自为之！

举人辞馆后，这位归来的"陶令"只好勉为其难，亲自督课了。但功效也不比举人老爷高。倒是马老太太的识见较为旷远，她说这孩子长大后要想在功名上有所成就，利禄上有所进取，都会失望的。可能在文学方面，将会出人头地，独树一帜哩！何以见得？原来当马福田五六岁时，其母指菊为题，令其赋五绝一首，说也奇怪，这个娃娃居然即景言志，虽未脱稚气，却也朗朗上口。

马福田在12岁——光绪二十四年（1898）戊戌岁，应童子试于会稽县，也就是科举阶梯的第一档——秀才。和他同县同考的周作人在《知堂回想录》一书，引其日记中有这么一节：

> 戊戌年（1898）十一月初六日，我同大哥往应县试，……会稽凡十一图，案首为马福田，予在十图，第三十四，豫才兄在三图，第三十七，仲翔叔在头图，第二十四，伯父叔在四图，第十九。这里须得说明，马福田即浙江名流马一浮。

马氏以垂髫之岁，在500名以上的考生中荣居案首，越人遂以"神童"目之。

清废科举在光绪三十年（1904），自戊戌至甲辰，还有6年的时间，每3年一试，则攀登乡试、会试的阶梯，足有充分的准备可缘梯直上以接青云，这是当时读书人最艳羡的途径。但马福田也和周氏弟兄以及多数有识之士一样，不知出于什么缘故，都放弃了缘梯的权利，也可能他们已意识到爱新觉罗氏日处危巢。不久，周氏弟兄先后留学东瀛，马氏旋亦迁居西湖西泠桥堍之广化寺。广化寺紧邻文澜阁，阁中藏书

马一浮（右）18岁时照片。

36300 册，马福田雄心勃勃地准备在浩瀚的书海中穷其秘奥，以满足炽烈的求知之欲。

寿毅成每和笔者于茶余酒后时述及其师轶话，他说马先生早入暮归于文澜阁，恣览四库全书，几达两年之久。在这两年中，摘录每卷之要，备日后查考者达百余万言，是以答友生之问时，滔滔不绝，如数家珍。这一工作，据寿所知，当代除马一浮外，鲜有继者。本文前引苏曼殊和刘半农通信中的"杭州马一浮无书不读"之说，可能也是指马在文澜阁一段时间而言。但马之通英、法、德、日诸国文字，当是流连文澜阁以后的事。

马的外语究竟达到何种程度，笔者固无法问津，更不用说与之对话；但知者有人，富春郁达夫是也。郁自 1935 年暮春自沪迁杭后，得寿介，识马，经常出入蠲戏斋，为老人座上客之一。郁亦通英、法、德、日语文，虽治学的途径不一，但各以其心得相互交流，双方均感兴趣。郁归而语人，谓马治德文相当高深，日语则在一般水平。有人说马一度为清驻德公使馆随员，因为得不到确证，姑听之而已。但"九一八"事变后李顿爵士率领的国际联盟调查团去马所巷访问过马一浮，虽然没有见报，于是，人谓马通古今中外之学，博览线装洋装之书，倒也好像是实有其事的。

马先生虽交游甚广，但生平最相得的至友，只谢无量（啬庵）一人。谢与马先生为总角交，才华横溢，襟怀开朗，士林有"二难"之誉。马先生谨严，谢则豁达；马先生冷峻，谢则和易。二人性格，截然不同，而感情融洽，诗文酬唱，书简往还不绝，马先生均加保存，并交门人抄录，积存巨帙，准备付刊。

再访马先生

初访马氏后之数月，我又到了马所巷，再访马先生去了。

这次造访的由头，表面是道谢，因寿毅成兄为我求来了书有上款的四尺仿古笺楹帖一副，三尺立幅一轴，字均作行草，丰韵虽略似沈寐叟，实则匠心独运，自有矩蒦，明眼人不难立判。立幅上联为"饮如嚼蜡初忘味"，下联是"事与浮云……"

再造躅戏斋时，已不像初访时那样谨小慎微，从而使人觉察出马对年少于彼、学浅于彼的后生，也还是具有一种以诚相接，乐于疏导之雅的。

为谢赐书而访，固是托词，骨子里为探数天前出现的一则"内幕新闻"是实，只是此事不便开门见山地"直言谈相"。然而智者见于未形，不知怎的，客之来意，已为老人洞烛无遗，他反主为客，易位以问："前天有个什么……陈、陈立夫的来……这人是做何营生的？我还不十分清楚，你且说说。"

我听后微微一愣，心想老人又在继扪虱而谈之后，准备另一戏墨，以谑来客了。老人订有沪、杭两报，能说对当时的陈立夫还不知是"做何营生"的吗？此中定有文章，遂反问："先生缘何忽提此人？是要我述其里贯、家世、所学、为人……供参考吗？"

马曰："非也！"

我也故作懵懂随口而答："是要听听这个人在朝官居何职吗？"

马曰："没有必要了解其显赫的权势，因他前天突然枉驾，且不耻下问，所以随便问问。做记者的，消息之源泉也，社会之耳目也，所知必较居穷巷者为富。盖此人来时，挟所著《唯生论》一卷，虚怀若谷，要我指教。余，妄人也，敢就时贤的宏篇论其臧否吗？当即诚惶诚恐地挪过一边。"这时我打了个岔，脱口而说："这类书，我知道先生是不屑一顾的！"老人止余："这是什么话？时人之作，金石在外，怎可不屑一顾，否则我怎知书名是《唯生论》哩！"我追问："然则先生以何词答是书的作者哩？"

马曰："我说'方今天下汹汹，刀兵四起，老百姓求生乏术，唯死是尚；而先生首倡唯生，可谓别具慧眼，佩服！佩服！但愿此论早付实践，为民造福，天下人将馨香以祷之！"

马氏这一席话的真谛，我是能够悟其三昧的。不过当天我也转弯抹角地对老人说了如下几句："马先生，时贤之作，有时你也可从另一角度赏之，求同存异嘛！"

马先生立刻切断了我的话，面色显得有点严肃，说：

"同不可求，异将焉附？"

事后，我在一个气氛轻松的场合中和其他同业与陈氏共席。那天，有约在先，约曰"今夕只可谈风月"，因而彼此七嘴八舌，漫无边际。不知怎的，话题忽然转到杭州的一些学者、作家、影星、书画家方面。陈翘其一指曰：

"息隐湖上的学者、书家中，真正胸有翰墨，而又不求闻达的，我看舍马一浮先生其谁与归！"当日座中也有不知马一浮为何如人的，要陈补充其事。陈续曰：

"其人从不著书立说，而较著作等身的有过之无不及！其人虽狂简狷介，但只要你不在他面前卖弄，他也能以诚相款，并不唯我独尊，摆老前辈架势吓人。尤其难能的是他视富贵如浮云，恶功利若蛇蝎，故不可以物诱，也无法以名钓。他更不向人示以'苟有用我者期月而已，三年有成'哩！"最后，陈若有所指地结束了这一席对马的"赞曰"，他说：

"马一浮虽蛰居陋巷，但没有学颜回的口吻。……马一浮对时政颇有扞格，固不用讳，但并不栖栖皇皇，朝奔诸侯之门，暮造卿相之邸，效法苏张，逞其纵横。不过话要说回来，也正如大家所风闻的那样，我和马先生虽然会见过两次，却没有取得肝胆相照的效果，甚或还有些格格不入哩！但也无妨，因为双方的处境和阅世的观点不同，所见自亦轩轾。不过我之尊重其人的品德，是和当世知马先生者一致的。"

陈氏这番议论，虽说仅供茶余饭后的谈资，然皮里阳秋，也不难看出他假褒马之机而对某些人有所贬抑。褒马，马性固近狷介，但他不会和当局闹别扭。褒之，所以见己之雅量而可赢得人心。这就伏下了日后"尊老敬贤"，"安车蒲轮"迫往白下之笔，乃至当狼烟四起中，力主创设复性书院于乌尤寺的动机。

三访马先生

似在 1936 年也许是 1937 年春，马先生自马所巷移居孩儿巷。孩儿巷虽比马所巷略胜一筹，仍不失为一陋巷。

谚曰"无事不登三宝殿"，不用说，三访自亦非专为问起居，叙寒暄。盖迩时老人刚从白下归来，很想获知其对此行的观感。然而遗憾的是我不便以采访对象视之，否则将会一无所得、铩羽而返的。马先生之去白下，上文已点有一"睛"。其时金陵王者，正因"和平未至最后关头，决不轻言抗战"一语，引起舆论大哗而烦恼，决定打出"敬老尊贤"之牌，企图挽人心于万一，乃询之左右，居今之世，老而贤者夥矣，但首应敬谁、尊谁？辅弼股肱们，各本乡里观念，纷纷举其所属意的人选。而座中浙人占其优势，四陈（果夫、立夫、布雷、诚）所提，比重尤高。而意见得到统一的焦点，都聚集在其人必确为粹然儒者，无丝毫"野心"的，方为众望所归。马一浮，就在这样一种特殊条件下产生了。马氏本人，固一无所知，于是安车蒲轮，自京杭国道直驰武林。

马先生那天见了我很高兴，他脱口朗吟：

> 世味年来薄似纱，谁令骑马客京华。
>
> 小楼昨夜听春雨，深巷今朝卖杏花。

我听了不知此诗为谁所作，也许他自己的即兴，于是，我说："您老兴致不浅，这是京杭道上口占吗？"老人道："你连放翁的诗都不知道吗？告诉你：刚才我唱的这首七律，也是陆游所作。他在淳熙十三年 60 多岁时，从家乡山阴奉孝宗召赴临安时写的。据《咸淳临安志》载，当时他就住在孩儿巷里。当时深巷中每至春日，叫卖杏花之声不绝；今也无之，而掌故犹存。你好此门，故为表出。"

我说："叫卖杏花之声，今天已不可闻，我要想闻的是'凤凰台上凤凰游，凤去台空江自流。吴宫花草埋幽径，晋代衣冠成古丘'中的逸闻。"

马老似很有把握地又一次洞彻了我的心隐，说："果不出所料，足下的来访，仍念念于'逸闻'之类。这，你一坐下，放翁不已代我说了吗？

'世味年来薄似纱，谁令骑马客京华'，逸闻不尽在其中了吗？"

据说，当日金陵王者，对马氏确也优礼有加，数虚前席，叩以"如何定国"？马首举一"诚"字，并衍其纲曰："治国之道，以诚为贵！"继申："无诚无物，故圣人云：欲正其心，先修其身；欲正其心，先诚其意。诚则内可以修身、齐家、治国平天下；

外可以致知而格物。故诚也者，即内圣外王之始基。"当再询及如何着手？马曰："昔张子（载）讲学关中，书'贬恶''订顽'于其堂之左右，要求'天地万物与吾同体'，故发扬'西铭'精神，实为当务之急。"

马氏的这一建议，后来果竟被采纳，刻印了数十万册，散发到全国各级机关，作为考核政绩之一，而令研读之。

挈游净慈寺

1937年春暮，正是白苏二堤的桃李争妍、柳丝漫舞的季节。某日午后，笔者偷半日之闲，踯躅湖畔，刚从六公园走近昔之陈英士纪念塔下，蓦地见一长髯拂胸，犹未拄杖的老者，昂首飘然，自远处迎面而来。那神情，那风度，倘在什么冷僻的山麓相遇，几疑为神仙中人。定睛看时，来者非别，蠲戏老人是也！

老人春风满颊，潇洒出尘。我急步迎上，老人开口曰："不期在此得见。一人欤？有事欤？欲何往？"

我答："有事想不通，笔也拿不稳，家里坐不住，出门散散心。"

老人听了我的话，仿佛很关注，说："既如此，不妨和我到南屏山下走走如何？"

我说："长者命，不敢辞。但不知循水还是遵陆？"

"水陆并进如何？此刻雇一瓜艇，回时觅一胶轮，这叫陆行乘车，水行乘船，心不就散开了吗！"

舟系南屏山麓，马老朝净慈寺方向走去。我问："马先生，不知净慈有哪位高僧住锡其间？"

马曰："净慈为游人辐辏之刹，高僧爱住茅棚，托迹深山，净慈何来辨才、参寥、惠勤一流人物！"

"然则有何足观？"我还要饶舌。

"现且莫问，一会此谜自解。"

走到大雄宝殿下，他止步了，以手一指，曰："你抬头观看！"我抬起头来，见"大雄宝殿"下另悬一巨额，满版飞金，上镌四字："现平等相"。字径寻丈，款落"沙门一音"。这时拈髯微笑，说："看见了吗？"我回答他："看见看见，这不是弘一法师李叔同写的吗？"

马老谓："然也，因为你《越风》的《西湖》增刊上有弘一口述《我在西湖出家的经过》一文，所以特地要你来赏识赏识。我们平常所见，只是他写在三五尺纸上的经联偈语，像这样的摩崖巨制，我犹罕见。而悬在大雄宝殿下，非但要不显其低眉俯首之姿，且有干霄直指之气，微弘一，其谁与归！上额虽也称得巨构，惜为馆阁体，规矩有余，生动不足……"

对弘一此书，马老显然陷入倾注之中。但我还看不出作者的功力得自何家及其演绎递嬗能有今天的造诣，遂乘机将此意向马老请教。

马老要我和他并坐殿侧的石栏上，说道："弘一书法的渊源，上规秦汉篆隶，法乳《天发神谶》《张猛龙》《龙门二十品》《清颂》诸碑，所以根底扎实。未出家前以沉雄浑厚胜，这是致力北碑的特征。削发后，思想、精神、面貌俱为之一变。现在芒鞋跣足，云游十数载，和在西湖虎跑、玉泉的情景又起了不同程度的迁变。如今是经过佛学的洗礼，身心的陶冶，由早年的沉雄浑厚，再变而为恬澹静穆，霁月光风，如有食人间烟火的世外之笔。这是个人的修养所致。没有这种修养，即或临摹千万遍，不过刻鹄类鹜而已。丰子恺是弘一的大弟子，长斋持佛，心仪其师至谨，按说他的书法该追踪师迹，向乱真之途迈进。然而不为也。这正是他的聪明处。"

马湛翁和法师交谊，不同寻常。据记载，首出经书导李叔同由儒入释的是此老法师出家后，初往新登贝山掩关时首往江干送别的，亦为此老。法师 1942 年 10 月 13 日泉州圆寂后，湛翁有挽诗。现录五律七律各一首如下：

一、春到花枝满，天中月相圆。一灵元不异，千圣更何传。交淡心如水，身空火是莲。要知末后句，应悟未生前。

二、僧室空留宰堵砖，一时调御感人天。拈华故示悲欢集，入草难求肯诺全（师出家不领众，临灭手书"悲欢交集"四字示学）。竹苇催风知土脆，芭蕉泫露识身坚。南山灵骨应犹在，只是金襕已化烟。

以上，是我和蠲戏老人第四次见面的情景。旋"七七"变起，淞沪剧战，申杭密迩，湖上亦未可安居，一天紧张一天了。

马先生出危城，弟子服其劳

"八一三"淞沪战局，敌正面进攻，既苦技穷，乃有偷袭金山卫之举。杭垣尽失凭依，欲渡钱江而南者，蜂拥城站、江干两水陆码头。但消息传来，钱江大桥必要时军方将自动引爆，故趋陆路者益如锅上之蚁，舍命而攀登车顶者，莫之能止。至于行李和珍贵的书箱画椟暴露站台，或为燃弹焚去一半，或为风雨浸蚀，遭人践踏者，比比皆是。这时马先生对着满室的锦轴缥缃、碑帖手稿，长吁短叹，愁绪无计。一个读书人，如果丧失了这些，其精神必将陷入极度的忧虑中。马先生是准备走水路的，水路比较安全。但把他的命脉——书，运往江边，需要汽车；有了汽车，还得有船，而这时的车船尽为有势者扯上某某机关的旗号，并盖上大印，加派武装监视，方舟连锁，老百姓虽怀重币，休想染指。故在风声鹤唳草木皆兵之际，欲求人物顺利飏逸危城，谈何容易！马先生毕竟是个平民，往日纵有些交好而力能助彼的，这时也都远走高飞。幸喜危城中还有一个名姜心白的学生，正在为他所领导的一个机关主持撤迁的急务，手中也握有大印、旗号、武装，封船不成问题，卡车也有的是。马老认为这时唯一能解己厄的，舍心白莫属。无如在此时此地，找此忙人，也等于捉迷藏一样。从附笺中我们可以看出其时马老的内心是如何沉重、焦灼。事情过去半个世纪了，幸而心白尚健在，笔者飞笺以询当日情况，承答如下：

　　当马师将去桐庐汤氏坟庄（汤指汤寿潜）暂避，迁移之任，虽感艰巨，然既允肩斯任，也只好勉为其难了。计自其寓所车运至江边下船的书箱，往返达十数次；船则由钱江运输公司拨：舱船十六艘，连老师的写字台、坐椅也不遗漏。当我进入其宅时，恰巧紧急警报长鸣，不一会敌机已来为老人"送行"。师曰："心白，你怕吗？"我说："来则不怕，怕则不来。'有事弟子服其劳'，古有明训，何况在危城中。"马师默然良久，曰："岁寒然后知松柏之后凋！"以资勖励。紧急警报中，交通断绝，我的卡车因有特别通行证，故得直驰无阻。当时我因公物尚未运完，为商借远远不足的运输工具，四路奔走，八面交接，电话何由得达，老人不得不派急足，辗转投书询我下落……

马先生既出危城，溯江而上，一过富春，舟行如入画图，马老的心境自亦随之一洗。后来我在金华，还得到他寄自泰和记述此行舟中所作的五七言数纸，可惜都在战火中散失了。他自抵桐庐，把图书等物暂时安顿在汤氏坟庄后，复至开化，访其畏友叶佐文。叶氏亦理学名儒，民初曾任北京京师大学堂图书馆长，某年偕游孔庙，马手中提一钱袋，叶严肃地指出：带有铜质入殿，在理学家看来，这将构成对先圣的大不敬，即便微如一副眼镜，事先也得摘除。是以马以叶为畏友。

对"礼有来学，未闻往教"作了变通

民六（1917），蔡元培长北京大学，多次电邀马北上执教。论名辈，蔡先于马，毋庸赘言；且同隶会稽，按情理来说，马获电后应即首途。然事有出人意表者，其复电略曰："礼有来学，未闻往教"，不肯税驾。事后与人言："西式学校，等于商号公司，计钟授课，铃响辄止，有若买卖，交易而退，各不相干。"显然，马对当时的教育制度及授徒的方式方法是格格不入的。无疑，他所向往的是杏坛讲学，缁帷论道，师生生活一体，言教之余继以身传的书院规制。

马先生在开化作了一个短暂的逗留后，应时在江西泰和的竺可桢（浙江大学校长）邀请，希望老人随校行动，便于照拂。竺也是绍兴人，和马谊兼乡世。这时老人也就稍稍改变了"礼有来学，未闻往教"的初衷。据说浙大对马，也不作"计钟授课，铃响辄止"的要求，随老人性之所适，每周讲授六艺之精蕴一二小时。听者不限于学生，真正感有领悟兴趣的，还是老师居多。厥后赣东北战区蔓延，泰和日趋紧张，浙大再迁广西之宜山，马老不顾长途跋涉，无视敌机沿公路两侧黉夜追逐，随该校师生长驱入桂。这在老人一生旅途中，不能说不是比较艰险的一次。

叶圣陶笔下的马先生

抗战中期，一位居内阁首揆的孔门后裔，力主恢复杏坛教学，要办一个书院作为试点，造就一大批以"仁"字为施教中心，类似"国子监"型峨冠博带之士。首揆既有斯意，继复询之先后主管教育的陈、朱，陈、朱亦乐于顺水推舟。最后提到主持书院的人选问题时，陈举无书不读的马一浮最孚人望。但谓欲聘此人，非行"安车蒲轮"之礼不可。于是，马先生由广西的宜山上了四川嘉定的乐山。

1942年，马一浮在四川乐山复性书院旁与助手詹允明（前排右二）等合影。

马先生在乐山乌尤寺办复性书院的情况，当时因交通阻滞，消息是很难得到的。幸好有一位今天已成国之大老的叶圣陶寿星，也安家此山，和马老有过一段不寻常的接触。他把接触的收获，用书信的形式告诉了上海的一位老友。叶老当时的出发点，也不过是信笔所书，但在数十年后，竟成了一份极珍贵的资料，援引如下：

> 马一浮先生近应蒋先生及孔副院长之聘，即将来乐山创设复性书院。……闻其人光风霁月，令人钦敬。则他日得追陪杖履，亦一幸也。（三月十一日午）

> 马一浮先生已来，因昌群之介，到即来看弟。其人爽直可亲，言道学而无道学气，风格与一般所谓文人学士者不同。其复性书院事，想为诸翁所乐闻，兹略述之。先是当局感于新式教育之偏，拟办一书院以济之。论人选，或推马先生。遂以汽车二乘，迎马先生于宜山，意殆如古之所谓"安车蒲轮"也。（马无眷属，唯有亲戚一家，倚以为生）接读之顷，马先生提出先决三条件：1. 书院不列入现行教育部系统。2. 除春秋释奠于先师外，不举行任何仪式。3. 不参加任何政治活动。当局居然大量，一一赞同，并拨开办费三万金，月给经常费三千金。而马先生犹恐其非诚，不欲遽领，拟将书院作为纯粹社会性的组织，募集基金，以期自给自足，而请当局诸人以私人名义居赞助者列，今方函札磋商，结果如何尚未可知。院址已看过多处，大约将租乌尤寺。寺中有尔雅台，为犍为舍人注《尔雅》处，名称典雅，马先生深喜之。至其为教，则以六艺。重体验，崇残履，记诵知解虽非不重要，但视手段而非目的。此义甚是，大家无不赞同。然而六艺可以统摄一

切学术，乃至异域新知与尚未发现之学艺亦可包罗无遗，则殊难令人置信。马先生之言曰："我不讲经学，而在于讲明经术。"然则意在养成儒家可知。……（四月廿七夜十时半）

此札先把马先生的神态栩栩如生地介绍给"想为所乐闻"的诸翁，让未见其人者先有一缩影展示于睫。重庆的衮衮诸公，并非不知道宋倡理学不足以起宋之积弱，而有裨于遏制辽金；明踵其迹，明仍难免丘墟。然而寇深矣！在战既难胜，和也不易，"安内"犹无把握，有识之士和莘莘学子以行动代表责难的情况下，病急投医的步骤乱了，才把马先生请上乐山，试图挽回人心而打

1949年2月25日，马一浮生日与诸弟子、亲戚合影于杭州钱王祠旁"玄亭"。前排左起：袁心灿、刘公纯、寿毅成、马一浮、王逸达、邵步超、吴敬生；后排左二王星贤，左三张立民，左五丁安期，左六汤彦森、左七丁慰长、左八丁敬涵。

此牌，以博侥幸，哪里是真有度量，或想把乌尤寺建成现代的"阙里"。特别使他们放心的是理学家造就出来的人才，决不会和统治者唱对台戏的。故一掷十万元无吝色。然而这是当日蒋、孔二公的袖里阴阳，不能说穿的。

马先生在杭州多年，虽被誉为一代儒宗，可他并没有把自己的立场观点制为方案，冀人苟同，只在少数友生中以问答形式出其绪余，为学者启沃解惑，是以鲜有反应，更谈不上相互辩难。一旦创立书院，变私家学说为群众性的楷模，影响所及，仁者见仁，智者见智，意见也就纷至沓来了。但始终没有摆开阵势，在报刊上公开交锋。因为人们对复性书院能有像马先生这样的学者出面主持，咸深庆得人；所忧虑者，不过所造就之才是否足济时艰而已。至于对马先生的人品、德望、学术渊博，则又是有口皆碑，无论识与不识，都一致表示尊重与钦仰！

叶老还写道：

> 马先生近作一诗，很好，录与诸公一观。题为《旷怡亭口占》。旷怡者，乌尤寺尔雅台之亭也，书院以为讲席之所。诗曰：
> 流转知何世，江山尚此亭。
> 登临皆旷士，丧乱有遗丛。
> 只识乾坤大，犹怜草木青。
> 长空送鸟印，留幻与人灵。
> 前六句子其胸襟、学养，于最近之事业，均关合而得其当，表现之佳，音节之响，无愧古人。昌群兄有诗和马先生，其中"娓娓清言承杖履，昏昏灯火话平生"二句，身份、交情俱切，而余味不尽，亦佳。弟诗请马先生指教，彼最赞"情超哀乐三

杯足，心有阴晴万象殊"二句，谓是名句。（六月十五日）

遥想当年尔雅台畔的唱酬气氛，以及前辈的流风余韵，亦殊令人欣羡。而圣老对马先生诗的赏赞和推重，也是情见乎辞。要不是抗战把这两位撮合到一起，可能相得和相知还不会有这样的相契。殊不知新中国成立后马、叶在北京重逢。特别是聚首一堂时，欢忾与快慰之余，又将作何感想！

我因世之论马先生者，誉之或失其真（近年台北、香港均有关于记述马先生的文章发表），毁之徒见其浅，盖月旦人物，贵执两端，何况涉及道统、学术的评论，倘自己没有取得第一手资料，仅凭耳食雌黄，焉能取信，用是选录兹札，为世之企仰马先生者参阅。

五见马先生

1945年日寇降后，马先生似于翌岁返杭。我因杭寓毁圮，故里无家，文物荡然，无地容身，出山（闽西山区）后只能就食沪滨。1946年秋冬之交赴杭，时马先生方息养西湖葛荫山庄，遂和姜心白兄自城驱车往谒。姜谓复性书院准备重整旗鼓。葛荫山庄，当局原定拨给该院，因为大部分被捷足的三青团占用，复院事亦随之搁浅。马先生因无人佐其办外交，心境极不舒。

自1937年初冬别后，相隔9年多了，只见马先生长髯飘拂，将快近腹，虽说精神犹不减当年，但似已呈现老态。

马先生的记忆力很好，问过我8年来的景况后，说我在闽西写给他的几封信，所以只复其一者，由于山居不宁，杂务丛脞之故，似表歉意。其时我在筹办一个文史性的杂志，拟名《子曰》，请马先生赐题。马曰："学而时习之，这是和'子曰'一以贯之的。但要人'时习之'——就是说要读者不断地来买，必须每期足有'时习之'的可读性文章。否则，《子曰》将成为'子不语'一类的东西，这是应当把握住的。"说罢，马先生爽朗一笑。这时，心白兄帮忙了，在他案头找了一尺零纸，并就砚田余墨，为之蘸笔，顺便递将过去。马先生欣然接在指间，刷刷三下，"子曰"落到我的口袋。时钟已快指近正午，心白问马先生有没有兴趣上楼外楼或太和园坐坐？马频频摇首，叩以故，曰两地太热闹，要吃，得找个冷落些的，可以避免和相熟的打招呼。于是，心白把马先生和我领到介乎蒋庄与高庄间的自然居。马先生很喜欢这三个字，虽说此居只是一个单间，无楼，仅容四桌的小馆子，但端上来的瓦块醋鱼、清炒虾仁、响铃儿等，不仅可颉颃名楼、名园，甚或过之。

饭后，姜把马先生送回葛荫山庄后，归途和心白漫谈，我说马先生的题签"曰"字微探半头，人或误其为"白"。心白的回答是："此必有据。曾忆太炎先生给大井巷书'张少泉剪刀'五字，'剪'下省去一刀，老板持而请释，太炎先生说'刀'明明在旁，何用再书。后来主顾纷纷认'前'为真正的张少泉，其他皆赝，营业大盛。今马先生此'曰'，信必据古，识者自识，不识者存疑，浮一大白可也。"从此，我再也没有机会见到马先生，此疑则和他謦欬笑貌一样，永存胸臆间了。

谁毁了马先生?

　　马先生一生似从未担任过公职。南京当局的"敬老尊贤"也好,抗战期间安车蒲轮迎上乐山也好,未始非为人作嫁。只有在"中国人民站起来了"之日,马先生先后担任了政协全国委员会的特邀委员,中央文史研究馆副馆长,浙江省文史研究馆首任馆长,省二届人民代表,并受到毛泽东主席的接见。

　　1957年4月伏罗希洛夫氏来华,周恩来总理陪伏老访马先生于蒋庄。陈毅市长也经常前往探问。这时马先生才真正得到"敬老尊贤"之乐。

20世纪50年代,马一浮在杭州虎跑滴翠崖摩崖题字,与弟子丰子恺(左一)等人合影。

　　不幸的是在十年动乱中——1966年11月某日,马先生凌受四凶及其爪牙的折磨，使这位八旬开外的癯叟，身心两遭摧残不计，还把他积数十年所蓄的珍贵文物一面烧撕践踏，一面跳跃鼓掌以为乐，另有若干小儿按其首，燃其须并迫其匍匐雪中，自读"罪状"。老人虽忿至色青气噎，却大有"十族可诛"屈膝宣读不为也之概。正在僵持之际，据说有浙江图书馆的职工数人赶至，说："小将们，你们这样搞，未免太便宜了他；须知将此人整死，往后游斗时失去活口，岂不扫兴；若把这些'四旧'烧尽，他日何来铁证？故留此活口，保存实物，只会对'造反'大大有利哩！"暴徒们咸谓言之有理，才一哄作鸟兽散去。这几位同志的智灭秦火，计出马老，是十分可敬的。一车"蠲戏斋"的烬余，今天犹能存其二三，亦不幸中之大幸矣！但马先生却从此被逐出蒋庄，迁至吴山某处安身。老人在吴山脚下只过了一个年，翌岁——1967 年 6 月 2 日逝世，终年 85 岁。1980 年 6 月 10 日上午 9 时，杭州市殡仪馆内举行过一次马一浮先生的追悼会。收到的挽联有：

张任天：千古豪情居何里？淮南鸿烈不如人。

姜卿云：西子四时春，水色山光留教泽；

　　　　燕云千里梦，人间天上哭先生。

朱惠清：侨居港澳怀乡国，遥望吴山一奠公。

马先生留下的财富

马先生给我们留下的精神财富，虽其生前自谦，说无意著书立说，不愿灾梨害枣，但也还是不负人们期望的。计有：一、《尔雅台答问》正续编。二、《复性书院讲录》。三、《编年集》。

四、《辟寇集》。五、《儒林典要》。所知仅此，可惜这些书印数不多，且亦从未公开发售过，得之匪易。其诗尤脍炙人口，这里我只能东抄西摘地录下若干首，让知马先生者，得有浅尝之乐。

题丰子恺《人生漫画》

红是樱桃绿是蕉，画中景物未全凋。

清和四月巴山路，定有行人忆六桥。

身在他乡梦故乡，故乡今已似他乡。

画师酒后应回首，世相无常画有常。

题《坐地观心小景》为陆清献

莫问专城守，聊参坐地师。

已知同一味，何心真三衣。

主相本来尽，空华亦尔为。

观心心不见，喧寂定双非。

思槃瓠

去年失二猫，今年失二犬，猫犬于人并有功，酬以短歌良不腆。边人患鼠兼多窃，坐镇提防双害绝。乌尤眠熟夜无声，青毡犹在思余烈。鹊眼虥毛何处寻，编篱谨户费沉吟。星精若化槃瓠去，虏骑如山不敢侵。

题虎跑泉

是翠非声亦非色，坡老无心得一撮。

坐久苍苔欲上衣，令人翻忆王摩诘。

自寿（1967 年）

乘化吾安适，虚空任所至。

形神随聚散，视听忘希夷。

沤灭全归海，花开正满枝。

临崖挥手罢，日落下崦嵫。

按：每夏历二月十五花朝日，是马先生的生日。在杭之日，
友、生例有小集，为老人祝嘏。叟曰：余孤独一生，为不祥之
人，故名是日为"禊日"，有祓之意。

乌尤寺枬树歌

早岁行吟观木德，但知高大由小积，

至今养老习林居，始善庄周颂樗栎。

世间筑室要梁栋，道路咨嗟求有用，

斤斧先天兵火焚，何似深山霜露重。

乌尤峰石倚沧江，杂树连云蔽锁空，

中有高枬颇孤出，撑天散影何憧憧。

此树生缘差得地，匠石樵苏同不睨。

密叶长辞百鸟栖，盘根独聚山川气；

忆昔曾经识树王，秦松汉柏俱空桑。

白鹿青年终远去，神鸾灵鹤双彷徨。

往日玄言依树下，树神犹在昙花谢，

千年谁睹不萌枝，长动唯看森臂化。

种树何须待十围，穷枝摇落未堪悲，

若使清阴傍行路，朝朝牧竖抱薪归。

马先生诗歌流散在外的数量并不少，即使是编成集的，也仍有遗漏。购固无从，借亦难求。希望有心人关注及此，为后人一开眼界。

马先生没有进过什么学校，也没听说他从过哪位名师，若问他缘何而致此？一句话："自学""自学""自学""再自学"！诚然，自学成才的典型马一浮先生，其一生事迹之可述而足资矜式者，奚此于此！这里东拉西扯的，不过十之一二，故以"侧记"名之。

（原载《文史资料选辑》第 115 辑）

记清华老校长周诒春

章元善　尚传道

　　清华大学是驰名中外的理工科大学，它的前身是 1911 年 4 月 29 日开学的清华学堂。这是一个预备学生赴美读大学的中学，注重英语学习，当时隶属清朝的外务部。倡议把它向大学规模发展，并着手建设，奠其始基的是周诒春先生。先生字寄梅，1883 年 12 月出生于汉口，是徽帮茶商周聿修之子。

　　周聿修，安徽休宁人，以贩运安徽茶叶为业，设泰昌源茶叶庄于天津。他自己南北奔走，生意做得颇具规模。从他的教子及交游各方面来看，他是一个具有远见的民族资本家。鉴于当时国家面临瓜分之祸的形势，他决心把他的独子培育成一个洋务人才，聘师授以英文，使之能于庚子前后考入美国教会在上海创立的圣约翰书院攻读中学。周诒春在校很早就受到教师颜惠庆的注意并得到书院主持人卜舫济（Dn.E.L.Hawkspott）的器重。1904 年，周以优异

周诒春

成绩毕业于圣约翰，自费赴美到威斯康星（Wisconsin）大学选读教育、心理学等课程。约于 1908 年毕业，得学士学位。他旋即转入耶鲁（Yale）大学进修，结识同学孔祥熙等人。时中国同学中有一个名为"仁友会"的兄弟会（Fraternity），会员中有颜惠庆、孙章甫、朱继圣、何廉、蒋廷黻、黄子坚等人，周氏亦是该会的会员。1909 年得硕士学位，毕业回国，在其母校圣约翰及吴淞公学教英文，应清廷留学生考试（相当于科举制的会试）中式进士，被点名为翰林，当时社会上称这科翰林为"洋翰林"。

周氏成"洋翰林"后，仍与其师颜惠庆保持密切联系，历时可 10 年。颜编我国第一部《英汉大字典》即令周氏参与其事。颜任外务部侍郎，周亦随从在侧，从而学到不少包括外交文书体例及进退仪式等具体知识。辛亥后，周为孙中山先生当过英文秘书。1919 年"南北和议"时，北方代表朱启钤、吴鼎昌以周为顾问，旋以周为北方和议代表团的秘书。周任中山秘书时，有人以中山的英语不讲究语法为病，周氏风趣地应之曰"此先生之所以为伟人也"。

1912 年 4 月，外交部派周氏继张伯苓为清华学堂教务长，10 月令兼副校长，1913 年 10 月继监督（后改称校长）唐国安为清华学堂首任校长。

周任校长，视学生如自己的子弟，在一个很长时间里，各级学生都亲切地称周为"老校长"。于课外生活，特别是德育与体育，周氏不倦地言传身教，竭其心力。每届招生，英文笔试外还有口试。口试是个关，周氏亲自把关。

周氏首先关心学生的日常生活，把这方面的工作交给斋务处负责。据校史记载，在校学生每日七时二十分起身，早餐时点名。这时斋务长手持纸笔，面对食堂大门而立，对迟到者记其学号。

十分钟后，再沿各饭桌检查，记下未到者的名字。晚上十时，熄灯睡觉，不准说话，不许随处便溺。学生的脸盆手巾，都有一定的悬放位置。手巾过脏的，要没收。每星期须洗澡一次，不洗澡的，在星期五集会时，要当众点名；仍不洗澡的，斋务处就要勒令洗澡，并派人在一旁督看。学生的零用钱要存在学生储蓄银行里，用时须说明理由，经斋务处允许后，才可支取。用款一律要记账。一角钱花生，两角钱栗子，都要入账。每月月终呈送斋务处查阅。学生每两星期必须写家信，斋务处附寄经斋务处盖章的账单于内后，投入设在该处的邮柜内。不按定章与家属通信的，经查出，由斋务处督其当面书写。有的学生，两周期满，对父母仍无话要说，只得报以"我很好""我平安"，只言片语，投入柜内。门禁也很严，非经请假并领得牌子，不得出校门一步。

以上种种管束，又因级别的高下而有所不同，对于级次愈低的学生，管束得愈严。

周氏一点没有校长架子，不拘形迹，深入群众。张锡钧（当时在校的学生）写道："周校长经常到各处巡视，调查第一线上存在的问题，及时协助解决，令人敬畏，致使教职员工，认真负责，忠于职守，时常警惕，怕校长突然来临，不好交代。"

"校长常到食堂与学生共餐畅谈，了解学生的思想情况，听取学生的意见。当时学生不多，几乎个个的姓名，校长都可叫得出来。"

"有一次我饭毕回宿舍，在长廊途中，迎面有人问我：'你怀中为何鼓鼓囊囊的？'我以为是一位同学，刚要开口'你管呢！'仔细一看，是校长，立刻紧张起来，结结巴巴地回答：'是饭碗。'校长笑着说：'手拿着不好吗？装在怀内突出一块，不雅观嘛。'我答：'是，是。'赶快离开。起初我还以为校长多管闲事，后来一想，校长做得对，因为及时帮我纠正了错误。"

体育在清华有它突出的地位，1912年成立了体育部，1914年马约翰到校。清华体育从此认真地开展起来。当时体育在国内学校并未列入正式课程。清华的学生中，也有不少人是专啃书本，足不出户，手无缚鸡之力的"小老头子"。为了使学生走到运动场上去，学校采取了强迫运动的方式，规定每天下午四点到五点，为运动时间。到那时候，学校就将图书馆、教室、宿舍全部锁起来。学生都要穿上短衣，到操场或体育馆去运动。体育教师则巡视场际，加以指导。学校还规定体育不及格，不能出洋。当时有个"五项测验"，八年期间，必须通过。测验的时间，由学生自己选择，可以在最后一年，也可以提前，但必须通过。当时也确曾有少数学生因为体育不及格而没能按时出洋。

周氏长校后，规划日常事务，每为长远打算，期能于1940年美国"退款"结束之后，学校仍能继续存在，而且在这过程中把学制向上发展到大学规模。计议久之，他于1916年7月20日向外务部递呈申诉所见，略谓："学校有良好的校址，充足的经费，建校已满五年，初具规模，为久远之计，似应将学校逐步扩充到大学规模。其理由为：第一是可增高游学程度，缩短留学年期，以节省学费；第二是可展长国内就学年期，缩短国外求学之期，庶于本国情形不致隔阂；第三是可谋善后，以图久远，机会之佳，当务之急，未有过于此者。且我国地大物博，已设之完全大学，寥寥无几。当此百度维新之候，尤宜广育人才，以应时需。大学内拟并于实科各种学业，特加注重，俾国内于指日振兴实业之时，有成材可以任使。唯所拟设立之大学，一取渐进主义，逐年审察全校情形，徐图扩充之办法。一切建设布置，增设学科，以及分配预算经费诸端，自当详细妥为规划……"①

1916 年 8 月外务部批准了这个建议。周氏就本上述方针，开始在改革课程、选聘教员以及增添设备、兴建馆舍等方面，参照美国大学的标准严肃认真地筹划、办理。

为了实现这一宏图，他积极进行物质上的准备。著名的清华早期四大建筑——图书馆、科学馆、体育馆、大礼堂就是从 1916 年起由周氏一手擘划建筑起来的。据史料记载，清华初建时只有一小图书室，在现在之二院内占房三间，设备简陋，藏书甚少。迨后书籍渐增，始觉其褊窄不足用，周氏于是议建馆舍，由泰来洋行承办，兴工于 1916 年 4 月，全部照欧美新式避火法建造，容积 10751 立方尺，费银 25 万元。馆舍分上下两层，下层是办公室同各教员预备室；上层是阅览室二大间，分中西二部，同时可坐 220 余人。馆后为藏书库，共分三层，每层列架数十，可容书 10 万有奇。全馆地面或用软木或用花岗石，墙壁如阅览室等处系用大理石，轮奂壮丽，可为全国冠。清华体育馆初建时共用建筑费 14 万元。体育馆的建筑，最结实，也最科学，就在美国也很难找到一个相当程度的学校的体育馆能够和它相比。除暖气设备外还有热气装置，运动或洗澡时可以把衣服洗后在这里烘干。运动器械如木马、双杠、跳箱都是四副，活棍、哑铃、拉重器械、摇船器械都有。特别值得一提的是它的室内游泳池，水经过紫外线照射消毒，异常清洁；池内装有压力气管，调节水温，一年四季都可游泳。安全设备也很完善，两边有 200 个钢衣柜，供同学运动时换衣服用。其他如科学馆与大礼堂也是技术先进，设备齐

---

① 参见《清华大学校史稿》。

全，气势雄伟，后来改大学以后，仍为国内高等学校所罕见。[①]

1917年，亲日派上台，高尔谦等以周氏"妄靡巨款，营私害公"等莫须有罪名提出控告，逼使周氏辞职。1919级校友黄子坚[②]回忆说："周氏离校，学生不知底细，只是不愿他离开清华。他在全校集会上讲话流露即将离校的消息，声音有些发颤。我们学生也黯然神伤。他是我一生最敬佩的老师之一。"

周氏于1918年1月把校务依令移交给副校长赵国材，含冤抱恨，离开清华，结束了他一生中能抒其抱负、用其所长的五年，时年35岁，开始了他与世浮沉，行其心之所安，聊以托其身心，历时达40年的漫长岁月。

1918年其母校圣约翰书院举行建校40年纪念，授予周氏名誉博士学位。从此人们多以"Dr 周"称他。

国民党政府"建都"南京后，教育部规定教会学校呈请注册，其校长须由中国人担任。周氏本是燕京大学校董事会主席，遂兼任校长。原任此职的美国人司徒雷登改任校务长。

司徒雷登生于杭州，自称中国是他的第二故乡，对燕京校务，本来就与周氏商酌进行。周氏以教育为自己的工作对象，出清华，进燕京，精神有所寄托，二人和衷共济，相安无事了很长一个时期。

周氏虽被亲日派排挤出清华，他的社会声誉却与日俱隆。反动政客争权夺利，不务正业，政府分内应兴应革之事一项一项地变成所谓"社会事业"。在这形势之下，周氏见义勇为，有求必

---

① 参见《清华大学校史稿》。
② 黄子坚解放前是南开大学负责人之一。新中国成立后，任天津市人民图书馆馆长至今。

应，他的忘我精神有所发展。

1921 年前后，周氏随同朱启钤从法国归来，即被其同乡同学孙章甫邀任中孚银行北京分行经理。1928 年周氏任中华文化教育基金会总干事后改任大监察人。在中孚工作时，周氏与金城银行总经理周作民同任北京银行公会理事，从此周氏活动范围超出教育事业而涉足于金融、工业等领域。

颜惠庆任外长时，有意设置一个设有中西餐厅的国际交际场所，以便举行非正式宴会，招待国际友人。他以为到六国饭店、北京饭店等外国人办的饭店去招待外国客人有失国体。周氏考虑到当时归国留学生分别组有英美、德奥、法比瑞等同学会，但都没有各自的会所。他就把颜的设想与之结合起来，创议为原有的欧美同学会建立会所。这个计划决定后，欧美同学会从内务部领得今南河沿南口路西的一座废置了的名为石达子庙的喇嘛庙作为会所，并领到了一笔为数不大的修建经费。同学会自己募集捐款 2 万余元，聘了留法同学贝季眉为建筑师，大兴土木。历时年余，周氏把这个破庙修建成了一个金碧辉煌的豪华庭院。厅堂设备及中西餐具无不精美齐全。会内设有宿舍，接待来京欧美同学，取费低廉，招待周到。这个同学会平时为同学服务，会所大厅成了当时最时髦的结婚礼堂，人们争相租用。中西餐厅经常招待外宾。关税会议开会期间常在这里举行宴会，满足了颜氏的要求。周氏对于该会关怀备至。改建期间，他日必亲临工地指挥施工；建成以后，他担任理事，对经营管理亲加指导。这个机构发挥了它应起的作用，一直到日本侵入北京，主持人相继离京，这个会所沦为日人办的"花坛旅馆"。新中国成立后，同学会经历过一个小规模恢复时期，搞了些学习及游艺活动。在"十年动乱"中，欧美同学会无形解散。现在，这里是人民政协北京市委员会的办公处。

20世纪20年代初，周氏在耶鲁的同学费兴仁回到北京，周为他凑资2万元，与之合伙在灯市口开设京奇号，向旅华的外国人出售地毯等土特产品并提供导游服务，生意做得日见起色。周氏为之筹措扩充，资金增至10万元，开办仁立公司，周氏任公司董事长，招工自织地毯，以费为经理，朱继圣为副经理。费为争权退出公司，恢复京奇号。朱升任仁立经理，邀凌其俊为副经理。1935年12月周氏任实业部次长，孙锡三继任公司董事长，周氏第三子华康任董事。

1918年华北五省遭水旱灾，受灾各省中外人士相继组设华洋义赈会，募款办赈。次年赈务先后结束，各会均有未支用之款，即所谓"赈余"。鉴于临渴掘井耽误时机，各地赈会派出代表到北京开会，共商利用赈余组织常设机关"防灾于未然"之道。会议决定把各省赈余汇集在一起，组立中国华洋义赈救灾总会于北京，作为常设机构。各省的原有组织改为省分会。每年派代表，轮流在各省开大会一次。总会设执行委员会，每月开会一次。总会成立时公推梁如浩为会长，周诒春为华方司库。从上年赈余中拨出30万元为经费基金。总会于灾年领导各省施赈，平时研讨防灾方案并支用集中起来的上年赈余，进行防灾工作。执行委员会邀集有关人士分头研究防灾方案。如：加固河堤以防水；开渠掘井以防旱；修路以通货运，便利逃荒及灾时物资的运输；提倡设农村信用合作社，打击高利贷以舒民困等项。1924年后，会务日繁，周氏经常到会义务参加具体工作，特别在运用基金、筹集赈款方面，贡献他的智能。他一度代表赈会，到南洋各地向爱国华侨宣传防灾，募集捐款，裨益会务尤为显著。赈会的防灾方针一度引起美国红十字会的无理干预，周氏大力协助会长梁如浩与之做了为期一年多的说理斗争。有关这个插曲的往来文件，印有专集行世。

为了管理和使用美国退回径交清华以外的一部分庚子赔款，在颜惠庆主持下，政府设置了中华文化教育基金董事会。周氏被聘为董事并兼总干事。他到会任事即聘孙洪芬、顾季高、张兹闿等人襄理其事。周氏征得董事会同意，创办北京图书馆。在兴建期间，周氏每天亲临工地监督工程，风雨无阻。他聘袁同礼（字守和）为馆长，袁大力支持他的建馆规划，为今日这个馆的规模奠定了坚固的基础。周氏还以一部分基金用于"静生生物调查所"①以使该所资送一批学生出国深造。1930年左右，国民党政府以任鸿隽接任基金会工作。

美国罗氏基金会在我国设立的北京协和医学院在当年享誉全国。它的附属医院建筑最好，设备最先进、最齐全。它的主持机构是一个有中国人参加的托事会。周氏以教育界著名人士被聘为"托事"，并公推为托事会常务委员会主席，从此周氏与医学、医药卫生又结了缘。在这个领域里，他又为社会做了不少工作，如京津防痨协会、国际救济委员会等有关公共卫生事业，最后他一度当上了国民党政府的卫生部部长。

京津两地的结核病防治所是周氏主持的京津防痨协会创设的，首任主任医师分别为裴祖源和郭德隆。

周氏从事公益事业信誉日隆，而他自己又满腔热忱，从不放过一个机会为社会做些力所能及的工作。他虽对政治不感兴趣，

---

① "静生"是清华学堂前身游美学务处会办范源濂的号。"静生生物调查所"及丁文汇与翁文灏主持的地质调查所是旧中国的两个科学研究机构，在我国科学发展史上有其独特的地位。

但亦曾列名发起过一个北京政治学会。在他的筹划下，这个学会在原太庙内设立办事机构，以陈天楼为学会的图书馆长，每月举行学术报告会，活动了一个时期。

他虽不谙美术，但在修建欧美同学会及北京图书馆工作中接触到有关建筑艺术问题，他的业务爱好不可避免地日益广泛。当过北洋政府内务部长的朱启钤讲究营造艺术，就邀周氏一道发起并经营中国营造学社，在中央公园（今中山公园）西厅办事。在这里，学社培养出名噪一时的营造专家梁思成来。

周氏见义勇为，助人为乐，但亦有所选择，不涉于滥。英美烟草公司为了便于在纳税问题上同财政部打交道，礼聘周氏为常务董事，目的在利用周氏的声誉。周氏则以为既是常务董事就应当过问公司事务及营业情况。公司洋人则把公司业务秘密封锁起来，常务董事亦不得过问。周氏不甘当傀儡，不顾公司给予的优厚待遇，拂袖而去。周氏的这种不苟取的风格曾传诵一时。

卢沟桥事变后，日本浪人窜扰掳掠，如入无人之境，故宫文物势难保全。在京的英美各国人士对稀世珍宝为日人独得，殊不甘心，乃由美国人福开森等发起组织"故宫博物院之友"，并以其外围组织"万国美术协会"名义搞些活动，借以引起群众注意，作为从旁监督的手段。周氏被邀参加这个协会，并被推为主席兼会计。在一段时间里，这个协会经常举办画展及音乐会等。周氏参加这项工作一直到1935年离开他居住、工作了27年的北京。

在这27年中，不少人在不同的场合里有机会接触到周氏。他给人们留下了深刻的印象。人们对他比较一致的看法是：他不图名而名自至，不图利且舍己济人。他为人严肃正直，但平易近人。有的人觉得他有时苛求"君子"而远避"小人"。也就是说，他对正派的人，要求很高，而对一些心术不正，他认为不可救药的人，则敬而远之，羞与为伍。

周氏对于金钱看得很旷达，曾风趣地说："这个东西生不带来，死不带走。"他自备汽车（司机工资及汽油都由他自己开支），为各项公益事业奔走，早出晚归，习以为常。每日午餐亦自己料理，即使在友人家吃午饭，亦必伺机致送礼物作为代价。清华同学中有人记得这么一件事：某日周氏忽然对他说："明天有个约会，我的鞋似乎太不雅观，不知你的鞋合我脚否？"原来他的鞋底已将断裂。周氏自奉俭约，于此可见一斑。周氏自清华离职后，朱启钤等少数人曾一度资助过其生活费用。周氏自己入不敷出，但于公益事业又常筹借款项，尽力捐助，以玉成其事。

周氏是应吴鼎昌之邀离开北京，从而开始了他的12年官场生活的。1935年12月吴任国民党政府实业部长，荐周任该部政务次长。1937年12月吴鼎昌转任贵州省政府主席，邀周氏为省府委员兼财政厅长。下车伊始，适清华同学王万福、唐宝心、宋士英等为筹建一所中学从汉口、长沙等地来到贵阳。他们把各自经历及拟创设中学的计划请教于"老校长"。周氏听说大为兴奋，允予支持。首先，他把来黔同学在他刚刚租妥的住所全部安置下来，在公余时间里参加筹建中学的工作。经过两个来月的准备，贵州清华中学招考了高、初中两班学生，于1938年的"五一"正式开学。暑假后再招高、初中各一班，共计四个班。周氏又以校舍不合理想，适值政府令将所有学校一律迁出市区，多方设法另觅校址，终于在贵阳市郊风景优美的花溪购得建校基地。他随即一面募款，一面动工兴建校舍，完备规章制度，加强师资阵容，购置教学设备，坚持当年清华学堂的办学方针，把清中创建成为一所在全省中学中允称上乘的学校。学校很快办出成绩，声名远扬，招来了不少远道而来的学生。新中国成立后，这所学校由人民政府接办，改名为花溪中学，仍然是贵州省基础较好的中等学校之一。

周氏在贵州任职期间，每逢假日必来花溪，依20年前他在北京时的惯例，对全校学生围绕德育体育两个中心恳切训话。在这九年中，周氏对教育事业的抱负又一次得以实现，心情为之一畅。

周氏兼任贵州财政厅长时，于整理田赋有所贡献。由财政厅长本职兼任的有贵州企业公司常委、贵州银行董事长等职。是时英国一个叫作"公谊救护团"（Friends Ambulance Unir）的民间反战集团来华，自备载重汽车施放它劝募而来的医药器材，需要中国方面组织一个有中国人参加的团体作为接收单位。当事者把这事委诸周氏。他召集了旅居川黔的社会人士发起组织中国国际救济委员会（IRC）在贵阳设立机构承办其事。开办不久，这个会迁至重庆办公。抗战胜利后，它又"复员"到上海。全国解放后，这个会由中国人民救济总会接收。

1945年吴鼎昌调任"国民政府"文官长，聘周氏为咨议，移居重庆。是年8月，日本投降，行政院长宋子文邀周氏同到北平，时周氏住房已折价偿债。农林部接收敌产的徐廷湖以一所日人住宅提供周氏无偿使用，周氏婉言谢之，宁愿向友人孙锡三借一室与秘书徐辅治同屋而居。不久国民党政府还都南京，周氏借住在程姓的一所房子里。程以其久居不迁，将房卖给一个美国人。美领事限期令迁，周氏一时颇感受窘。

周氏从1918年初抱恨含冤离开清华以来，做了不少有益于人民的工作。他绝口不谈政治。在北京住的一段时间里，幸有各种社会公益活动，稍稍寄托他的精神。吴鼎昌标榜要请师友之间的人物佐其施政，因而邀他做官。周氏在做官的这一段时间里幸有清华中学使他得到慰藉。周氏曾在教会学堂读中学，据说是一个基督徒。但他向不进教堂礼拜，更不向人传教或谈宗教问题。他学有专长，经验丰富，但很少作公开演讲或在报刊发表论文（向学生讲话及在参加各种会议时发表意见除外），亦无著述问世。他每日于各处奔走，尽其心力之余，沽酒自娱，借以浇愁。友朋们亦不时享以杯中物，彼此心照不宣，尽欢而散，数十年如一日。其心情之抑郁，知之者无不同情。

周氏对国民党反动派既幼稚又恶毒的反共宣传，半信半疑。1948年三大战役胜利在望，南京政府濒于崩溃，周氏至此，考虑至再，认为南京已无可指望，台北更不用说，决定脱离国民党政府，但他对中国共产党又心存疑惧，不得不忍痛离开他热爱的祖国大陆。他在上海购得美轮戈登将军号三等舱船票，于1948年初冬携眷到达香港。次年人民解放军在群众吹呼声中先后进驻北平。10月1日毛主席在天安门城楼宣告中华人民共和国成立。开国大典新闻及人民政府种种变更措施不断传到香港。周氏在热切的关注中，再次燃起爱国热情，毅然要求返回大陆。1950年党派人迎接他回到北京，住在他第三个儿子周华康医师家里。"老校长"自问对党领导的革命事业及人民政府的种种措施，实在知之太少，急切需要认真补课，在一个很长的时间里，他对往访晋谒的年轻一辈人，一变以往的逢人说教、求全责备的作风，虚心下问，很少提出自己的意见。

对于党的各项措施，他由衷钦佩。1956年有人自香港回国访问他，在晤谈中，他说新中国的成就，据他原来估计需要100年才能做到。正如毛主席指出的，一切发展得这样快，以至很多人感到突然，要求重新学习。周氏的变化体现了这种善良的要求。领导方面于1956年安排他为全国政协特邀委员。这位清华大学的倡建者、奠基者、老校长终于回到人民中来。1958 年 8 月周诒春老校长在上海病逝，终年 74 岁。

（本文承孙锡三、唐宝心、徐辅治、宋士英等同志提供资料，笔者谨此致谢。）

1982 年

（原载《文史资料选辑》第 97 辑）

记著名音乐教育家萧友梅

萧淑娴

中西结合复兴中国音乐

我的叔父萧友梅，原名思鹤，又字雪朋，广东香山县（今中山县）人，祖居石岐镇。他生于1884年1月7日萧氏老宅中，在童年时，即随家迁居澳门。

先祖居澳门时，曾和孙中山先生为邻，当时中山先生在澳门行医，与先祖是小同乡，有过往来。父叔辈在少年时代甚受中山先生的革命维新思想感染，先父杞枞赴港求学，以后学西医。但叔父友梅自幼受邻近葡萄牙牧师家中的宗教音乐熏陶，感受甚深，从此萌发爱好音乐的根。他在自传中曾说："自幼从父读书，在澳门居住十年，时闻邻近葡萄牙人奏乐，羡慕不置，然未有机会学习也。"在澳门居住时，除从祖父习古文学之外，在灌根草堂，还曾

萧友梅

从陈子褒先生学习英、日文。一年后（1900年），赴广州入时敏
学堂，受新式教育，翌年（1901年），自费赴日留学。八年后叔
父又取得公费赴德留学的机会。

南京临时大总统秘书处前的合影。第一排自左至右为萧友梅、唐绍仪、
孙中山、胡汉民、冯自由。

友梅叔父在日本和在德国的十余年学习，使他在音乐、教
育、哲学等方面，有了深厚渊博的知识，他通晓日、德、英、
法、意各国文字，对于中国音乐千余年来发展缓慢的原因做了探
索，并对西方音乐之所以发展较快，进行了研究，从而得出坚定
的信念——要使中国现代音乐得到发扬光大，首先必须立足于办
好音乐教育。为此必须建立音乐教育机构，培养合格音乐人才，
要注意师范教育与专业知识教育并重。有了音乐人才，音乐这门
艺术才能得到发展。其次，他觉得应当建立国民音乐会，组织演

奏音乐的乐团,这不仅是给人民一种高尚的精神娱乐,还促进音乐的普及,引起人民对美的重视与爱好,同时借以介绍、欣赏世界各国的音乐,联络人类各民族感情,促进学习音乐者、演奏者、创作者、研究者,以欣赏学习研究别国的音乐艺术文化,借鉴西方,以取人之长,补己之短,来促进中国新音乐的发展与进步。他的关于音乐教育和发展的设想是和"五四"新文化运动的领导人物之一的蔡元培先生提倡"以美育代宗教"的主张共鸣的。为此,蔡先生对他的理想是极力支持的。

1920年3月,他从海外返国到北京述职。曾在临时政府里共过事的蔡元培先生这时任北京大学校长,他器重友梅叔父的为人与才能,叔父对蔡先生的"以美育代宗教"的主张,认为对教育民众有积极的意义,因而极力赞同。叔父当时先在教育部任编审员,兼任高等师范学校附设实验小学主任,并应蔡先生的邀请,

1920年3月,萧友梅(右一)归国时在"南京"轮上。

以后又在北京大学的"音乐研究会"任讲师。开设了"和声学"课，听说当时听讲的学生竟达千人。1920年9月，他与瑞士留学回国的杨仲子先生，共同在北京女子高等师范学校创设音乐体育专修科，他担任主任之职。在师范教育学校里建立音乐、体育专科，这在我国还是首创，这也是响应蔡氏提倡的四育中的美育、体育的实践。1921年终因音、体两门专业性质不同，不宜于合为一科，就分为两科，叔父仍任音乐专修科主任。他还担任"乐理""音乐史"两门课的教师及唱歌指挥，直到1924年该科合并于国立女子大学，1925年国立艺术专门学校设音乐科。1921年还和赵元任先生等人组织"乐友社"。在这一年，他用E大调写的《卿云歌》被当时政府颁布为国歌。1922年北京大学音乐研究会改为北京大学附设音乐传习所，并建立了我国第一个管弦乐队，由蔡元培先生兼任厅长，叔父担任教务主任。

叔父领导的北大音乐传习所的管弦乐团，前身是清末民初海关税务局的管弦乐队，原是为一些在中国供职的外国人在休息日奏乐供消遣之用的，曾经接受过从国外聘请来的乐器教师，指导他们学习西方乐器，具有一定的音乐修养和演奏水平。虽然他们全队人员加上指挥才17人（队员中有：小提琴、中提琴、大提琴、若干木管、钢管乐器），然而从1922年12月成立，到1927年5月，将近五年期间，共开过音乐会40余次，演奏了西欧著名作曲家如海顿、莫扎特、贝多芬、舒伯特等人的部分交响乐曲，给北京群众介绍了西方的音乐艺术，特别是这是第一次由中国乐师演奏，第一次由中国人指挥，这在当时是很受欢迎的。记得哈尔滨乐队指挥杰什科维赤（Geschkowitsch）俄歌剧团乐队指挥，来京听了这个小管弦乐队的演出，认为有发展前途，愿意前来协助演出些俄国作家的作品。友梅叔父向当时北京市政府请求拨款资助北大音乐传习所扩充乐队组合的计划时，却遇到种种挫折，由于得不到经费，只好作罢。

1920—1927 年在北京阶段，可以说是友梅叔父一生中精力最旺盛，教学、创作、编书、写讲义、发表论文最繁忙的年代。他除了担任三处音乐学科的教务工作之外，还亲自主讲"乐理""和声学""音乐史""作曲"等课，而且每周还要安排给乐队队员指挥乐曲排练，以及编写讲义，创作为教学应用的新歌曲，为各书报、杂志、刊物写文章、谈感想、提意见等活动。面对这些头绪纷繁的工作，他都安排的井然有序，以惊人的毅力去完成他的工作。

为了能适应繁重的工作，友梅叔父加强了体力锻炼，还通过体育界人士的介绍，请了一位过去曾在清皇宫御林军做过武术教练的张师傅到家。叔父学习打太极掌及舞剑，要求我的姑姑们及各侄女们学习武术，他铸了一对钢剑（一把的柄上镌上友梅，一把的柄上署淑娴，两剑加起来有五斤重）。

在这三处的音乐科中担任教学的教师们，有杨仲子、俄人嘉祉（教钢琴）、刘天华（江南著名琵琶大师，教琵琶及二胡），声乐有赵丽莲及俄人霍尔瓦特夫人、易韦斋、金国宝（讲授词章诗歌写作）等先生。个别的乐队队员有教授小提琴者。当时，每学期都要举行一两次音乐会，演出的节目，中西乐曲都有。记得当时女子大学音乐学系学生演奏的琵琶大合奏，16 位女生合奏《梅花三弄》以及其他的民间乐器合奏曲、钢琴独奏曲等节目，博得观众热烈的欢迎。我们这时演唱的歌曲，主要是由易韦斋先生写的新体歌词，友梅叔父谱写歌调及钢琴伴奏，他们合作写了约百首歌曲。有《卿云歌》（根据章太炎提议，采用《尚书大传》中古诗谱曲，于 1921 年 7 月 1 日被北洋政府审定作为"国歌"数年）、《华夏歌》（章太炎词）、《民本歌》（范静生词）、《五四纪念爱国歌》（赵国钧词）等爱国歌曲，有和易韦斋先生合作的是响应蔡元培先生的"德、智、体、美"四育主张的，如：《祝音乐教育中兴》《女子体育》《美育》等；有反映学校生活的，如：《植树节》《农计》等；抒情的歌曲有：《问》《听》《南飞之雁语》《落叶》《新雪》等。在女子大学的音乐科，学生们还曾演出过一个用英文半说话半唱歌的小歌剧《五月花后》。记得在当时北京真光电影院演出时，赵丽莲先生任导演，霍尔瓦特夫人负责教独唱、重唱，友梅叔父则担任舞台监督。这个小歌剧的演出，颇得社会的好评。

我还记得在1924年，画家司徒乔为友梅叔父画了一张巨幅半身油画像，身后有影影绰绰的一位古装吹笙女子（由我妹淑庄饰），这幅画像过去曾在他书室中悬挂着，以后竟不知失落在何处了。司徒乔这时介绍给叔父一位由广东来京学音乐的，以后成为我国伟大的革命音乐家冼星海。冼星海表达了他强烈的学习音乐的志愿，他说过："贝多芬的母亲曾经为贵族做厨娘，我母亲为人做洗衣妇，我将立志如同贝多芬那样在音乐上作出贡献。"叔父曾对我们说，这位同学志愿甚宏，但望他能达到。冼星海入艺专音乐科，叔父尽力协助他，并安排他在学校做些抄谱工作，还给他介绍到北京图书馆做些工作，得些收入作为生活的补助。

创办音乐学院

当时，北方军阀当权，他们不重视艺术教育，饬令停办了叔父惨淡经营、用心血浇灌的音乐教育之苗。在这种形势下，幸而得到当时在南京任大学院院长的蔡元培先生的支持，在上海终于创立了中国第一所音乐学院，蔡先生兼任院长，友梅叔父担任教务主任。我国音乐教育事业第一次有了独立于其他科系的专门学习音乐的机构，为我国音乐教育史写下了新的一页。这所音乐学院 60 多年来，为我国培养了一批优秀的音乐人才，而且在国际上也是有名的音乐教育高等学府。

在上海创办的这所音乐学院，虽然规模很小，建院开办费只有 2600 元，开学时的学生只有 23 人，但在纷乱动荡的局势中竟能成立一所音乐学院，而且教职员工资及校舍房租、学校设备等费用都包括在内，当时艰难的创业是可想而知的。然而他不嫌开始时学生人数少，在开学典礼上，他鼓励大家说："伦敦皇家音乐院 1823 年成立时，只有 20 个学生，80 年后增加到 500 人以上。大家共同努力，10 年后就可以有 500 个同学了……这是对音乐院的唯一希望。"由此可见，友梅叔对音乐教育事业的前途，充满着信心和寄予的希望。因为他曾经设想每年可招收 50 名学生，这样对于全国的音乐发展就可以起更大的影响了。

1929 年暑假前，忽然在音乐院发生了一起风潮，事情本来是并不难于处理的学生在暑假期中住宿问题，但是出于有人煽动，迫使友梅叔辞职，音乐院也因此而停办。在这期间，他积劳成疾，就去莫干山养病了，从来不擅长于写诗的叔父，写了十余首述怀的诗。下录两首，以见其志：

莫干山歌（之二）

我爱莫干山之泉，又爱莫干山之云，

泉水清且洌，可以清吾血；

云海大而深，可以警吾心；

吁嗟夫！此途渺难测，

亦如莫干山之泉与云，

处世无警惕，不如归隐于山林！

没过多久，他又写了另一首诗：

述　怀（之四）

我为音乐心力尽，中途宁可一牺牲！

他日未必无时会，愿随诸公再力争。

读这些诗，可见他心中的矛盾是多么深！因为这时他听说教育部有改音乐院为音乐专科学校之议，要聘他主持校务，他还写信给友人谢济生，嘱其请教育部勿发聘书给他，因为他不想再当校长了。然而他不甘心呕心沥血竭力培育的中国音乐教育事业的幼芽受到摧残，为了发展中国教育事业，他又接受了教育部的任命，担任上海音乐专科学校校长之职。从名称上看专科比大学低了一级，但是改组后的音专，并不因名义而降低了水平。这时（1930年），黄自先生自美留学归国，叔父聘他为学校的教务主任，他们和全校师生共同努力，使得音专的音乐艺术教育得以向更高水平发展，他取消了在莫干山时归隐的念头，又以洋溢的热情，积极地投身于校务工作了。

不幸的是，变幻莫测的局势，总要深深地影响音乐事业的发展，音乐教育亦不例外。经历了"辛亥革命""五四运动"、"北伐战争"，曾在日本留学过八年的友梅叔又看到日军铁蹄侵占东北三省，看到"八一三"日军的炮火轰击上海，他从艰难中建筑起来的上海音专新校舍也被毁坏了，从此音专开始了在上海租界里几次搬迁校舍的生活。在这艰苦异常的情况下，他维护着这朵音乐教育之花，在租界里差不多每年都要搬迁一次，而每次搬迁他都要精心细致地维护着音专的音乐书籍、乐器以及各种物资设备……即使这些重重困难，都没有动摇他办音乐教育的信念和毅力，也没有影响教学质量。在战局严重恶化下，为了保持音专实力，一部分师生随国民党政府撤退到重庆，在重庆青木关建校，而他和黄自教务主任仍留在上海。为了让那些不能离沪的师生继续音乐的学习和教学，为了催索音专的经费，他于1938年春，去汉口找国民政府代表，结果一无所获，又南下经广州到了香港，满以为在香港可以筹到一些经费，然而经过半年的奔走，终于毫无所得。在他到处奔走筹款期间，获悉黄自先生因患大肠炎逝世的噩耗，使他受到沉重的打击，痛惜失去一位杰出的音乐作曲家、好教授、得力的良友和助手。从港返沪后，因音专经费没有着落，迫使他不得不悬挂"私立音乐专科学校"的校牌，借以维护这棵备受摧残的音乐教育之花。

友梅叔体质素弱，音专的不幸遭遇，给他精神上以沉重打击，在日本占领下，物价猛涨，而经费又毫无来源，贫苦匮缺的生活，使他体质愈加衰弱，终于在1940年12月31日，因感染回归热病，转为肾结核，在上海体仁医院故去。他身后萧条，无款筹备丧事，治丧费用只好由上海音专全体师生员工的捐赠，葬于上海虹桥公墓。时年56岁。

勇于任事、有恒不懈、严正不阿

我所熟悉的友梅叔父是和他去上海之后的形象很不相同的。在我就学北京时，和他在一起生活了七年，他给我的第一个印象是"勤"和"恒"。这七年间，是他一生中工作、著书创作、教学、排练乐队最忙碌的阶段。他奔走于北大音乐传习所、女子高等师范学校和北京艺术专门学校之间，除了执行教务主任行政工作之外，他都亲临教学第一线，他教授"乐理""和声学""音乐史""曲式"等课，他编写讲义、著书、创作唱歌课上的歌曲，并且指挥学生唱歌课，加上和音乐传习所附设的小管弦乐队排练西欧作曲家名著，当时北京市内交通只有行程很短的有轨电车及黄包车作为交通工具，他的教课、写作、排练以及事务工作是很繁重的，然而叔父以他惊人的毅力一一克服了，而且每天要挤出时间去练习钢琴、舞剑和打太极拳，他的"有恒"的习惯，也是惊人的。他的诲人不倦，勇于任重和坚强的毅力，都给我们深刻的印象。这时，他和易韦斋先生合作，写的新歌，常常让家中女青少年给他试唱，他亲自弹钢琴伴奏，在这个阶段，我们家里终日是琴声不断、歌声飘扬的。

还有他的"勇于任事"和"严正不阿"也是出众的，在北京教学、工作阶段，他亲自担任三处的教学、行政、写作及乐队排练等任务，若没有勇于任事、有恒不懈的精神是难以胜任的。何况他的体质先天不足，听先父说过，叔父是不足月出生的，先祖母在他襁褓中弃养，后来先祖父又续娶，他得到继祖母的细心护理，因此，叔父对继祖母一向是感恩的。但他并不因感恩而放弃原则，记得在北京当我还在中学学习时，一次，我的姑姑们陪继祖母玩麻将牌，噼噼啪啪的声音传到隔院。继祖母知道叔父一贯反对打牌，往往是在叔父在外工作时玩玩牌，不意这次竟被他提前回家隔院听到打牌声。开始他还以为是邻户的牌声，后来知道是姑姑们陪继祖母在玩牌，他大怒，走进房中，双手捧着一大把麻将牌，抛进熊熊燃烧着的火炉内，大声申斥说："音乐家的家庭，只能听到音乐的声音，岂可以听到打牌的声音！我现在把牌烧了，看你们还打不打！"他一向尊敬继祖母如同生母，这次他不因感情面对家庭放弃原则。

凡是和叔父共过事，或跟他学习过的人，都公认他为人正直严肃、谨慎多思、公私分明、不徇私情，因而敬佩他。他爱护学生如子侄，对青年学生经济上有困难的，总是千方百计，设法帮助他们寻些抄谱等工作或亲自资助，对离家路远，寒暑假回不了家的学生，更是关怀备至，有时留住在家里。

他是很喜欢社交的，他带来留学德国时学术艺术界的风尚，如在星期六或星期天下午，邀请北大、清华大学、女子大学的教授们到家里茶叙，有时和朋友们、学校同事和学生们一起度过一个愉快的茶会，借以舒缓一周来紧张的工作和学习。这种和学生们、朋友们一起茶叙联欢是第一次世界大战前在德国很流行的风尚。在这阶段，我们有机会见到的叔父的朋友，如：李四光、谭熙鸿、任鸿隽、陈衡哲、赵元任、李步伟、丁燮林、陈西滢、王世杰、周鲠生、张奚若、杨景仁、钱端升等，当然还有上面提到的三处的老师们、同学们，以及偶尔到京的过去他在日本、德国留学时和在临时总统府工作时的同学、朋友们。

在友梅叔父的琴室中，三角钢琴靠着的墙面上，正中间挂着贝多芬像，下面是肖邦像，右面是孙中山先生赠给他的作为临时总统府工作过的纪念相片，左面是先祖父像，对着钢琴那面墙上是巨幅的巴赫像。这些像都是他崇敬的人物。相片两侧挂着一副对联，上联是："岂能尽如人意"，下联是："但求无愧我心"。这副对联表达了他做人的态度。

1982 年

（原载《文史资料选辑》第 152 辑）

记谢无量先生

王云凡 [①]

  谢无量为四川省乐至县籍，生长西蜀，在安徽之芜湖长期居住，与马一浮少小同学，齐名当世。两氏交情至厚，亲若弟兄。晚岁各居一方，而信使长通不绝。两家弟子，多相联系，师马者兼师谢，师谢者亦多师马。门人弟子至有年长于两先生者。民国以后讲学之盛，两氏与章太炎先生殆成鼎足。

  清末四川著名学者、名山县人吴芝英，以老名宿雅重谢无量，时有文字相问难，称重一时。吴芝英书法学北碑，负盛名于当时，长篇短札，主动书赠谢氏者为多。浙江沈曾植，亦雅爱谢氏才华，亲书多幅以赠之。然谢氏书法，初不受当时名家影响，独创一格，行云流水，不可端倪。为人谦自抑，有求必应。在上海寓居时，他曾半日间为笔者亲书五尺七言对联五十副，均系临时集唐人诗句，捷才至不可及。当时蒋介石正发动内战，开始其所谓第五次"围剿"，骚乱于华中区。先生痛恨至切，即书联赠笔者云："沧海横流何日定？古人复起欲谁归！"其谴责南京政府者深矣。

  谢氏年甫二十，已有盛名，为四川存古学堂监督。存古学堂即早年王壬秋（闿运）所主尊经书院所改也。其受业弟子多老

[①] 作者王云凡是谢无量老友。

大，每称谢氏为"小老师"。谢氏和易近人，循循善诱。师生之间，恒若弟兄，故人乐与之处。

先生治学，无所不窥，博闻强记，不立宗派；擅长诗词，多有新意，即古文骈散各体，亦无一不精。每一脱稿，人争传写。笔者箧中尝保存其50年前《泊舟巫山神女庙》五言长律一首，其自注年月为"己酉冬暮"，虽系先生盛年之作，已具六朝人风味矣。

谢氏有名著作，以三部为最有影响。因其离川至上海后，即应中华书局之聘，为古典文学总编辑，写出了《诗学入门》，及《词学指南》。此两种为普及读物。当民国初年，学诗词者，多奉为准绳，一卷在手，无师自通。既而又写出了《中国大文学史》一部，创见甚多，为我国最早一部文学史。鲁迅先生于《中国小说史略》中屡尝称引之。

谢无量在书房

论诗主张打破"三元关"，即宋之"元祐"，唐之"元和"，更上溯到"开元"时代。谓此三个关口，不易打破，对传统诗人来说，是有莫大障碍。虽然这三个时代出了很多代表作家，而后来学者，互相标榜，甲彼乙此，各执己见。如明清两代诗人，就为这个"三元关"所限制，往往不能突破前古。特别是晚清同治、光绪以来的诗风，就对于元祐体的宋诗很崇奉，而尤重视江西诗派。诗人争相模仿，成了风靡一时的"同光体"。谢氏主张打破"三元关"、正为针砭此弊而设，于旧体诗为一大解放。至于《中国大文学史》的全部论著，因谢氏为时代所局限，于立场观点上，尚保留其个人见解，惟其资料不少，继起作者，亦多引为蓝本。

以精研梵文经典著名之"万慧法师"，乃无量先生之胞弟也。先生尝与弟论"禅宗"，畅晰其理。若"净土""般若""唯识"诸佛家宗派名学，先生均有超悟。性不喜"密宗"，绝口不言。人问之，先生谢曰："我素无研究。"

又好为道家言，全部《道藏》，卷册浩繁，先生一览无遗。故其诗词中，又颇引申道家之旨，气妙没虚，颇类太白。虽释道两说，什九颓废，然谢氏以清辞丽句润色之，多化衰飒为妍妙，所谓变腐朽为神奇者。故其诗词，每有独到之处，称美于当世，方外诸家，俱尊重之。尝与笔者论及《黄庭经》，谓王羲之小楷精妙之至，而《黄庭经》著得太坏，不能称右军之书。笔者云："黄庭经为女道士笔，故当谅之。然如东坡子由弟兄，及元之赵松雪辈，均尝仿效黄庭经体作诗歌，俱飘逸有致，似亦不能贬之太过。"先生大为同意，其不固执成见类如此。

在政治立场上，先生同情于辛亥革命，故与杨庶堪、熊克武、谢持及各同盟会人，均甚为相得。及其获见孙中山也，孙公特优礼于谢氏，以其为青年知名学者，可以在党外掩护革命党人，至命孙科跟随谢氏，名义上为学诗文，实则可以减少外人注意，借此掩护其身份。故谢氏终身不加入同盟会与国民党，为当时著名之"超然派"。

南京政府成立后，监察院长于右任因与谢氏有旧，遂出任"监察委员"。但谢氏长住上海之"一品香饭店"，耗费至大，因而举债累累，又以卖文字润笔收入补充之。性喜挥霍、嗜爱赌博，囊充辄赴赌场，必输尽而后返。有曾参加一·二八上海之役军官某，相遇于赌场，谢氏大负，囊空如洗。某军官假之500元，又一掷而罄焉。谢氏笑语军官曰："借款明日奉还。"某军官系久慕谢氏者，因请曰："先生不必还，送一首诗好了。"谢氏立即口占一首赠之。其结句云："健儿海上夸身手，何止田横五百人。"用事双关，某军官遂大喜而去。

马一浮氏素闻老友之生活状况，虑其以赌负累，因作诗规劝之。谢氏笑曰："今日世界，谁非赌也，偶作游戏，庸何伤？"终不能改。

先生尝语笔者："人生到处皆是学问，随时随地，均可求学。"可见谢氏之志。偶于上海冷摊中得旧拓《戏鱼堂法帖》一部，

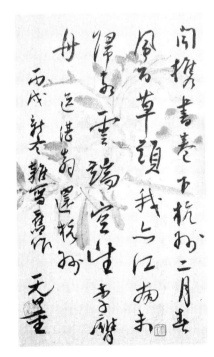

谢无量书法

我认为有伪补本。谢氏又立趋车赴静安别墅于氏"鸳鸯七志斋"假得古拓一部，相与对勘，乐而忘食。

蒋介石反动统治20余年，经济崩溃。先生与全国人民一样，濒陷于水深火热之中，又加多病，长期不能治疗，于物质生活上，遂大为委顿。

抗日战争期间，先生在港澳讲学，战祸迫近，始辗转取道广西，经衡阳返回四川。时日寇已有侵犯西南之举，先生心焉忧之，成《望岳》诗云：

> 湘波潊色照传烽，南国烟沉一望中。
> 朱夏岳雷摧禹篆，小戎天驷发秦风。
> 贾生感物新成赋，墨翟婴城未寝攻。
> 仙篆九疑无定格，真灵位业本人功。

诗中隐事，均有所指。盖国民党顽固派几次酝酿秘密投降，为爱国人士所唾弃，故结句以"仙篆九疑无定格"斥之。又于诗题下自注云："时衡阳未陷。"诗成未几，已弃衡阳不守矣。

以寇机轰炸频仍，谢氏曾赴雅安居住，并受刘文辉礼遇甚隆。后又至乐山之乌尤寺与马一浮相遇，折返成都，养鱼于北郊。

抗战胜利后，纸币贬值甚巨，物价腾涨，人民生活愈困。先生卖文字所得，至不能糊其口。是年，蒋介石大庆寿辰，示意其空军负责人周至柔，就近在成都请谢氏为作寿文。先生唯唯否否漫应之。周至柔乃先敬致润笔之费三亿元。其价之昂，高于任何文稿之上。先生正饥渴中，遂将其办黄埔军校、北伐之役，及抗日战争三事汇列成文。寿文抄示后，蒋大喜。周至柔因见蒋甚重此文，又系蒋亲自示意，至于礼请何人誊写，又非得蒋介石命令不可；苟拂蒋意，周且获罪，只好再行请示。蒋云："谢先生是大写家，就请他本人写。"周至柔请见谢氏，致蒋介石意。先生以不能作楷书为辞。周又敬献两亿元，作写寿屏润笔，谢氏始为书之。自获此项卖文字稿费，除还债外，尚可小阜。先生曾自我解嘲，笑语笔者曰："他是出钱买寿文，我是出门不认。大家都在做生意，商场上往来，照例如此。"

新中国成立后，谢氏尝为四川省博物馆馆长，以其爱好古文物，而旧作风不改，公私不分，至将博物馆所收之书画，带回家中悬挂，将旧瓷器携回作陈设，将大砚池带几方回家常用之。于"三反"运动中，不能自认错误，又不明政府的政策方针，大与时代相隔绝，遂卷入运动高潮中，幸蒙政府宽大处理，不然几殆矣。

政协全国委员会开幕，谢氏为特邀委员。赴京后，毛主席礼遇至厚。他与主席合影在画报刊布后，举世崇仰，叹为不世之荣。其由北京回川后，曾与人云："平生得到两大领袖的礼貌优遇，早年得见孙中山先生，晚年又能亲与毛主席在一起，觉得自己很幸运！"又云："毛主席问我诗学的是哪一家？写字学的谁人？我一时答对不出来。今后真该要好好地专学一家了。"

由成都迁居北京之后，谢氏治学益勤。早岁能识德文，入京后理温旧业，又兼习俄文。何鲁曾函告笔者曰："谢老习俄文，大有进步，已能看原版书报矣。"此种治学精神，老而弥笃，犹使我辈赞佩不已！

其离川赴京之日，有留别蜀中友人诗云：

> 杯酒从容惬素襟，还乡不觉二毛侵。
>
> 余生尚有观周日，远别难为去鲁心。
>
> 邛竹一枝扶蹇步，秋光千里送微吟。
>
> 山川草木怀新意，他日重逢感倍深！

诗中充满了对新国家、共产党和人民政府的热爱。及其入京定居之后，旧疾复发，每感腰痛。住院医疗年余，初闻先生口不能言，长期委顿，竟不治而死。

先生著述甚多，行笔敏捷，不择纸笔，多用墨汁。故其书多有，几遍于全国。啬庵为谢氏斋名，晚岁又自署为"啬翁"。与人作书，则直题姓名。后又去其姓，只写"无量"二字。自云："少写一字，可以节省时间，并无他意。"原有名号图章多方，皆一时有名印人吴昌硕以次刻赠之者。然其字片上绝不用之，亦减应酬之繁也。有求书者，面请其加盖图章。谢氏笑曰："当面见我亲手所书，可以放心是真迹了。有图章者反成为假托。如定要盖章，外人认为伪作，我更是出门不认了。"故谢氏之书，无论书与何人，皆不加盖图章，成为习惯。

其书如老树枯藤，自然妍秀，生中有韵，得王安石无法之法。然绝不可临仿，以其行笔生涩，初无定格之故。蜀中有善为伪书者数人，曾刻意摹拟谢氏之书，求拜门墙，专心效其字体，但在行体上、笔画间之长短肥瘦，不入于过生，即流于太熟，到死无一笔相似于先生者，乃知其书法之妙也。

（原载《文史资料选辑》第 108 辑）

我所知道的丁文江

朱庭祜

一　丁文江简历

　　丁文江字在君，江苏泰兴人，早年留学英国格拉斯哥大学，习地质。辛亥革命前一年，曾到云南省东部嵩明、曲靖、霑益等县试作地质旅行，搜集古生物和地层标本，准备论文材料，是为国人做地质工作的开端。毕业后归国，初在上海南洋中学担任理化教员，1912 年民国成立，入北京政府工商部为技正，兼主地质科科长。当时政府需要培养地质人才，因鉴于清末京师大学堂办地质学系的成绩不佳，乃创设地质研究所，由工商部直接领导，丁负责筹备。1913 年夏季，该所招收中学毕业生 25 人。秋季开学，丁又往云南继续地质考察，约一年后回到北京，在地质研究所兼教古生物学及地文学。1916 年夏季，地质研究所学生将要毕业，是时工商、农林二部已合并为农商部，地质科扩大为地质调查局，由矿政司长张轶欧兼任局长，丁为会办。不久，又改组为地质调查所，丁任所长。在任约 5 年，除掌握地质调查业务，培养青年地质人员外，曾与曾世英合编一本中国地图，并对北方几处煤矿地质，做过实地考察研究，尤以对山东峄县枣庄煤矿，计划钻探，有良好成绩。1921 年北票煤矿公司在天津成立时，该矿董事会约他担任总经理，从此对地质调查所，不再做具体工作，而以翁文灏为代理所长，遇到重大问题时，二人共同商决进行。

第一次世界大战后，1919年在巴黎召开和平会议，他随同北京政府特派员梁启超前往巴黎。历时虽短，但认识了许多中外有名人物，美国威斯康辛大学地质学系主任利斯（C.K.Leith，是随威尔逊总统到和会的）亦于此时相识。在进一步联系后，利斯表示对培养中国青年地质人才，愿予帮助，丁乃介绍其学生谢家荣、朱庭祜、谭锡畴、王竹泉先后去该系进修。又在北京与美国人宾福士（Foster Bain，后为美国政府矿务局局长）取得联系，得其协助，使另一学生徐韦曼到美国芝加哥大学地质学系习古生物学。1920年前后，在北京的地质人员创立中国地质学会，丁实主持之，京内外各地的外国人对研究中国地质有兴趣的也都可参加。又曾与张君劢作学术论辩，提出科学与玄学的论战，并在报刊上发表论著，一时对南北各地的学术界，影响颇大。他又把在云南搜集的古生物标本进行研究，编成论文，送去格拉斯哥大学，因此得该校授予之博士学位。

中华文化教育基金会成立，丁亦列为委员之一。以此种种，丁的学识和工作能力，在当时回国的留学生中，有了卓越的表现，遂为北洋军阀所重视。约在1926年，被任（传闻由蒋方震推荐）为东南五省联军总司令——

少年丁文江

北洋军阀头子孙传芳直辖的淞沪商埠督办。

1927年革命军北伐，北洋军阀政府垮台，丁受到通缉，曾避往大连。后与时在北京的国民党桂系军人白崇禧联络，得白的介绍，一度到广西考察地质，希望与国民党政府发生关系，企图再起。但国民党南京政府对丁无起用之意，丁乃转赴苏联考察。归国后，不轻谈游苏观感，恐惹国民党当局之忌（作者曾以对苏联的观感问丁，他顾左右而言他）。后来听说财政部长宋子文出国时，有某国人（美或英）提了意见，谓国民党政府不能容纳像丁文江这样的人才，而让他闲散，甚为可惜。宋归国后，乃欲任丁为全国经济委员会秘书长，而那时中央研究院亦欲聘他为总干事，结果于1931年担任了后一职务。在该院时，除掌握了一般业务外，还在南京筹建了中国地质学会会址一所。

1936年顾孟余任铁道部长，以粤汉铁路沿线的煤矿亟待查明，以备开发，乃约丁赴湘南考察。到衡阳时，住车站新宿舍，因天寒，室内生了火炉，夜间中煤气。第二日早晨经人发觉后，急救得醒，乃送至长沙湘雅医院疗养，由于急救时肋膜受伤发炎，不数日去世。年仅49岁，葬于岳麓山。丁生前写有遗嘱，交北京律师林行规保管。遗嘱载明："死在哪里，葬在哪里。"故其遗体没有运回北京或原籍。

二　我与丁文江的关系

1913年夏季，我在上海制造局兵工学堂附中读书，因在二次革命时该校为炮火轰毁，乃与同班同学谢家荣、刘季辰、唐在勤报考北京工商部创设的地质研究所。到期，我因病未考，而谢、刘、唐三人均被录取，于是我要求赴北京补考。到京后就在工商部内由丁主试，试毕，他对我说："你的国文和算术程度已够，英文尚差，应在暑假期中好好补习。"这是我认识丁的开始。当时我才19岁，丁亦不过二十六七岁。我看他态度庄严，言语爽朗，于尊敬之中有畏惧之意。及秋季开学，丁去云南完成其地质考察工作，由农商部技正章鸿钊担任研究所所长。

1913年丁文江（右一）与梭尔格在河北。

1914年夏季，丁由云南回到北京，在地质研究所兼授古生物学及地文学。同学们对他的印象是：（一）记忆力相当好。对很难记忆的古生物名词，记得很熟，讲解时没有发生错误；（二）科学知识很丰富。教地文学是要分析宇宙间一切自然现象来推论地球历史如何发展的，他讲起来，左右逢源，还要讲一点天文和气象知识，以为做野外工作如测量地形及方位等方面之用。当时国内各种科学均落后，多学一些与地质工作有关的科学，是有用处的。

三　注重实地考察

到1915年春季，师生分队去北京西山一带作地质旅行，我和同学7人跟他到斋堂附近。山高路险，同学们初次锻炼，多叫起苦来，丁用种种方法，鼓励大家，每天必要达到目的地为止。如将到目的地，而时间尚早，则多绕一点山路，多看一点地质，沿途还要考问。

同年夏季，又往山东旅行，翁文灏教师亦同往。先到泰安，登泰山绝顶，沿途研究泰山变质岩系，就是地史学上所称最标准的太古界杂岩层。以后又出发到新泰、蒙阴，登徂徕山，转向大汶口。这一路多荒僻山陬，徂徕山的高度，比泰山相差不多，同学们因连日登一千四五百米的高山，甚感疲劳，膳食仅带几只馍馍。这类生活，向不习惯，加以精力不济，故爬山落在后面；独丁精力充足，迅步前进，还常唱歌或背诵诗句来鼓励同学们上前。

四　对学生要求严格

秋季开学后，更加强野外实习。因此时还没有较为精确的地形图（一般通用地图，多参考各种志书及其他杂图编制的，根本不准确），对地质调查不利，如遇重要矿产，非自测地形图不可。乃挑选少数同学，练习地形测量。有一次，我被派到京西三家店北面测地形，出发后第三日，丁和其他同学来校核，即用来填制地质图。我因初次做野外测量，虽出发前丁曾指导过用平板仪测地形的方法；但到了山区，茫无头绪，急忙中把一片山头河谷，描了一张地形图，冀可以免于斥责，不料丁到后，拿此图对照地形，认为图上表示的不准确，面色不悦，说："你在学校里已经学了一年测量，出发时又经过一番指导，为何测成这样不准确的图来？你将来想凭这样不成熟的本领出去骗人吃饭吗？"我当时满脸通红，对他说："这是我生平第一次做野外测量，一到广大的自然界中，不能把室内所学的结合起来，造成了鲁莽草率的毛病，以后当再努力练习，以求成功。"这样，才免了再责。

1916年夏季起，毕业同学均在农商部地质调查所工作，丁为所长。冬季，派谢家荣和我去湖南省调查地质矿产。我们分道到了湘东及湘中某些矿场。但因系初次作长途考察，水平又低，不能领略许多。翌年春季，我到湘南，测成耒阳地区的煤田地形地质图，编了报告，丁认为满意，予以刊印。

1917年春季，斋堂煤矿由北京政府筹备开采，农商部请瑞典人安特生担任顾问，负责调查设计。安特生认为我和王竹泉上年所测的图幅，不够详细，要求再测一万分一比例尺的地形地质图，丁乃派我和李捷前往。安特生领导我们实地工作一星期后，完全让我们去做，经过3个月时间，才告完成。回京后，我整理好平面图和剖面图，安特生十分满意。他向丁介绍后，丁不待安特生词毕，就嘱人邀我去问话，一见面就说："安顾问说你这次测的图，好得了不得，你快取来给我看。"我立刻把图送去，他和安特生讨论良久，把地形地质平面图和剖面图对照，没有什么错误，表示欢喜。安特生对他说："朱庭祜现已成为很好的地质人员了，我们国内年青地质人员

丁文江像

的工作，也不会超过他的。"这是安特生带点客气口吻的话。当时他们两人很高兴。

接着，龙烟铁矿，又要开发，农商部以安特生对铁矿的调查和设计，有些经验，仍请他主持。他提出要我做助手，得到丁的同意，另派谭锡畴一同参加，还坚嘱我们要跟安特生好好学习，不能因生活习惯上有所不同，或在工作中有些麻烦，就发生别扭。

3年后，我感到自己虽在实际工作中有些心得，但终觉得理论水平不够，因此，就提了出国进修的意见。丁以我已有了些微劳绩，允予赴美留学。由农商部地质调查所与龙烟铁矿公司各任一部分费用。当时农商部财源枯竭，掌握财务的大员对丁说："部里正在闹穷，何必还派人去留学？"丁作色答道："我们江南人有句俗语，'包脚布可以进当，书不可不读'。"人多笑他迂阔。丁平生做事，与人接触，有争执时，语调直爽，有人说他是直道而行的。

当年地质研究所毕业的同学们在地质调查所开始工作时，待遇低于一般大专毕业（最高约每月45元，低的25元），仅够起码的生活费用，年龄渐长，欲娶妻成家，是有困难的。丁尝谓：做地质工作的人，最好不要娶妻，以免家室之累。否则，也应迟婚；婚后以不生孩子为最好，即生孩子，愈少愈好（丁本人没有儿女），同学们闻之，觉得不好接受。我有一次问丁："我们要做野外工作，有了家眷，当然麻烦。所得工资又少，要想安家，更为困难。我们不如组织一处公共宿舍，互相合作照顾生活，设一个食堂，大家到食堂吃饭，可以减省餐事工作，你看如何？"丁摇首答我曰："这是异想天开。各人的性情习惯不同，哪能合作得起来。仅膳食一端，就不允许这样做，其他更不必说。"他认为中国社会有几千年的传统生活习惯，要提倡集体生活等是不可想象的。

1919年冬季，我出国了。在美国留学约一年后，农商部不能按月寄到经费（60元美金），龙烟公司已停工，每月美金30元，完全停止。我节衣缩食，又维持了半年。暑期内去工厂里做杂工，得点津贴。后在米乃苏太大学请准了每年250元的奖学金，就转该校继续求学。不到一年，农商部所给留学费，积欠达10个月。我因费用不够，屡次写信，请丁追索，他认为我不体谅他的困难，通知正在哥伦比亚大学地质系求学的叶良辅同学，声明与我脱离师生关系，不再给我回信了。

1921年冬季，我接到地质调查所汇来的回国旅费，回到北京，在地质调查所照旧时一样工作。这时丁已任北票煤矿公司总经理。会见时，我不得不先承认自己有急躁情绪，信中触犯了他，表示歉意。他说："我们既往不咎，以后还须努力做好工作。"适浙江实业厅要成立地质调查机构，他与翁文灏代所长商定后，派我前去，使我可以得到省方的补助。

1922年7月17日，地质调查所图书馆和陈列馆举行开幕典礼合影。第二排左五坐者为丁文江。

从此时起直到广东革命军北伐全国统一为止，在相当长的一段时期里，我们几个地质工作者与学校教师和部分机关人员一样，受北洋军阀混战局面的影响，生活不得安定。我在浙江一年，因齐卢战事关系，经费不可靠，又不能继续，乃由地质调查所联系到云南去。当时，丁与翁为应付这样混乱的局面，维持地质业务的进行，确费苦心。

1928年，我在两广地质调查所和中山大学地质学系工作，这时丁得到白崇禧的介绍，去广西调查矿产，经过广州时，找我一谈，他看我甚忙，曾对我说："多做些工作是好事，你现值年壮力强，正好做事的时候。"似对我在广东革命政府领导下工作，微露欣羡之意。因他自上海淞沪商埠督办下台后，尚无适当地位，不免愤慨。以后我和丁接触的机会很少，约到1935年后，丁在南京中央研究院担任总干事时，才又会面。其时丁发起由中国地质学会会员们捐资建立中国地质学会会址（忆在南京鸡鸣山西侧），得到多数会员的赞同，我时在南京中央大学（南京大学）地质学系任教，与该系教师数人酌量捐献，以佐其成。

丁死之后，曾由中国地质学会部分会员，写了许多科学论文，印成巨册，以纪念他为中国地质科学奠基人之一的功绩。

我从1913年投考北京工商部地质研究所时与丁认识，做他的学生；1916年后，在农商部地质调查所工作，又受他的领导多年。1925年他去云南以后，接触机会渐少，故所了解的只是在学生时代和受他领导时期及以后偶尔接触中与他相处的一些情况。唯相隔四五十年，记忆难免有错误或遗漏，希当年的同学和同事们能予以纠正和补充。

（原载《文史资料选辑》第80辑）

钱玄同的复古与反复古

周作人

现在我自己拿起笔来，写关于钱玄同的文章，这是我所觉得很是喜欢，却也是十分为难的事。这个为难也已经感觉有 20 多年了，自从民国己卯年（1939）玄同去世以后，我就想来写一篇文章纪念他，因为自己觉得对于他相当有点认识，或者至少不会像别人的误解，所以比较的适宜。但是每回摊纸执笔，沉吟一回，又复中止，觉得无从下笔。主要的原因是我认识玄同很久，从光绪戊申年（1908）年在东京民报社相见以来，到他去世，那时已是 32 年，这其间的事情实在太多了，要挑选一点来讲，实在困难，要写只好写长编，想到就写，将来再整理，但这是长期的工作，就是到现在也还没有这工夫来做。可是尽拖下去也不是个办法，于今决心来写这篇文章，便想到了一个简便的办法，将他的一生约略照着他改换名字的时期，分为几个段落，简单地记下他的言行来，因

钱玄同

为这是表明他思想变换的一个转折。这个办法或者不很适宜也未可知。但是我只有照这来写，因为此外实在是没有办法了。

钱玄同生于清光绪十三年丁亥年（1887），初名师黄，字德潜，是他父亲振常（字笪仙）的第二个儿子。因为他是庶出的，所以他的年纪较他的长兄念劬（恂）要差一大段，乃是和他的侄儿稻孙同岁，不过月份在前罢了。关于他的身世不大听见他说起过，只记得说是他母亲是四川人，所以从小能吃辣火。钱振常和他哥哥振伦（号楞仙）都很有名，曾经当过京官部曹，据说同他上官意见不合，乃辞职归乡，半生当书院的山长过日子。钱玄同为什么名叫师黄，意思不能知道了。据稻孙的推测，说是或者大约是师黄梨洲吧，至于德潜的意思，那简直无从去推测了。

玄同于庚子年（1900）以后到日本去自费留学，改名为钱怡。这个改名是有一段历史的，据他在书信里说过，在他6岁的时候，住在常熟的伯母去世，要发讣文，不知他叫什么名字，因为他的老兄名"恂"，所以就替他起了一个竖心旁的名字叫作钱怡，就这样的刊了出来了。这个是他的而又不是他的名字，就这样的搁着，一直过了10年，到了往日本去留学的时候，这才复活了，因为是进洋学堂，照例是不用本名的，须得另起一个，这回便废物利用了。在东京时期，他已接受民族革命的思想，自己起了一个号曰汉一，但是朋友们都还叫他德潜，如马幼渔（裕藻）便是一直到后来也没有改。及至后来章太炎先生从上海的西牢里出来，到得东京接办《民报》，并在大成学校借地开国学讲习会讲学，他前去听讲，立定他的研究国学的基础，也是他复古思想的第一步。他听太炎说古人名号皆有相连的意义，乃将钱怡的名字改作钱夏，取其与汉一相连。"夏"字据《说文》上说乃"中国之人也，从页首也，曰两臂也，夂两足也"。他这时候却似乎不很用汉一的号，因为他同时还有一个别号叫作中季，所以我们于 1908 年在《民报》社的讲席上看见他时，认识他是叫作钱夏号中季，而在学校的名字是钱恰的。

那时国学讲习会正式在大成学校开讲，但是后来因为龚未生（宝铨）特别介绍，太炎答应于星期一上午在民报社开一班，先讲《说文解字》。听讲的人是鲁迅同我，许寿裳和他的同学钱家治，因为正和我们同住，所以也一起前去。此外是龚未生以及两三个在讲习会的人，因为热心听太炎讲学，所以也赶来听，这便是钱夏、朱希祖（逖先）和朱宗莱（蓬仙）。当时玄同着实年少气盛，每当先生讲了闲谈的时候，就开始他的"话匣子"（这是后来朋友们送他的一个别号，形容他话多而急的状态），而且指手画脚的，仿佛是在坐席上乱爬，所以鲁迅和许寿裳便给他起了"爬来爬去"的雅号。此外的人没有什么别的称号，只是未生有一个"悠悠我思"的别名，这是他自己起的。在陶成章（焕卿）著《中国民族权力消长史》的时候，校对是由未生和陈百年办理的，未生用了这个名字，而百年则写的是"独念和尚"，但是这个故典现在也恐怕已经没有人知道了吧？后来据玄同自己说，他有时和太炎谈论，在大家散了之后仍旧不走，谈到晚上便留在民报社里住宿，接着谈论。谈些什么呢？说来是很可笑的，无非是讨论怎样复古罢了。盖当时民族主义的革命思想的主张是光复旧物，多少是复古思想，这从《国粹学报》开始，后来《民报》也是从这条路上发展。太炎所做的论文除了《中华民国解》，因为反对《新世纪》的主张用万国新语，提倡简化反切，为后来注音字母的始基，有过建设性以外，大抵多是发思古之幽情，追溯汉唐文明之盛。当时玄同的老兄念劬与古代史的作者夏穗卿在日本，常一同上街，看见店铺的招牌和店面，辄啧啧称叹，说有唐代遗风，即此可以想见一斑了。《民报》上登载过一篇《五朝法律索隐》，力说古法律的几点长处，我们看了很受影响。其一点是贱视商人，说晋朝称为"白帖额人"，大概是额上贴有标志，又说穿鞋是一只白一只黑的。这事在后年写信里还是提起，其时已在30年后了。至于当时在《民报》社所反复讨论的，大约不是这种问题，只是关于文字言语的罢了。这就是说名物云谓，凡字必须求其"本字"，并且应该用最正确的字体把它写出来。这字体问题因为当时甲骨文还未发现，钟鼎文又是太炎所不相信的，那么只好用小篆了，而小篆见于《说文》的字数太少，又照例不能用偏旁凑合自己来创造，那么这就技穷了，便是"老夫子"也没有办法。清朝的学者也有人试办过，江鲸涛（声）用小篆刻书，平常通用隶书，但是仍旧不能通行。有一天他叫仆人买东西，开账用隶书所写，店家看不懂不曾买来。他惊诧说："这隶书本来是给胥隶用的，怎么会连这也不认识呢？"这笑话当然

五四时期，沈尹默昆仲与好友在苦雨斋合影。前排左起：沈士远、刘半农、马幼渔、徐祖正、钱玄同；后排左起：周作人、沈尹默、沈兼士、苏民生。

老夫子也知道，那一回师弟问难，虽然很是顶真，大约也只能以不了了之而已。

玄同于文字复古的问题上面，留下了三种痕迹，证明他的归根失败。其一是在民国之初，写过一部周文之（沐润）的《说文窥管》，这个写本在浙江图书馆，不知道现在尚存在否？但是我得到一份照相片，于1942年以石印法印了200部。原文后面有馆员陆祖谷的校记，末云：

> 钱君中季录此卷，用小篆精写，意欲备刊，顾其中犹有阙字未补，误字未正，盖当日厥功未竟而中辍者，兹特摘出记于右方，冀他日中季复来，足成之云。丁卯七月陆祖谷记。

其所以厥功未竟的缘故虽然不详，但小篆的不够用总是最大的障碍吧。其二是章氏丛书里的四卷《小学答问》，也是浙江图书馆出版的，是玄同所写，系依照小篆用楷书笔势写之，写起来倒并不难看，虽然不大好认。圆笔变方了，反而面生，一也；改正讹俗，须用本字，一见难识，如"认"之作"仞"，二也。但经过苦心研究，终于写成了。其三是已经隔了20年之后，在北京的弟子们醵资刻章氏丛书续篇，由他和吴缄斋主持其事。其中有《新出三体石经考》一书，是他所手书的，写法又有些变化了。太炎特地手书题跋其后云：

> 吴兴钱夏，前为余写小学答问，字体依附正篆，裁别至严，胜于张力臣之写音学五书。忽忽二十余岁，又为余书是考。时事迁蜕，今兹学者能识正篆者渐希，于是降从开成石经，去其泰甚。勒成一编，斯亦酌古准今，得其中道者矣。

> 稿本尚有数事未谛，夏复为余考核，就稿更正，故喜而识
> 之。夏今名玄同云。

这是文字复古的经验，从极右的写小篆起手，经过种种实验，终于归结到利用今隶、俗字简体，其极左的反动则是疑古，主张破坏过去的一切，即是线装书扔进茅厕坑，40岁的人应该枪毙等说，这且等下文再说，他的复古经验初不限于文字，即于衣冠亦有试验，据他自己说大概在辛亥前后，他在故乡尝做《深衣冠服说》一文，考究深衣的制度，后来曾做了一套，据说在杭州教育司当科员时，穿了这衣服办过公。不过我在民国元年（1912）夏天也曾在那里当过视学，却不曾看见他穿深衣。其实这也是无怪的，因为时在盛暑，穿了那一件白布长袍是有点受不住的。后来我在北京历史博物馆中看到一件深衣样本，不晓得是否系照他说法所做，还是就是他那一件，可惜不曾问得，但觉得这深衣虽然古，却实在不好看，因为它完全是一件斜领孝袍，便是乡下叫作"大蓬"，是穿重丧的人所着，不过它是缝边而不是所谓"斩衰"就是了。

就是在民国初元，他在杭州的时候，于经学上开始有了一个新的发展，即是他接受了康有为的学说——《新学伪经考》的说法。笼统说一句康氏学说，很有语病，因为他有许多主张都有政教的作用，如孔子托古改制啦，春秋笔削大义微言啦，与他的实际主张有关，唯独这伪经考，乃纯是学术的立场，他证实刘歆伪造古文经，所以这些是不可信的。太炎讲经学是古文学派的，但是玄同从崔觯甫（适）那里习受到这一派，成了今文派，虽然他并不信公羊，但他此后自称"饼斋"，到晚年没有改变，根据他在所写《新学伪经考序》（1931年，北平出版方国瑜标点本，

但在次年又改写重刊，改题为《重论经古文学问题》，登在北大国学季刊第三卷）里所自述的经过如下：

> 崔君受业于俞曲园先生之门，治经本宗郑学，不分古今；后于俞氏处得读康氏这书，大为佩服，说它字字精确，古今无比，于是力排伪古，专宗今文。他于1911年（辛亥）2月25日第一次给我的信中说：

> "《新学伪经考》字字精确，自汉以来未有能及之者。" 3月中又来信说：

> "康君伪经考作于20年前，专论经学之真伪。弟向服膺纪、阮、段、俞诸公书，根据确凿，过于国初诸儒，然管见所及，亦有可驳者，康书则无之，故以为古今无比。若无此书，则弟亦兼宗今古文，至今尚在梦中也。"

> 崔君著《史记探原》《春秋复始》《论语足徵记》《五经释要》诸书，皆引伸康氏之说，益加邃密。1911年2月25日的信中还有这样一段话：

> "知汉古文亦伪，自康君始。下走之于康，略如攻东晋古文尚书者惠定宇于阎百诗之比。虽若五德之说，与《穀梁传》皆古文学，文王称王，周公摄政之义并今文说，皆康所未言，譬若自秦之燕，非乘康君之舟车至赵，亦不能徒步至燕也。"

> 玄同于1911年2月谒崔君请业，始得借读《新学伪经考》，细细籀绎，觉得崔君对于康氏之推崇实不为过，玄同自此也笃信古文经为刘歆所伪造之说，认为康、崔两君推翻伪古的著作在考证学上价值，较阎若璩的尚书古文疏证犹远过之。自1911年（辛亥）至1913年（民国2年），此三年

中玄同时向崔君质疑请益，1914 年（民国 3 年）2 月，以札问安，遂自称弟子。

这里关于信奉《伪经考》的经过，说的很是详尽，虽然他对于公羊学派那一套微言大义并不相信，但是他总以今文学派自居，定别号曰"饼斋"，刻有一方"饼斋钱夏"的印章，就是到了晚年也仍旧很爱这个称号的。上边所说乃是他的"复古"经验的大略，但是这里边也就存在着他后年"疑古"即是反复古的根源。因为既然开始知道了可疑的一端，就容易怀疑到别处，而且复古愈彻底，就愈明白这条路之走不通，所以弄到底只好拐弯，而这拐弯的机会也就快到来了。

这使得他拐弯的机会是什么呢？民国初年的政教反动的空气，事实上表现出来的是民国 4 年（1915）的洪宪帝制，民国 6 年（1917）的复辟运动，是也。经过这两件事情的轰击，所有复古的空气乃全然归于消灭，结果发生了反复古。这里表面是两条路，即一是文学革命，主张用白话；一是思想革命，主张反礼教，而总结于毁灭古旧的偶像这一点上，因为觉得一切的恶都是从这里发生的。当时发表这派论调的是《新青年》杂志，首由胡适之、陈独秀两人开始，玄同继之而起，最为激烈，有青出于蓝之概。现今从《新青年》的通信里，抄录一部分于后。民国 6 年（1917）8 月出版的三卷六号里云：

　　玄同对于用白话说理抒情，极端赞成独秀先生之说。亦以为其'是非甚明，必不容反对者有讨论之余地，必是吾辈所主张者为绝对之是，而不容他人之匡正。'此等论调虽若过悍，然对于迂谬不化之选学妖孽、桐城谬种，实不能不以如此严厉面目加之。因此辈对于文学之见解，正与反对开学堂，反对剪辫子，说洋鬼子脚（腿）直跌倒爬不起者，其见解相同。知识如此幼稚，尚有何种商量文学之话可说乎。

在三卷四号里有云：

> 一月以来种种怪事纷现目前，他人以为此乃权利心之表现，吾则谓根本上仍是新旧之冲突，故共和时代尚有欲宣扬'辨上下，定民志'，'人伦明于上，小民亲于下'之学说者。大抵中国人脑筋两千年沉溺于尊卑名分纲常礼教之教育，故平日做人之道，不外乎'骄''谄'二字。富贵而骄虽不合理，尚不足奇，最奇者，方其贫贱之时，苟遇富贵者临于吾上，则赶紧磕头请安，几欲俯伏阶下，自请受笞。一若彼不凌践我，便是损彼之威严，彼之威严损则我亦觉得没有光彩者然。故一天到晚，希望有皇帝，希望复拜跪，仔细想想，岂非至奇极怪之事。

在这时候文章方在排印，可是奇事乃实在发生了。这便是那复辟事件。虽然只有 10 天工夫事件便已解决，但是这影响就尽够深远的，在玄同自己使他往反复古的方面更坚决地前进，一面劝说鲁迅开始写作，也是一件有重大意义的事情。

鲁迅的《狂人日记》作于复辟事件后一年（1918 年）的 4月，玄同也于 3 月 14 日写了《中国今后之文字问题》这篇通信，发表他的废汉文的主张。这是写给独秀的，起头说：

> 先生前此著论，力主推翻孔教，改革伦理，以为倘不从伦理问题上根本解决，那就这块共和招牌一定挂不长久。玄

同对于先生这个主张，认为救现在中国的唯一办法。然因此又想到一事，则欲废孔学，不可不先废汉文，欲驱除一般人之幼稚的野蛮的顽固的思想，尤不可不先废汉文。

他的这种因噎废食的办法虽然现在看来有点可笑，但他当时却是说得很有理由的，因为他说：

> 玄同之意，以为汉字虽发生于黄帝之世，然春秋战国以前，本无所谓学问，文字之用甚少。自诸子之学兴，而后汉字始为发挥学术之用。但儒家以外之学。自汉即被罢黜。两千年来所谓学问，所谓道德，所谓政治，无非推衍孔二先生一家之学说。所谓四库全书者，除晚周几部非儒家的子书以外，其余则十分之八都是教忠教孝之书。经不待论，所谓史者，不是大民贼的家谱，就是小民贼杀人放火的账簿。如所谓平定什么方略之类。子集的书大多数都是些王道圣功，文以载道的妄谈。还有那十分之二，更荒谬绝伦，说什么关帝显圣，纯阳降坛，九天玄女，黎山老母的鬼话。其尤甚者，则有婴儿姹女，丹田泥丸宫等说，发挥那原人时代生殖器崇拜的思想。所以两千年来用汉字写的书籍，无论哪一部，打开一看，不到半页，必有发昏做梦的话。此等书籍，若使知识正确，头脑清晰的人看了，自然不至堕其玄中，若令初学之童子读之，必致终身蒙其大害而不可救药。
>
> 欲祛驱三纲五伦之奴隶道德，当然以废孔学为唯一之办法；欲祛驱妖精鬼怪、炼丹画符的野蛮思想，当然以剿灭道教——是道士的道，不是老庄的道——为唯一之办法。欲废孔学，欲剿灭道教，惟有将中国书籍一概束之高阁之一法。

何以故？因中国书籍千分之九百九十九都是这两类之书故，中国文字自来即专用于发挥孔门学说及道教妖言故。

这里说话虽然稍为偏激一点，但意思是完全好意的。

玄同的主张看似多歧，其实总结归来只是反对礼教，废汉文乃是手段罢了。他这意思以后始终没有再改变，虽然他的专攻仍旧是中国文字学中的音韵部分，对于汉文汉字的意见随后也有转变，不复坚持彻底的反对的意见了。1934 年的春天，我偶然作了"前世出家今在家"的两首打油诗，经《人间世》发表，题作五十自寿。当时友人们赐予和作，玄同也有诗寄来，虽然他平常是不作诗的。附有通信云：

> 苦茶上人：我也诌了五十六字自嘲，火气太大，不像诗而像标语，真要叫人齿冷。第六句只是凑韵而已，并非真有不敬之意，合并声明。癸酉腊八，无能。

过了几天又来一信云：

> 腊八所作，今略改数字，另纸写奉。那样一改，与前后字法句法较为谐和，但更像标语了。二十三年一月三十一日，无能白。

诗题云《改腊八日作》：

> 但乐无家不出家，不归佛法没袈裟。推翻桐选驱邪鬼，打倒纲伦斩毒蛇。读史敢言无舜禹，谈音尚欲析遮麻。寒宵凛冽怀三友，蜜橘酥糖普洱茶。

第六句的典故，因为我对于文字学的音韵觉得难以理解，尝称之为未来派，诗语尚欲辨析，故云不敬。作此诗的时候已在《新青年》通信十六七年之后，意见却还是一样。第五句说"读史敢言无舜禹"，则是怀疑古史不实，改号"疑古"，已经有好几年了。在这以后，我引用他仅存的几封信里的话，做一个旁证。在民国12年（1923）7月1日的信里，特别注明是张大帅复辟之纪念日，有云：

> 我近来很动感情，觉得2000年来的国粹，不但科学没有，哲学也玄得利害，理智的方面毫无可满足之点，即感情方面的文学除了那颂圣、媚上，押韵、对仗、用典等等"非文学"以外，那在艺术上略有地位的，总不出乎——
>
> a 歌咏自然；
>
> b 发牢骚；
>
> c 怡情酒色，三种思想。
>
> 自然a似乎最高些，但崇拜天然，菲薄人为，正是老庄学说的流毒，充其极量，非以穴居野处茹毛饮血结绳而治等等为人类最正当之生活不可。b则因为没有人给他官做，给他钱用（其实就不过如此而已，并没有怎样的虐待他），便说他如何如何的痛苦，如何如何的受人欺侮，世界上除了他以外，别人都是王八蛋，都是该千刀万剐的。何以故？因对不起他故。怎样的对他不起？就因为没有给他官做、给他钱用故。c派更不足道，二言以蔽之，不拿人当人，并且不拿自己当人而已。——我近来很有"新卫道"的心理，觉得彼等（指上边的三种文学）实在不宜于现在的青年，实在也是一种"受戒的文学"。因此觉得说来说去，毕竟还是民国五六

年间的《新青年》中陈仲甫的那些西方化的话最为不错，还是德谟克拉和赛恩斯两先生最有道理。"新孔夫子"我们固然不欢迎；"新黄仲则"我们也不欢迎。我始终是一个功利主义者，这个意思你以为然否？

又7月9日的信里说：

近来的怪论渐又见多，梅光迪诸人不足怪，最近那位落华生忽然也有提倡孔教之意，我未免有"意表之外"之感焉。我因此觉得中国古书确是受戒的书物。这些书不曾经过整理就绪（即将它们的妖怪化，超人化打倒）以前，简直是青年人读不得的东西。我近来犯动感情，以是"东方化"终于是毒药。不但圣人道士等等应与之绝缘，即所有一切，总而言之，统而言之，总非青年人血气未定时所可研究者。老实说吧，至少也要像钱玄同这样宗旨醇正的人才可看得。这话你道可笑吗？但我自己觉得我的见解和识力比起这班"老头子的儿子孙子"来，确乎要高明些也矣。

昨晚写到这里，便睡了。今天早晨看报（7月7日《时事新报》），又发见好的复古的材料，即徐志摩忽然大倡废止标点符号之论，竟说什么"无辜的圣经贤传，红楼水浒，也教一班无事忙的先生，支离宰割"。又说，"在国际文学界的名气恐怕和蓝宁（疑即列宁）在国际政治界上差不多"的爱尔兰人 James Joyce 做的 Ulysis 是——

"那真是纯料的 prose，像牛酪一样润滑，像教堂里石坛一样光澄，非但大写字母没有，连"，？！"等可厌的符号一齐灭迹，也不分章句篇节，只有一大股清利浩瀚的文

章，排纂而前，像一大匹白罗披泻，一大卷瀑布倒挂，丝毫
不露痕迹，真大手笔！"

你看这话妙也不妙！原来"大手笔"的长技就在会不用
标点，不分章。我才恍然大悟，中原文章非外夷所及，文治
派如是之多的原故，原来如此。

我近来耳闻目睹有几件事，觉得梁启超壬寅年的《新民
丛报》虽已成历史上的东西，而陈独秀 1915—1917 年的
《新青年》中的议论，现在还是救时的圣药。现在仍是应该
积极去提倡"非圣"，"逆伦"，应该积极去铲除"东方化"。
总而言之，非用全力来"用夷变夏"不可。我之烧毁中国书
之偏谬精神又渐有复活之象，即张勋败后，我和你们兄弟两
人在绍兴会馆的某院子中槐树底下所谈的偏激话的精神又
渐有复活之象焉。

《新青年》刊行了两三年，赞成者固然并不很多，可是反对
者却实在不少，逐渐地显示了出来。这班热心于拥护旧礼教的卫
道的人，以清室举人林纾为代表，乃于民国 7 年（1918）春间发
起进攻，其形式为质问当时的北京大学校长蔡元培，意思是要大
学来撤换文科学长陈独秀、文科教员胡适和钱玄同等人。这是有
名的林蔡论争事件，但是很轻易地被蔡校长挡过去了。可是林纾
不甘失败，变更方针，在《新申报》上登载小说，肆意谩骂诸人
以泄愤。这是所谓"蠢叟丛谈"的事件了。据我上边所说，林纾
所攻击的两点，即是"尽废古书，行用土语为文字"，和"覆孔
孟，铲伦常"，实在都是玄同的主张。独秀虽主废孔，却还没有
说到废汉文。至于胡适之，始终只是主张白话文学，没有敢对于
纲常名教说过什么不敬的话。但是林纾却始终注重陈胡，最初在

《荆生》这篇小说里，设田必美和狄莫影射他们，虽然也有一个金心异，却在第三位了。至于随后在《恶梦》里，写陈恒与胡亥正在谈非圣无法的话的时候，被怪物吞吃了，则专说他们，却把首要反而放过了。因为据我所知道，在所谓新文化运动中间，主张反孔教最为激烈，而且到后来没有变更的，莫过于他了。

思想既然如此"偏激"，这是他自己所承认的，那么他的脾气一定很是乖僻吧？可是事实乃大大不然。他对人十分和平，相见总是笑嘻嘻的。诚然他有他的特殊脾气，假如要他去叩见"大人先生"，那么他听见名字，便会老实不客气地骂起来，叫说话的人下不来台。若是平常作为友人来往，那是和平不过的。他论古严格，若是和他商量现实问题，却又是最通人情世故，了解事情的中边的人。我曾经在沈尹默离开北京（那时还叫作北平）以后，代理孔德学校校务委员会主席好几年，玄同也是一个委员，同事很久。和他商议学校的事，他总是最能得要领，理解其中的曲折，寻出一条解决的途径。他常诙谐地称为贴水膏药，但在我实在觉得是极难得的一种品格。平时不觉得，到了不在之后方才感觉可惜，却是来不及了，这是真的可惜。

玄同善于谈天，也喜欢谈天，常说上课很困倦了，下来与朋友们闲谈，便又精神振作起来，一直谈上几个钟头，不复知疲倦。其谈话庄谐杂出，用自造新典故，说转弯话，或开小玩笑，说者听者皆不禁发笑，但生疏的人往往不能索解。这种做法在尺牍中尤甚，搁置日久重复取阅，有时亦不免有费解处，因新典故与新名称暂时不用，也就不容易记起来了。这里抄录他两封信，都是关于他的别号的。因为他正式号称"疑古"，却因此取了许多同音的别号，如夷穷、逸谷、怡谷和忆菰翁等，后来又有鲍山圹叟。这些信都是他去世前一两年中所写的。其一云：

　　苦雨翁：多年不见了，近来颇觉蛤蜊很应该且食也，想翁或亦以为然乎。我近来颇想添一个俗不可耐的雅号，曰鲍山广叟。鲍山者确有此山，在湖州之南门外，实为先六世祖（再以上则是逸斋公矣）发祥之地，历经五世祖高祖曾祖，皆宅居此山，以渔田耕稼为业。逮先祖始为士而离该山而至郡城。故鲍山中至今尚有一钱家浜，先世故墓皆在该浜之中。我近来忽然抒怀旧之蓄念，发思古之幽情，故拟用此二字。至于广叟二字，系用说文及其更古（实是新造托古）之义也。考说文，广，倚也，人有疾痛，像倚着之形。窔，古甲骨文，像火手持火炬在屋下也，盖我虽躺在床上，而尚思在室中寻觅光明，故觉此字甚好。至于此字之今义，以我之年龄而言，虽若稍僭，然以我之体质言，实觉衰朽已甚，大可以此字自承矣。况宋有刘羲叟、孙莘老、魏了翁诸人，古已有之乎（此三公之大名恐是幼时所命也）。又广叟二字合之为一瘦字。瘦雅于胖，故前人多喜以癯字为号，是此字亦颇佳也，且某压高亢之人，总宜茹素使之消瘦，则我对于"瘦"之一字亦宜渴望之也。因惮于出门，而今夕既想谈风月，又喜食蛤蜊，故遣管城子作鳞鸿（天下竟有如此之俗句，安得不作三日呕乎），以求正于贵翁，愿贵翁有以教之也。又易经中有"包有鱼"一语，又拟援叔存氏之高祖之先例（皖公山中之一人，称为完白山人），称为——包鱼山人，此则更俗矣。饼斋和尚。1937 年 8 月 20 日

　　信中云"某压高亢"，即谓血压，仿前人回避违碍字样之例，以某字代之，说话时常如此，此即其一例。到第二年的 7 月里，信中重又提及此事道：

上周为苦雨周，路滑屋漏，皆由苦雨之故也。然曾于其时至中华书局之对过或有正书局之隔壁，知张老丞已来，仍可刻印，且仍可刻苦雨斋式之印也，岂不懿欤。弟将请其刻广叟一印也（双行注，但省鲍山二字，因每字需一元五毛也）。弟烨顿首。

张老丞即同古堂主人张越丞，因其子名少丞，故云然。过了十天之后来信云：

日前以三孔子赠张老丞，蒙他见赐广叟二字，书体似颇不恶，盖颇像百衲本廿四史第一种（宋黄善夫本史记）也。惟看上一字似应云，像人高踞床阑干之颠，岂不异欤。老兄评之以为何如。

所云三孔子即是三元，因为当时华北的伪币一元券上印刷一个很难看的孔子像。是年11月里来信，又说起以二角五分钱刻了一个假象牙的印章，文曰逸谷老人，因为刻得不中意，所以又改刻了：

那个值二角五分的逸谷老人（"逸"字原作篆文，而"兔"字末笔卷曲），我觉得那兔子的脚八丫子太悲哀了，颇不舒服，且逸谷之名我尚爱之，尚不愿对于不相干的人随便去用他，故所以改为怡谷老人也。非欲对于汪老爷做文抄公，其实还是该老爷做了文抄公。因为在我6岁之时，我的伯母死了，常熟方面不知我名，妄意红履公名恂，则我当名怡，讣文上遂刻曰功服夫侄怡抆泪稽首，彼时我尚不知该钱怡为谁也。查此是光绪十九年事，而汪老爷则本名仪，宣统元年乃改名怡，岂非他做了文抄公乎？后阅十年，忽然要来用它（此指"钱怡"二字，玄同在东京留学时，学籍上系用此名）。遂用了三四年。彼时取光复派之号曰汉一，与怡之义固无关也。自谒先老夫子，乃知古人名字相应，又从汉一而想到"夏"字，而"怡"遂废矣（实是不喜此名也）。此名既为我所不喜，而又不能不算是我，故今即用怡谷老人四字以对付不相干之人来叫我写字时之用。不能不算是我，亦不能就算是我，此不即不离之办法，似乎颇妙也。于是前日跑到东安市场之文华阁，嘱其磨去重刻，又花了我一角五分之多也。然而这回却上当了，因为刻了来仔细一看，原来他拿了刻四个字的钱而只刻了一个字也。盖刻者想得很巧妙，他只磨去"逸"字，改写"怡"字，而"谷老人"三字就把它再刻深了一点，细看谷字之口便窥破其秘密矣。呜呼，此商人两鞋之所以应该一只白色一只黑色欤！欤欤，休哉！妙在此章本不要其好，因为用给不相干的人也。介子推曰，身将隐，焉用文之。吾谓名将隐，焉用工之也。兹将该躄脚（其实脚倒不躄了）图章打一个奉上，请烦查照，至纫玺谊。但请勿将立心旁改为竹头也。

所谓汪老爷，是汪怡庵，单名一个怡字，是大字典编纂处的一个同事。因为在前清做过什么地方官，所以有此别号。商人两鞋一白一黑，见于太炎的《五朝法律索隐》，初登《民报》上，后来收入《太炎文录》。据晋令云，侩卖者皆当著巾，白帖额，言所侩卖及姓名。我们后来谈话亦常说白帖额人，此典故在三数民报社学生外殆少有人使用也。

玄同所主张常涉两极端，因为求彻底，故不免发生障碍，犹之直站不动与两脚并跳，济不得事，欲前进还只有用两脚前后走动。他的言行因此不免有些矛盾的地方，如他主张废汉字，用罗马字拼法，而自己仍旧喜欢写"唐人写经"体的字。他的性格谨严峻烈，平易诙谐，都集在一起。虽然这里他有对自己人与"不相干"的人的区分，但或者也可以说是一例。他的性情奇特，因此常被人误解，或加以谩骂攻击。这里最有名的便是林纾的那一次。在《荆生》那篇假小说里，以金心异的别名出现，为"义士"荆生所打，聊以泄卫道家心中的积愤。其次是黄季刚在讲堂上的谩骂。这事大概发生很早，不过在报上发表则是在黄死后罢了。这在《立报》上登载，总名《黄侃遗事》。第一则副题云《钱玄同讲义是他一泡尿》，原文云：

> 黄以国学名海内，亦以骂人名海内，举世文人除章太炎先生，均不在其目中也。名教授钱玄同先生与黄同师章氏，同在北大国文系教书，而黄亦最瞧钱不起，尝于课堂上对学生曰，汝等知钱某一册文字学讲义从何而来？盖由余溲一泡尿得来也。当日钱与余居东京时，时相过从。一日彼至余处，余因小便离室，回则一册笔记不见。余料必钱携去，询之钱不认可。今其讲义，则完全系余笔记中文字，尚能赖乎？是余一尿，大有造于钱某也。此语北大国文系多知之，可谓刻毒之至。

我当时曾经将遗事全文寄给他看，复信里说：

> 披翁（黄侃在旧同门中，别号为披肩公）轶事颇有趣，我也觉得这不是伪造的，虽然有些不甚符合，总也是事出有因吧。例如他说拙著是他撒尿时偷他的笔记所成的，我知道

他说过，是我拜了他的门而得到的。夫拜门之与撒尿，盖亦差不多的说法也。

写信的年月是 1935 年 2 月 22 日。

玄同所写的文章没有结集过，这是很可惜的事。他的讲学问的只有一薄本《文字学音篇》，乃是学校的讲义，也即是黄季刚所骂的。此外《重论经今古文学问题》，乃是国学季刊的抽印本，其余散文都散见于《新青年》和别的刊物上。民国 17 年（1928）的 2 月里，曾有一度计划编刊文集。因为在《语丝》周刊上写过些文章，名曰《废话》，所以假定文集的名字是《疑古废话》，并且也讨论过编辑的方法。他在 2 月 5 日信里说：

1936 年的钱玄同

我现在对于它想定办法，便是所收之文用"历史的"的办法，即中季兄时代梦想三代之谬论，与夫钱玄同时代梦想欧化之谬论，均如其实相而登之。觉得太糟糕者全篇不存，自然存者有些地方也不能不略加删改，然总以不背"时代精神"（这四字说得阿要肉麻介！）为职志。故所以连黄帝纪元四千六百零九年到中华民国元年之际在湖州所做的《深衣冠服说》及民六主张中国用万国新语之文，两皆揭载，藉可证实今日之我与昔日之我挑战，岂不懿欤！卷首拟冠以《卌一自述》一篇，报告敝人之历史。

只可惜是计划并没有实行。不然有这一册《疑古废话》刊行，就是今天来讲钱玄同，也就要省力得多了。玄同去世在华北沦陷期中，所以不大见有纪念文字，只看到有在重庆的黎锦熙所做的传一大册，实在却只讲的是国语运动，不小心的看去会得弄不清这是黎传附钱呢，还是钱传附黎，此传也只见过油印的未完本，所以流传的恐不甚广。

（原载《文史资料选辑》第94辑）

回忆李大钊先生

梁漱溟

　　革命先烈李大钊先生是我的故交，是至熟至熟之友，通常都称呼他"守常"——这是他习惯用的别号和笔名。在1919年以前和其后那些年，我每次到北京大学讲课，在上课之前和下课之后，必定去他图书馆主任办公室盘桓十分钟至二十分钟。因为彼此很熟，他忙他的事，我进门或离去，均不打招呼。他主编的《每周评论》，我顺手取阅。他有时主动地要我看什么书刊，便顺手递给我，亦不加说明。我接过翻阅后，往往亦无表示。遇有重要书刊，我就声明带回家去看，下次来时交还。总之，彼此十分随便，没有什么客气俗套。

　　但我们相识稍先于北京大学同事之时，彼时（1916年）他在北京《晨钟报》（后改名《晨报》）任职。曾记得一次他宴客于南城瑞记饭庄，我和陈仲甫（独秀）在座上初次相遇。陈当时是为东亚图书馆募股来京的。恰值蔡元培先生方接任北大校长，蔡、陈早相熟，立即邀陈入北大担任文科学长（后改称文学院院长）。同时，我亦受印度哲学讲席之聘，而守常则是以章行严（士钊）先生之荐接任图书馆主任的——此职原由章任之，章离京南去。于是，我们便同聚于北大了。

　　1921年冬月，我走访守常于其家，告诉他我即将结婚。他笑着说，这在他已是过去20年前的事了。因而自述生在父死之后，而母亲又在生他之后不久亦死去，所以他竟没有见到父母的面，全靠祖父母抚养长大。《光明日报》1979年10月31日纪念李大钊一文，说他两岁丧父，三岁丧母，全不对。另见人民出版社出的《李大钊传》一书，说他尚未生而父先死，他生后16个月母亦故去，与我所闻于守常自述者尚差不远。祖父母自顾年老，便为他早早成婚。婚后不太久，祖父母就故去，只余他和他的赵氏夫人。赵年长于他好几岁——似是他十一二岁，而赵十八九岁。赵夫人甚贤惠，自愿守在家园而促他去永平府中学求学。中学卒业后，他进入天津北洋法政专门学校，后又去日本留学。这些是后话，非当时所谈及。

李大钊像

众所周知，中国共产党创始人中为首的是陈独秀、李大钊两先生，一时曾有"南陈北李"之称。我记得1927年春，有一天去东交民巷旧俄国使馆内访看守常，只见来人满屋，大都是青年求见者。守常接待忙碌，我不便打扰他，随即退出。不多日后就闻知他全家①被捕的消息，原来他家大小同住一起，还有些同志亦同住，因而被拘捕时一同遭难者颇有多人，但亦有恰好出门而幸免于难者。当时正是张作霖自称大元帅驻军和执政于北京之时。我闻讯从西郊赶入城内访章行严先生，愿与章老一同出面将守常家眷保释出来，俾守常少牵挂之念。惜章老不同意，自称与张的亲信参谋长杨宇霆相熟，他将去见杨，可保守常亦不死。其结果，直至守常死时，不知道他的家属儿女有没有受到连累；熟友如我未得尽小小之力，抱憾于衷。

当我闻悉守常被害，立即从西郊赶入城内，一面看望其家属情况，一面看视他装殓的情况。他家属已回到西城朝阳里旧居。我望见守常夫人卧床哀泣不起。我随即留下十元钱，退出来，改往下斜街长椿寺——据闻守常遗体停枢在此。我到达寺门时，门

五四时期李大钊（左二）与友人在中央公园留影。

---

① 据《李大钊传》记载，当时家中只有李大钊同志一人被捕。

外一警察对我说："你们亲友到来，我有交代，我就走了。"我点首应承，随即入内巡视。只见棺材菲薄不堪，即从寺内通电话于章宅吴弱男夫人。盖我夙知守常曾为其子女章可、章用、章因的家庭教师，宾主甚相得。弱男夫人来到时，各方面人士亦陆续而来，共议改行装殓之事。

我出寺门，路遇陈博生走来。他是福建人，与守常同主《晨钟报》笔政。其他的人今不尽记忆。

守常当年的熟友，眼前现有张申府（崧年）、于树德（永滋）和我几个人。张、于两位原与守常同为中国共产党人，但有始无终。我则根本是个党外人。今天回首思索起来，奇妙的是守常他们各位朋友全不曾介绍我入党——连半点意向亦不见。于此，显然我这个人条件不合。守常为中国共产党发起人和领袖，终且为党捐躯，而我则根本不在党。那么尽管友好相熟，究不便冒昧地自居于交谊深挚之列了。此点应当先自己坦白的。

提起正当五四运动时代的那些社会活动、政治活动，我十分惭愧没有能像守常那样勇往地和诸同学们在一起，甚且可以说，他是居于领导而我则追随亦不力。因此，许多事就记忆不清，现在亦就说不清楚了。再则，事情过去且将 60 年之久，而今脑力衰颓的我，就只能点点滴滴列举其目如次：

（一）少年中国学会组织的发起成立，守常实为骨干。此会在当年十分重要，会员包含了南北许多青年有志之士，其后中国共产党和国家主义派（中国青年党）有些人就是从此会分裂出来的。倾左的有毛泽东、邓中夏、恽代英、黄日葵等人；倾右的有曾琦、左舜生、李璜、余家菊等人。他们在中国近代史上各自表现不同，而却是具有一定分量的，虽然分量大小轻重不同。

我仿佛未曾参加此会为一成员，却曾应邀为此会的田汉和曾琦两成员之间在宗教问题上的争论做过一长篇讲演（讲词大意可见旧著《东西文化及其哲学》一书）。

（二）当年守常先生的活动繁忙，有些群众大会开在前门大街，我亦曾去过。有一次在总统府门外的集会，我没有参加。类乎此者，现在记忆不清。

（三）记得守常和我两人曾致力于裁兵运动倡导。当时蒋百里（方震）先生且曾写出裁兵计划一书问世。可厌的南北军阀混战既多年不休，在洛阳的吴佩孚颇有势力，恰好守常的同学白坚

李大钊就义前

武正在吴的幕府。守常因白的殷勤介绍，走访洛阳，似乎不止一次。访吴谈一谈是次要的，根本要造成舆论，发动广大社会力量才行。我们曾想联络上海、天津的工商界人士，而就近入手则在眼前的知识阶层。正在要邀请北京八校同人聚谈，不料被胡适、陶孟和等几位抢先召集，且又转变出"好人政府主义"一场戏来。随后果然出现王宠惠、罗文干为首的政府。我们二人只有苦笑！王、罗二位即是参加了胡适那次集会者。

（四）1919 年秋末，北京女子高等师范学校因学生李超自杀身死开追悼会，守常和我亦偕往参加。在蔡元培、陈独秀、蒋梦麟各位讲话后，守常和我亦各有发言。后来我的发言录在《东西文化及其哲学》第五章内。

（五）我与守常既然相熟，有时便一同游息。今承中国革命博物馆出示一张有守常、张申府、雷国能和我四人在中央公园照的相片，推计其时间当距今 50 年以上。50 多年来，既有日寇入侵，世局动乱剧烈，此照片我手无存，展视之余，不胜追怀感叹之情。

1979 年 12 月 9 日

（原载《文史资料选辑》第 110 辑）

我所了解的梅贻琦

韩咏华

一

梅贻琦，字月涵，于1889年（清光绪十五年）12月29日出生于天津。父母生五男五女，月涵为长子。读小学时总是考第一名。月涵自幼老成，谈书之外，帮助父母做家务事，踩着小板凳帮助父亲记账，协助母亲照顾弟弟妹妹。1900年他11岁时，随父母至保定避"庚子之乱"，秋季回津，父亲失业，家中生活无着，每餐玉米面都得限量，孩子们经常半饥半饱。

1904年，月涵15岁，以世交关系进入严范孙氏家塾（天津南开学堂的前身），和严氏子弟一同读书。严范孙为清末翰林，曾在贵州为官，后回天津做寓公，因族中子弟众多，办了一个家塾，收自己家中和亲友及世交的子弟入学。同时还有一位王义孙老先生与严氏合办这个家塾，当时人称"严、王二馆"。由二人出资，聘请张伯苓先生为主要教师。张先生自己教理科，又聘请了其他几位教师教别的学科，教学方式不同于一般私塾，已初具学堂的性质。这个家塾起名为敬业中学，后来（1904年末）男生迁入南开区的新校址，遂定名为南开学堂，张伯苓先生被正式任为校长。月涵与金邦正（仲藩）、卜肇新、卜铭新、张彭春、李麟玉等人均为南开学堂第一班学生。月涵在丙班，一直是高材生。我和月涵的相识，即从在严氏家塾求学时开始。

我在严氏家塾读了三年书。严家从日本请来先生教授音乐、手工、日语课，还有缝纫课和洗衣课。1907年，严家又从日本请来教幼稚教育课的先生，严氏女塾部分遂演变为幼稚师范，日本式的名称为保姆讲习所。当时我还只有13岁，又是严老先生一句话："韩五姑可以上幼稚师范。"于是我便上了幼师。

梅贻琦

1908年，月涵在南开学堂以全班第一名的成绩毕业后，被保送到保定高等学堂读书，时年19岁。这一年，美国开始把部分"庚子赔款"作为中国学生赴美留学的费用。次年成立了留美学务处，录取了第一批直接留美的学生47人。月涵在保定学堂还未读完一年，就考取了首批留美生，名列第六。记得这批留美生中还有金邦正、李麟玉、张子高、王世杰、凌其峻、程义法等。他们一行于10月出国赴美。1910年春，月涵考入吴士特工学院，攻读电机工程。这一年，游美学务处又录取了包括胡适、赵元任、周象贤等在内的第二批留美生70人。这就是在1911年清华学堂正式开办前送出的两批留美学生。

月涵在美国攻读了四年。在此期间，他的父亲一直失业，天津家中生活十分拮据，当、卖衣物，借以为生。二弟贻瑞高中毕业后即被迫辍学去中学任教，月薪只有40余元，负担不了一大家人的生活。月涵在美节衣缩食，把本来就很少的生活费节省下来，寄给家中补贴日用。1914年，月涵于吴士特工学院毕业，本应继续在美进研究院。但因家中生活困难，父母命他回国就业赡养家庭，我记得他是和出国考察观光的严范孙老先生同船归来的，我们许多人都曾到大沽口码头去迎接。

月涵回国后，在天津基督教男青年会任干事（总干事都是美国人）。那时我已在幼师毕业，任教于天津严氏幼稚园和朝阳观幼稚园，业余也在女青年会做些工作，每遇请人演讲等事都是找月涵联系，这才正式与他相识。月涵回国后，看到家中生活困难，二弟贻瑞过早地中断学业，挑起了家庭重担，心中不忍，遂一人担起家庭负担，保证二弟重新完成学业，他不考虑自己的婚姻，奋力工作，赡养父母，并供给诸弟妹读书之资。

二

清华大学的前身清华学堂，原为留美预备学校，于1910年（清宣统二年）择定海淀清华园为校址，1911年3月正式开学，第一任校长为唐国安。1913年唐校长病故，副校长周诒春继任校长。1915年周校长聘月涵为清华学堂物理系主任，教授物理和数学。那时他只有26岁，不少学生都比他年长。同时受聘的还有杨光弼先生，为化学系主任。半年后放暑假时，月涵回天津去见张伯苓先生，表示对教书没什么兴趣，愿意换个工作。张先生说："你才教了半年书就不愿意干了，怎么知道没兴趣？青年人要能忍耐，回去教书！"月涵照老师教导，老老实实回京继续在清华任教。

月涵在清华工作后，家中的困窘才得到缓和。但直到后来赆瑞弟师范大学毕业，到师大附中任教时，他才开始考虑自己的婚事。1918年，由严范孙、卞肇新为介绍人，我们订了婚，次年6月举行了婚礼。那时他已30岁，我也年过26岁，这在旧社会可算是结婚相当晚的了。我记得我们订婚的消息被我的同学陶履辛（陶孟和的妹妹）听到后，急忙跑来对我说："告诉你，梅贻琦可是不爱说话的呀。"我说："豁出去了，他说多少算多少吧。"就这样，我便开始了和沉默寡言的梅贻琦43年的共同生活。

1920年，我们的长女祖彬出生。第二年，次女祖彤尚未出世时，月涵又取得清华公费去美国芝加哥大学进修深造的机会。1922年，他获机械工程硕士学位，在欧洲作短期游历后归国，9月回到清华继续任教。当年秋天，我们的家迁入清华园南院（现称照澜院）。

这一时期，月涵下班后得以回家和儿女们共同生活了。从这时起我才逐渐了解到他的性格是很温和的，对孩子们很耐心，虽然很喜欢孩子，但绝不宠爱娇惯他们。记得三女祖杉还在襁褓之中时，月涵不让抱着，怕惯坏了孩子。他下班回来后把放着祖杉的柳条箱挎起来在屋里来回走一走，就算是哄孩子了。他不许孩子们挑食，吃饭时每人给一小盘菜，不适合该子吃的东西就不给，喜欢吃的还可以添，但盘里的一定要吃掉。孩子们从小就养成了好习惯，成年后遇到困难的生活环境都能适应。我这做幼儿教育的人，有时气急了还打过孩子，也曾把该子锁起来以示惩戒。而月涵却从不打孩子，也从不急躁。他批评我说："你忘记自己是做什么工作的了。"

1926 年春，月涵被清华教授会推举，继张彭春先生为第二任教务长。清华大学的教务长就是从这时起改为推举产生的。他时年 37 岁，在教授中是比较年轻的。那时清华的教授中获博士学位的大有人在，为什么却选中了他？我以为这是出于大家对他的人品的信任。月涵开始主持教务会议，即已显示了他的民主作风。在会上，他作为主席很少讲话，总是倾听大家的意见，集思广益，然后形成决议。从此，月涵开始了他操劳忙碌的大半生，整日在办公室埋头于工作之中。我每天下午 4 点钟给他送一些茶点，孩子没人带，就放在小车里推去推回。

1928 年，温应星校长在任时，月涵被派往华盛顿，接替赵国才副校长任清华留美学生监督，管理清华大学的在美留学生。

1929 年，月涵的父亲去世。冬天，我和张彭春先生结伴去美。为了节省开支，月涵不让把儿女都带去，我只好把两个小的孩子留在国内。他为了节省经费，简化了监督外的办事机构，精简了人员。他辞去司机，自己学开车，并将负责做饭和打扫卫生的助理员改为半日工作，只管搞卫生。饭由我来做，不给报酬。秘书何培源兼管买菜，也不另给报酬。

月涵的任务是管理分散在全美国的清华留学生，掌管他们的经费（美金），管理他们的学业和操行。他把监督处办成留学生之家，在华盛顿的学生可以随时来监督处活动、休息，在外州的学生放寒暑假时也回这里来休假。后来有些非清华的留学生也常来活动。记得当时常来的学生有蒋以绵、韩寿萱、何义君、王炳南、陈志迈、徐国懋、韩权华（我的妹妹）、王玉霭（王正廷的女儿）、钮明华（钮永建的女儿）、王文山（后为清华图书馆主

任）、陈慧君（后为西南联大女生指导）等人。月涵不赞成学生
到社会上去参加娱乐活动，不赞成学生去舞场跳舞，因而尽量把
监督处办得好些，使学生们乐于来此。假日，他也允许学生们在
这里打打桥牌，搞些健康的文娱活动。

1931年冬，月涵在留美学生监督处任监督三年后，当时的
教育部长李书华（原中法大学校长）请他回国主持清华大学的工
作，继翁文灏代校长之后任校长，时年42岁。留美学生监督一
职由赵元任先生接替。这一消息传来后，许多美国朋友都不以为
然，也舍不得他离开。美国人认为做校长就是做官了，他们说：
"梅先生不是做官的人，最好继续留在这里。"

由于孩子们的学校尚未放假，因此我须稍晚回国，月涵只身
先回国赴任。1932年春，我才带着孩子们回来。

从此一直到1937年卢沟桥事变爆发，六年间月涵一直任清
华大学校长。那时的清华并不设副校长，所以他的工作是十分

清华大学同仁合影。前排左起：叶企孙、潘光旦、罗家伦、梅贻琦、冯
友兰、朱自清；后排左起：刘崇𬭎、浦薛凤、陈岱孙、顾毓琇、沈履。

繁重的，但也是比较顺利的。在这以前清华的学生和教师赶校长、赶教授是常见的事，校长在任的时间都不长，从 1911 年清华学堂开办时起，换了十余任校长，有的只做了几个月，有的还没上任就被抵制了。有人问月涵："怎么你做了这么些年？"他说："大家倒这个，倒那个，就没有人愿意倒梅（霉）。"所以有人说："梅校长不爱说话，可是说起话来很幽默。"写到这里，我又想起一个关于月涵不爱说话的故事。有一次外出，同车中有月涵、贻宝弟、卫菊峰夫妇和我，一路上贻宝高谈阔论，滔滔不绝。卫太人说："贻宝啊，怎么校长不说话，你那么多话，你和校长匀匀不好吗？"月涵慢腾腾地说："总得有说的，有听的，都说话谁听呢。"他就是这样，为人严肃，回到家里对公事和人事问题只字不提，有人来家谈公事时，我和孩子们都不参与，所以我们对他的教育工作、社会活动以及清华的内情了解很少，别人问到我什么，都无可奉告，有时反而是从别的教授夫人处听来只言片语。

月涵担任校长后，他的生活几乎就只有做工作，办公事，连吃饭时也想着学校的问题。工作之余就是看看报纸，也未见他看过什么小说之类的东西。从留美监督处回国后，几乎几年都没有什么娱乐活动。月涵很喜欢听京剧，担任校长后看戏的机会也少了，只在进城开会留宿时才偶尔看看。他对生活要求很简单，从不为穿衣吃饭耗用精力，也不为这些事指责家人。年轻时还喜欢打打网球，后来就没有任何体育活动了。我们住在清华校长住宅甲所时，宅旁有一小片土地，月涵把它开辟为小花园，每天清晨起来自己去收拾花草，既是爱好，也是锻炼身体。他特别喜欢一种倒垂下来的叫作"倒草"的绿色植物。有一次他出去开会两个星期，回来后发现倒草枯死，真的动了气。

任校长期间，月涵廉洁奉公的作风仍像在监督处一样。过去甲所住宅的一切日用物品包括手纸都是由公家供给的，有公务人员按时送到。月涵继任后一切全免，公私分清，私宅的一切自己掏钱。我和月涵一起进城时可以坐他的小轿车，我一人进城时永远乘班车，从未要过他的小车。

月涵对学校的安全和学生的学习环境很为关切，千方百计地创造并维持一个宁静的学习环境。月涵为防备军阀骚扰教育事业，订有护校的措施。有时他亲自和陈福田、毕正宣等先生巡逻校园，直到深夜。

三

1937 年七七事变时，月涵不在北平，他恰好在 7 月 6 日离平去江西参加庐山会议。日本兵开进清华园，在校园里养马，学府变成了兵营。9 日清晨，陈福田把我和儿女们送进城里，住在哥哥家。月涵的母亲把旗守卫 10 号住宅大门上的"梅"字牌牌也摘掉了，我们都不敢公开来往，只用暗号互相通信问候。

月涵在庐山无法回平，辗转到了长沙。清华留守的先生们把学校的文件陆续运到了长沙，以后又运到昆明。不少教授和学生陆续到了长沙。国民党政府决定清华大学、北京大学和南开大学在长沙组成国立长沙临时大学，要北大校长蒋梦麟、南开校长张伯苓与月涵三人任校务委员会常务委员。开课仅两个月，南京失守，武汉也吃紧。到 1938 年，长沙临大又奉命迁到云南昆明、蒙自两地，改称国立西南联合大学，仍由张、蒋、梅三人任常委，月涵兼任常委会主席。迁校时，由于交通和经费困难，有不少年轻的教授带着几百名学生，从湖南徒步走到云南，历尽千辛万苦，坚忍不拔地到达目的地，爱国热忱感人至深。1938年夏，我带着五个孩子取道上海、香港、海防到了昆明，和月涵团聚，开始了在西南联大七年多的生活。

联大三位常委原定每人轮流任两年主席，但因张伯苓、蒋梦麟两位先生均在重庆另外任职，月涵只好一人办理日常事务，遇到大事再找他们两位商议，因此更加忙碌，以至于在1940年9月，月涵的母校美国吴士特工学院校庆时，来信邀请他去美接受工科荣誉博士学位，他都没有时间前往。

我们的家先住在昆明花椒巷，一年后迁往西仓坡，正面小楼上是月涵的书房和卧室，楼下即是联大办事处。我住在西面小楼上，楼下是会客室。教务长潘光旦先生住在南面楼上。月涵一到昆明，就把校长专用的小汽车交给学校公用了。他外出开会、办事，近则步行，远则搭蒋校长或别人的车，无车可乘也从不埋怨。他经常和孩子们一起安步当车，走一段不近的路。

在昆明的几年中，除了办校外，突出的事情就是跑警报，几乎天天要跑。日本飞机来轰炸时，从容飞来，从容飞走，可以说是畅行无阻，如入无人之境。一有警报，国民党空军自己先把飞机飞走，保护起来。昆明根本谈不上什么空防。西南联大也没有防空设施，飞机一来大家就跑开躲起来。月涵在走开之前，总是先把义件收恰妥当，放好锁好才走。他作为校长，也和教师、学生们一起跑到学校后面的小山上，在坟头之间躲避一下。

日本飞机轰炸、至今还给我们的记忆留下一件很难过的事。每次跑警报，办事处都是把学校的文件放在一个简易的防空洞内，留下两个工友看守，一次，大家上午跑出去。下午回来时，发现办事处已经被炸，文件全被炸毁，两位工友也被炸死。他们之中一个是青年，另一个是老人，姓尹，以前每次大家跑警报回来时，他都预备些热茶给大家喝，可是这次却不幸被炸死了。1941年冬，珍珠港事件发生后，有些美国空军部队来到昆明，日本飞机不大敢来轰炸了，跑警报的事才少了一些。

抗战时期，不仅学生生活很艰苦，教授的生活也不宽裕。我们和潘光旦先生两家一起在办事处包饭，经常吃的是白饭拌辣椒，没有青菜，有时吃菠菜豆腐汤，大家就很高兴了。教授们的月薪，在1938年、1939年还能够维持三个星期的生活，到后来就只够半个月用的了。不足之处，只好由夫人们去想办法，有的绣围巾，有的做帽子，也有的做一些食品，拿出去卖。我年岁比别人大些，视力也不很好，只能帮助做做围巾穗子。以后庶务赵世昌先生介绍我做糕点去卖。赵是上海人，教我做上海式的米粉碗糕，由潘光旦太太在乡下磨好七成大米、三成糯米的米粉，加上白糖和好面，用一个银锭形的木模子做成糕，两三分钟蒸一块，取名"定胜糕"（即抗战一定胜利之意），由我挎着篮子，步行45分钟到冠生园寄卖。月涵还不同意我们在办事处操作，只好到住在外面的地质系教授袁复礼太太家去做。袁家有六个孩子，比我们的孩子小，有时糕卖不掉时，就给他们的孩子吃。有人建议我们把炉子支在冠生园门前现做现卖，我碍于月涵的面子，没肯这样做。卖糕时我穿着蓝布褂子，自称姓韩而不说姓梅。尽管如此，还是谁都知道了梅校长夫人挎篮卖定胜糕的事。由于路走得多，鞋袜又不合脚，有一次把脚磨破，感染了，小腿全肿起来。

月涵一向忙于校务，家里人怎样生活，是否挨饿，他全然不知。直到看见我这样狼狈，看到教授的太太们这样疲于奔命地维持生活，他才着了急，向重庆政府教育部为大家申请了些补助。还有一次教育部给了些补助金，补助联大的学生，我们当时有四个子女在联大读书，月涵却不让领取补助金。我当时参加了昆明女青年会的活动，参加活动的还有龙云夫人、缪云台夫人等。大家要轮流备饭，一次轮到我备饭时，确实没有钱，就在大西门旁铺一块油布摆个地摊，把孩子们长大后穿不上的小衣服、毛线头编结的东西以及我自己的衣服等摆上卖，一个早上卖了10元钱，总算勉强把这顿饭备上了。这样，梅校长夫人摆地摊的事也就流传出去。当然这是我们最困难的时候。

1943年，美国陆军大规模装备和训练国民党军队，需要大批翻译，学校的应届毕业生都被征调去服务，学校并号召其他学生自愿参加。我们的独生子祖彦那时才19岁，也报名参加了。月涵在学校对教授、学生有民主作风，在家庭对妻子、儿女也同样，一切根据自愿，合理的就支持，从不强迫命令。所以祖彦参军和别的学生完全一样，是自愿去的。正像对待我的工作、学习

1946年，西南联大结束后，梅贻琦夫妇离开昆明前合影。

问题一样，月涵都是尊重我个人的意见，不大干预的。1933 年至 1935 年，我在清华曾旁听了一段时间陈福田的英语、钱稻孙的日语和金岳霖的逻辑学，事先曾征求月涵的意见，他不反对，但要求我既想学就要把课程坚持学到底。据我所知，月涵也从不托人情去办什么私人的事情。

在昆明期间，月涵虽然仍像在北平清华时一样地忙于校务，但他的心情是很不平静的，忧愤山河沦陷，思念亲朋故旧和他付出了心血的清华园。1944 年 3 月，他得知老母病故于北平，无法奔丧，十分悲痛。他一生不喜以诗文抒发感情，只是作作演讲，因此留下文字很少。但在 1942 年却有与顾毓琇先生唱和之句，诗中有"点苍雪浅攀登易，长白云低望见难"，以及"回忆园中好风景""五年漂泊泪由衷"等句，可见当时他心情之一斑。

1945 年，抗日战争胜利。月涵先到南京办理西南联大的善后工作，随后联大结束，师生陆续迁回北平和天津。月涵回北平后，立即开始了接收校舍、筹备复校的工作，并继续任清华大学校长，主持清华的工作，一直到 1948 年底。

1948 年 12 月 21 日，月涵乘飞机去南京，后经上海、广州、香港，转道巴黎，于 1949 年 12 月到了美国。我于 1951 年 1 月也从香港到了美国。1955 年底，月涵前往台湾。1962 年 5 月 19 日，他因患骨癌而去世，终年 73 岁。

（原载《中华文史资料文库》第十七卷，全国政协文史资料委员会编，中国文史出版社，1996）

历史学家陈寅恪

胡守为

陈寅恪原籍江西修水人，1890 年 5 月 17 日出生于清朝名宦家庭。祖父陈宝箴曾隶湘军曾国藩幕府，后历任浙江、湖北按察使，1895 年就任湖南巡抚。陈宝箴主张变法维新，保荐杨锐、刘光第为清廷军机章京，戊戌变法失败后，遭革职永不录用处分。父陈三立，光绪年进士，后为吏部主事，与谭嗣同等革新派人物相友善，戊戌年间亦一并被革职，此后遂隐居不涉世务，致力于诗文写作，为有名之诗人，有《散原精舍诗》《散原精舍文集》

1899 年，陈宝箴领诸孙及重孙于南昌。左起第二人为陈寅恪。

流传于世。卢沟桥事变起，日本侵略军攻陷北平，陈三立以国家积弱，屡遭列强欺凌，悲愤绝食而死。生长在这样的家庭，陈寅恪不但从小受严格的国学训练，亦受父、祖思想的熏陶，他自称，"生平为不古不今之学，思想囿于咸丰同治之世，议论近乎曾湘乡、张南皮之间"，以及重民族气节等等，均可见其痕迹。

1898 年，陈宝箴、陈三立父子被革职后，闲居江西祖家。不久，陈宝箴去世，陈寅恪随父迁往南京，在家塾念书。陈三立希望儿子不要只读古书，也要吸收西洋新学，遂于 1904 年 10 月把寅恪、隆恪兄弟二人送往日本求学。陈寅恪就读于东京巢鸭弘文学院高中，只读了一年多，因患脚气病，于 1905 年秋回国。病好以后，虽然没有再到国外学习，仍选择了一所新学堂，进入上海吴淞复旦公学，著名的地质学家李四光便是当时的同窗。在复旦公学读了四年，陈寅恪因得到亲朋的资助，乃于 1910 年到欧洲留学，先后在德国柏林大学和瑞士苏黎世大学读语言文学。他学习非常用功，除语言文学外，还大量阅读其他社会科学的书籍。他说他在瑞士时便读了马克思的《资本论》，也许是中国人读德文版《资本论》的第一人。在此期间，他已打下了西方史学研究方法的基础。当时他由于手头拮据，只能以最节省的办法维持生活，有时甚至要挨饿。一方面用功，一方面营养不足，他的脚气病于是再发，虽然在挪威疗养一段时间，病况好转，但仍未根本解决问题，加上其他的原因，陈寅恪不得不于 1911 年回国。回国后，国内没有合适的学校可读，只好在上海家中自修。至 1913 年，他再获机会出国学习，在法国巴黎高等政治学校社会经济部读了一年，因欧战爆发，1914 年底又返回中国。回国后最初赋居南京，后来又到北京住了一段时间。那时候，他的长兄陈衡恪（师曾）已是著名的画家。陈师曾任教于北京美术专门学校，陈寅恪同他手足之情最深。陈师曾过早去世，后来陈寅恪居住北京，生活上也多得大嫂的照顾。陈师曾与鲁迅有交往，由于有这种关系，陈寅恪与鲁迅也有学术过从。《鲁迅日记》中曾记1915年4月6日"赠陈寅恪《域外小说》第一、第二集"。不过，陈寅恪后来绝少提起这段事迹，他说，鲁迅名气大，谈这些事会有攀附名人之嫌。1918年冬，陈寅恪获得江西省官费的资助，再度出国游学。这时候陈寅恪已开始集中精力研究古文字学和佛经，先在美国哈佛大学随蓝曼（Lan man）教授学梵文和巴利文，1921年又转往德国柏林大学梵文研究所，著名学者路得施（Luders）是该所教授。陈寅恪在路得施教授指导下，攻读东方古文字学近四年之久。学习的方法用西方比较语言学法，即用一种文字的佛经与同一佛经的不同文字译本相比较，掌握其语言规律及变化，他因而通晓多种古代语言和熟习佛教内典。有此基础，使他后来能广泛利用多种语言文字的材料以佐证历史，为他人所不能及。在他早期的著作中，便很能显示他的语言学方面的功力。如在《元代汉人译名考》中，他利用波斯文、蒙文典籍，论证陶宗仪《辍耕录》所举汉人八种的原意，揭示书中所举八种称谓实为蒙古最初故籍旧题之原文，纠正一些学者以为此条伪舛之说。在《蒙古源流研究》四篇中，他又利用多种文字的史料以及长庆唐蕃会盟碑碑阴蕃文考证吐蕃彝泰赞普名号及年代，订正《唐书》《唐会要》等史乘的错误，取《蒙古源流》蒙文、满文、汉文本相对照，参考其他史籍，证明书中Turmegei为灵州，Irgai为宁夏，Temegetu为榆林，这些译名是前蒙古史学者所未解的。而《彰所知论与蒙古源流》一文，则剖析蒙古旧史史料来源，指出《蒙古源流》于《蒙古秘史》增加神话传说之史层，其增加部分可溯源于《彰所知论》，而《彰所知论》有取材于天竺、吐蕃事迹者，有的学者未审其源本，误以为"吐蕃蒙兀实一类也"。所论均极为精辟，于此亦可见由于他具有高深的语言学基础，才能博引各种典籍，大大开拓史料来源。他自知用西洋语言科学之法，整理考订史料，"其成效当较乾嘉诸老更上一层楼"，但他声称其所注意者有二，一历史，一佛教，说明他做学问并非企求一般地超越乾嘉考据学，而是另有抱负的。

1922 年夏，德国，陈寅恪（立排左二）、章士钊（立排左四）、陈西滢（立排右四）、傅斯年（立排右二）、何思源（前排右二）等人合影。

他对佛经的学识，不但使后来发现的梵文、西夏文等不易辨识的古文字残经断片，到他手上便能迎刃而解，而且能洞察佛教对我国历史上的政治、文化的影响。诸如《武曌与佛教》一文，述武则天利用《大云经》经义，破儒家传统男尊女卑的思想，为其自立皇帝的舆论依据。《文愍度学说考》一文，以为我国哲学史上的"格义"，实为南北朝时候我民族与他民族两种不同思想的初次之混合品。《洛阳伽蓝记》由于辗转传抄，正文与子注混在一起，后来学者想方设法析离，仍未得满意的结果。他因通晓佛经体裁，从作者杨衒之习染佛法的线索，提出应从佛经合本子注的体例析离，这确是虽精于世典而罕读佛书的章句儒生所无法解决的。此外，他还写了多篇论文，论述佛经对我国文学、小说等的影响，也是很有见地的著作。

陈寅恪从不以取得某种学位为学习目标，故在欧美游学多年，并无任何学位头衔，但他的学识却深受国内外学术界人士的推崇。1925年，清华大学设立国学研究院，行导师制，聘请当时最有名望的学者担任导师，提倡以现代科学的方法整理国故。先就任导师的有赵元任、梁启超、王国维等人。吴宓是研究院主任，负责行政工作，他在美国哈佛大学读书时已认识陈寅恪，以为"合中西新旧各种学问而统论之，吾必以寅恪为全中国最博学之人"，于是极力推荐陈寅恪担任导师。据说梁启超也认为陈寅恪是合适的人选，向当时清华大学校长曹云祥鼎力举荐，陈寅恪遂以既无学衔，著作亦不多，但才学出众的学者身分应聘，任清华国学研究院导师。1925年3月，他从柏林回国。回国后，适逢父病，向清华研究院请假一年在杭州家中照料父亲，次年6月，正式到校任教。

清华国学研究院一共办了四年，培养了一批后来颇有成就的学者，是当时文史学的最高学府。当时名望最高的导师当推梁启超、王国维。陈寅恪曾戏赠一联与研究院的学生曰：

南海圣人再传弟子；大清皇帝同学少年。

因为梁启超是康有为的弟子，而王国维曾任清朝"南书房行走"，即宣统皇帝的教师，故研究院的学生实为康有为的再传弟子，而与宣统皇帝属同师的学生。对这两位学者陈寅恪曾各有评论。他称誉王国维为"大师巨匠","能开拓学术之区宇，补前修所未逮"，其"著作可以较移一时之风气，而示来者以轨则也"。王国维自沉于颐和园昆明湖，他写了长篇挽词，情见乎词，一时传为最佳之诗篇。王国维遗书请他和吴宓共同料理藏书，也可见二人交情之深。对梁启超的学问，他也很称道，说"任公先生高文博学，近世所罕见"。陈宝箴主持湘政，原拟请康有为主讲时务学堂，后陈三立极力推荐梁启超，遂改聘梁启超主讲时务学堂。可见陈家对梁启超的器重。但陈寅恪对梁启超在清朝覆灭后的思想行为不无微辞，他在挽王国维词中有"清华学院多英杰，其间新会称耆哲。旧是龙髯六品臣，后跻马厂元勋列"句，对梁便带有讥讽的味道。梁启超曾受清廷六品顶戴，1917年张勋图复辟清室，他又随段祺瑞至马厂起兵通电反对张勋，并攻击康有为，陈寅恪对此颇不以为然。陈寅恪把对王国维的挽词送去给梁启超看，梁启超只笑了一笑，不以此生芥蒂。《宋书·陶潜传》说陶渊明，"自以曾祖晋世宰辅，耻复屈身后代，自（宋）高祖王业渐隆，不复肯仕。"陈寅恪认为以此说明陶渊明的政治主张，最为可信。而梁启超在《陶渊明之文艺及其品格》一文中则称："其实渊明只是看不过当日仕途混浊，不屑与那些热官为伍，倒不在乎刘裕的王业隆与不隆，""若说所争在什么姓司马的，未免把他小看了"，又说，"宋以后批评陶诗的人最恭维他耻事二姓，这种论调我们是最不赞成的。"陈寅恪在《陶渊明之思想与清谈之关系》文中引了梁启超的话后，按道："斯则任公先生取己身之思想经历，以解释古人之志尚行动。"对梁启超先事清室，后又反清的行为非难之意更为明显。他在《艳诗及悼亡诗》中曾有一段关于社会道德的议论："纵览史乘，凡士大夫阶级之转移升降，往往与道德标准及社会风习之变迁有关。当其新旧蜕嬗之间际，常呈一纷纭综错之情态，即新道德标准与旧道德标准，新社会风习与旧社会风习并存杂用，各是其是，而互非其非也。斯诚亦事实之无可如何者。虽然，值此道德标准社会风习纷乱变易之时，此转移升降之士大夫阶级之人，有贤不肖拙巧之分别，而其贤者拙者，常感受苦痛，终于消灭而后已。其不肖者巧者，则多享受欢乐，往往富贵荣显，身泰名遂。其故何也？由于善利用或不善利用此两种以上不同之标准及习俗，以应付此环境而已。"这段议论可作为他对王、梁二人思想行为评价的注脚，也可从中了解他的社会道德观，以至历次社会变革中他所持之立场。

陈寅恪从德国回来任教清华国学研究院时，只有35岁，未成家。由于他一方面潜心学业，一方面自以体孱多病，恐累及他人，故至壮年，尚未婚娶。这时候，陈母俞氏已去世，陈父一再催促早日成婚，他仍未承允。在清华国学研究院任职后，同事偶然谈到见一女教师唐筼（字晓莹）家壁悬一诗幅，署名南注生。据此，陈寅恪推断这位女教师必为唐景崧的孙女。唐景崧乃清末台湾巡抚，甲午战争失败，清廷割让台湾给日本，引起台湾人民群起反对。唐景崧联络当地士绅策划台湾独立，拒绝归附日本，没有成功。陈寅恪曾读唐景崧请缨日记，陈母俞氏是清代著名学者俞明震之姊，而俞明震又曾与唐景崧在台湾共事，故陈寅恪颇谙唐景崧之家世。两人认识后，颇感志同道合，遂于1928年农历七月在上海结婚。婚后陈夫人对丈夫不但在生活上关怀备至，在著述上亦有很多帮助。陈寅恪有"然脂功状可封侯"诗句，就是称颂其夫人日夜辛劳，助成其著述的。

陈寅恪对学业的专心，还可从他买书的事例得知。1918年供他出国学习的官费很不正常，时断时续，或者不够额。他在德国柏林时，生活非常简朴，这固然因官费微薄，另外也有心把钱节约下来买书的缘故。他在柏林寄回的一封信中说："我现必需之书甚多，总价约万金，最重要者即西藏文正续藏两部及日本印中文正续大藏，其他零星字典及西洋类书百种而已，若不得之，则不能求学。我之久在外国，一半因外国图书馆藏有此项书籍，一归中国，非但不能再研究，并将初着手之学亦弃之矣。"渴望得书的心情，跃然纸上。他受骋回国后，经济条件好转，即用分期付款的办法，订购日本印的线装本中文大藏经，每月扣薪金50元，经年才扣足，在当时是一笔相当大的数目。陈寅恪一直珍藏着这套书，及至1949年从北平南下，才转存于上海。

清华国学研究院只办了四年，因王国维、梁启超相继去世，未能请到有名望的国学大师接任，便宣告结束。清华国学研究院结束后，陈寅恪由清华大学聘请为教授，并曾在北京大学兼课。在此期间，他主要讲授佛经翻译文学、两晋南北朝、隋唐史料、蒙古史料之研究等课程。课程内容涉及古民族语言的甚多，未具备一定语言学基础的学生，往往不易懂。但这些课程却为研究文学、史学开辟了新内容和新风气，使学生大开眼界。1930年以后，他还兼任当时的中央研究院理事、历史语言研究所研究员兼第一组主任、故宫博物院理事、清代档案编委会委员等职。

1937年7月，日本侵华战争爆发，北平旋被占领，陈寅恪一家滞留城中。陈三立原居杭州，住所靠近西湖游览区，因不堪嘈杂，迁居北平，故同时陷入敌手。陈三立亲身经历国家在异族统治之下的痛苦，忧愤不食而死。这件事对陈寅恪的影响甚大。后来日本投降时，他赋诗说：

国仇已雪南迁耻，家祭难忘北定时。

表示国破家亡铭记于心。治丧完毕，陈寅恪即举家逃离北平。时清华大学暂迁长沙，陈寅恪从天津乘船南下，经青岛辗转到达长沙。他的藏书当然无法带出，只好托人将常用的分包寄往长沙，结果只收到极少部分。不久，清华大学又从长沙迁往云南，他随学校部分师生往香港，乘船绕道越南进入云南。1938年4月到达蒙自，任教西南联大。同年，西南联大又搬到昆明。他随学校到了昆明以后，生活才较为安定下来。从长沙出来，他所带的书更少了，留下来的书以及后来慢慢寄到长沙的书，都寄存在亲戚家里。中国军队从长沙撤退，放火焚毁长沙城，陈寅恪寄存亲戚家里的书籍也全化为灰烬。往昆明的旅途中，他随身携带的书籍也丧失了一部分。陈寅恪读书每在书上做校释和写下心得，在路途上丢失的新旧《五代史》，便有他准备写五代史论的意见。这批书籍的毁失，使他的一部分读书心得也随之丧失。

陈寅恪一家人

陈寅恪在西南联大主要讲授两晋南北朝史、隋唐史专题研究和元白诗研究等课程。这时候，他的健康状况已不大好，视力大为减弱，但他对教学仍极为认真。据当时在西南联大的同事和学生忆述，他每次上课都用包袱包着一大包书进课堂，然后把这堂课要讲的内容有关史料写在黑板上，密密麻麻写满一黑板后，已十分疲劳，才坐下来慢慢地宣讲。他讲课很有条理，论证周详，富于启发性，听课者感到是一种享受，故不但历史系的学生去听，中文系和其他系的学生也去听，一些教授也去听，课室里坐不下，有在窗外听讲的。

20世纪30年代开始，陈寅恪的著作重点已转到我国中古史方面。从研究佛经和周边民族史转而主要研究魏晋南北朝隋唐史，其中原因于其著述中亦大致可知。他在国外专攻语言学和佛经时，即表明他所注意的乃是历史。清中叶以后，乙部之学，喜谈西北史地，实与国难重重，学者鼓吹致力边防有关。这门学问亦非无发展余地，不过，陈寅恪并不想把这门学问作为自己研究的主要方向，他研究西北民族史目的在于提供新的研究方法，志在"但开风气不为师"。他又说："寅恪平生治学，不甘逐队随人，而为牛后。年来自审所知，实限于禹域以内，故仅守老氏损之又损之义，捐弃故技。凡塞表殊族之史事，不复敢上下议论于其间。"这番话固有自谦之词，但也表明其治学的志趣。由此亦可见其学术重点的转移实非出于偶然。

20世纪30年代开始，陈寅恪已撰写中国中古史的论文多篇，而《隋唐制度渊源略论稿》则是他第一本系统论述中古史的专著，此书成于1940年。他在附论中说："年来复遭际艰危，仓皇转徙，往日读史笔记及鸠集之资料等悉已散失，然今以随顺世缘故，不能不有所撰述。"说明战乱影响了他的著述，也促成了本书的写作。附论中又说："本书所论极为简略，仅稍举列，以阐说隋唐二代制度之全体因革要点与局部发展历程而已。总而言之，二代之制度因时间与地域参错综合之关系，遂得演进，臻于美备，征诸史籍，其迹象明显，多可推寻，决非偶然或突然所致者也。"本书历述隋唐的主要制度，诸如礼仪、职官、刑律、音乐、兵制、财政等皆出于北魏、北齐，梁、陈，西魏、北周三源，前二者尤为重要，所论甚精辟。他从史实分析，得出一代制度决非偶然或突然所致，实具有较高的史识。

1939年，英国牛津大学聘请陈寅恪为中国史教授。牛津大学聘请中国人当教授，这算是第一宗。1940年9月，他离昆明赴香港，准备去英国应聘，当时因为战争的关系，交通阻滞，只好停留在香港等候，香港大学中国文学系主任许地山于是请他到香港大学任客座教授，边教书边候船赴英。许地山逝世，他接任中国文学系主任。1941年底，太平洋战争爆发，香港为日军占领，陈寅恪再次陷于日本侵略军的统治下。后来日军军部知道他是一位学者，又懂日语，便格外优待，在其家门口做了一个记号，禁止日军进屋。沦陷后的香港，粮食至为困难，日本军官曾派人送米给陈寅恪，意欲拉拢。但陈寅恪把米推出家门，拒绝接受。陷敌期间，他闭门诵读李心传《建炎以来系年要录》，颇有感于建炎年间的史事。他的行动已受到日军的注目，要返回内地已不容易，后来他装扮成塾馆先生，才秘密离开香港。当时澳门尚未为日军占领，故他带领全家先至澳门，然后转经广州湾（今湛江市），于1942年7月始回到桂林。

从香港回来后，陈寅恪感慨万分，他目睹民生凋弊，教书的生活十分困苦，愤慨地写下：

> 九儒列等真邻丐，五斗支粮更殒躯。世变早知原尔尔，
> 国危安用较区区。

就在那时候，教育部长朱家骅策划向蒋介石献九鼎，想借文化界人士的名声为蒋歌功颂德，曾征求陈寅恪的意见，他写了《癸未春日感赋》作回答，诗云：

> 沧海生还又见春，岂知春与世俱新。读书渐已师秦吏，
> 钳市终须避楚人。九鼎铭辞争颂德，百年粗粝总伤贫。周妻
> 何肉尤吾累，大患分明有此身。

表白了回来后失望的心情，不屑与阿谀者同流合污。

在桂林居住期间，陈寅恪又完成了《唐代政治史述论稿》的著述。这是继《隋唐制度渊源略论稿》后又一部重要的中古史专著。书中分析所谓"关中本位政策"的形成及其破坏对唐代政治的影响，"关中本位政策"于唐玄宗后不能维持，社会阶级亦因之发生变迁，中央与地方的势力亦因之而消长。此外又论述唐代周边各族如何互相制约以及与内政的关系，所论博大精深，在综观唐代复杂的政治变化中，能理出一条主线，若非有高深的学识，不能有此成就。故本书的论点虽然有可商榷的地方，但仍为中外学者所推崇，咸誉为唐史研究的划时代作品。

在桂林逗留期间，陈寅恪以清华大学教授名义，任教广西大学。1943年9月，他离桂林去成都。颠沛流离的生活，一再摧残他的健康，在往成都的路途上，他又病倒了，在贵阳住了一个多月，这年12月才抵达目的地。他在成都仍以清华大学教授名义执教燕京大学。抗日战争开始以后，陈寅恪已开始感到视力差。他从小就勤奋读书，有一年因侍候母病，没有上学校，他利用空隙

时间读十三经，且用的是巾箱本，字体很小，晚上灯光不足，损耗目力尤甚。逃难的生活，使他的健康下降，视力更差了，正是"七载流离目更昏"。他患的是视网膜脱离症，曾在成都存仁医院治疗，未能奏效。恰值牛津大学重申聘约，希望陈寅恪仍到校任教授职，他也想利用这个机会到英国找名医治眼病，遂于1945年秋由成都至印度，转乘飞机赴英伦。20多年前他游学欧洲，曾到过英国，这次抱着"眼暗犹思得复明"的心情，旧地重游，无限感慨。然而英国的名医也没有把他的眼疾治好，最后下了失明已成定论的诊断书。失明对一位在学术上壮志未酬的学者无异晴天霹雳。

> 天其废我是耶非，叹息苌弘强欲违。著述自惭甘毁弃，妻儿何托任寒饥。西浮瀛海言空许，北望幽燕骨待归。（自注：先君枢暂厝北平待归葬西湖）弹指八年多少恨，蔡威唯有血沾衣。

这首诗表达了他当时失望痛苦的心情。在英国眼病治不好，陈寅恪便辞去牛津大学的聘约，取道大西洋经美国返回中国。

1946年6月，陈寅恪回到上海，养息了几个月，到10月间才乘船北上重返清华园。重回旧地，使他感慨不已。

> 葱葱佳气古幽州，隔世重来泪不收。桃观已非前度树，藁街长是最高楼。
>
> 名园北监仍多士，老父东城有独忧。惆怅念年眠食地，一春残梦上心头。

这首诗说出了他当时且喜且忧的心情。他对曾生活20余年的北京城一直是很怀念的，抗战后离开了北京本以为不能生还，现在又回来了，恍同隔世。然而使他更为感叹的是国民党借用美国人的势力，仍要打内战，"藁街长是最高楼"意即指此。早在抗日战争期间，陈寅恪在成都华西坝目睹美军在我国国土上胡作非为，曾咏诗表示不满：

> 浅草方场广陌通，小渠高柳思无穷。雷车乍过浮香雾，电笑微闻送远风。
>
> 酒醉不妨胡舞乱，花娇弥觉汉妆浓。谁知万国同欢地，却在山河破碎中。

而战后美国又帮助国民党打内战，他从民族自尊心出发，感到愤慨。在这时候，他在北京高等院校教授支援学生运动的呼吁书上签名，参加拒绝领取"美援"面粉的行列，并非偶然。

1948年冬，国民党政府已处于风雨飘摇之中，社会混乱，物价飞涨，这位名教授所得的薪俸却不能维持一家温饱，不得不把一部分心爱的藏书卖给北京大学东方语言文学系，以书款买煤过冬。这时候，北平已面临解放，国民党政府由青年部长陈雪屏出面想把他运走，遭到拒绝，乃由胡适出面邀他南下。陈寅恪以为胡适是个文人，无政治企图，于是随之南下抵上海，复由上海乘船至广州，岭南大学校长陈序经借机聘请他担任讲席。解放战争势如破竹，1949年10月，解放大军越南岭而下，国民党政府又派人引诱他逃离广州。当时他要去台湾、香港都很方便，经过慎重的考虑，陈寅恪都没有去，因为台湾国民党政府只能在美国卵翼下求存，香港是英国的殖民地，都不是他认为可以安身之所。

在岭南大学任教期间，他为历史系、中文系的学生轮流讲授两晋南北朝史、唐史、唐代乐府等三门课程。岭南大学的学生本来就不多，读历史的更少，但陈寅恪仍然以极其认真的态度上每一堂课，受业的学生对他渊博的学识和诲人不倦的精神，非常钦敬，1950年还特地送他一面绣有"万世师表"的锦旗，表彰他在教育事业上所作的贡献。

20世纪30年代开始，陈寅恪已注意用诗文证史，如以李商隐《无题》诗"万里风波一叶舟"一首，证李德裕归葬日期为大中六年夏季，以陶潜《桃花源记》释十六国时期北方坞壁，以韦庄《秦妇吟》补述黄巢起义的事迹，以李复言《续玄怪录》中"辛公平上仙"的故事，发唐代中叶宫闱斗争的隐史，都是这方面有独到见解的著作。后来他以元稹、白居易诗笺释史事，汇集成《元白诗笺证稿》，1950年问世。这本专者也是他在学术上的一个里程碑。陈寅恪认为要把历史学提高到如地质学、生物学一样具有较高的科学性，必须要有准确的史料。而当时的诗文可以提供或佐证较为真实的史料，因此，以诗文证史便成为他倡导的一种重要的史学方法。当他在英国治目疾无效，双目失明，精神万分痛苦之时，他想到要完成《元白诗笺证稿》，他说："余生所欠为何物，后世相知别有传。归写香山新乐府，女婴学诵待他年。"大有以此书传后人之意，可见他对这部著作的重视。他在晚年，除不断修订这本著作之外，又穷十余年的工夫，写成《柳如是别传》。《柳如是别传》虽以笺释钱谦益、柳如是的诗文为主，但由此却把明末清初的历史作系统的论述，这本巨著可视为他以诗文证史，自验提高历史学的科学性的著作，也可视为他的史学方法总结。

1952年院系调整，中山大学改为广州地区综合大学，陈寅恪由岭南大学转为中山大学教授，一直到他逝世。

新中国成立后，中国共产党和政府以至中山大学的负责人对陈寅恪十分关怀，为他提供了良好的工作和生活条件。陶铸、陈毅、胡乔木、郭沫若等人曾多次去家里看望他，政府任命他为中央文史研究馆副馆长，他被选为第三届全国政治协商会议常委，由于他在学术上的杰出成就，他当选为中国科学院哲学社会科学部委员。

鉴于他的身体状况，组织上专门安排了两名助手帮助他著述和整理旧稿。1950年以后，他发表了《崔浩与寇谦之》《论隋末唐初所谓"山东蒙杰"》《记唐代李武韦婚姻集团》《魏书司马芝传跋》《论唐代之蕃将与府兵》等十余篇论文，对佛、道二教在社会政治上的影响以及唐初统治集团的分析，都有精辟的论述。此外，他还完成了《论再生缘》和《柳如是别传》，后者达七十余万言，耗时十余年，是他一生中规模最大的一部著作。当时他的眼睛已全不能看书，而《柳如是别传》引书达数十百种，他虽在早年已博览群书，但著述所引的书有不少他以前是没有读过的，只能靠助手念给他听，他把材料收集齐备，经过构思组织，一字一句口述，由助手记录。可以想象，晚年他经常生病，有时又受到精神上的干扰，若非有极为深厚的学问基础，惊人的记忆力和百折不挠的献身学术精神，要完成这样一部宏大的著作，

1950年，左起：陈序经、陈寅恪、姜立夫。

是根本不可能的。

学校挑选了一间适宜于他活动的房子给他住，在房前草地上铺了一条水泥路，路面涂上白色，使他在休息散步时易于辨认。经济生活困难时期，党和政府给予他特殊的照顾，保证他的健康不受影响。1962年，他不慎跌断右股小骨，医院把医疗方案送国务院，由周恩来总理裁定。他关心时事，喜听京剧，收音机便成了他的伴侣。当陶铸知道他所用的收音机坏了，立即从出口商品交易会展品中挑选最好的送给他。党和政府对他的爱护，他是衷心感激的。

陈寅恪最重视学术自由，他写王国维碑铭便有"思想而不自由，毋宁死耳"之语。他写《柳如是别传》就有"表彰我民族独立之精神，自由之思想"之意。他持学术自由的思想可谓始终不渝。他甚至把学术研究与政治绝然分开，认为研究学术最主要的是要具有自由的意志和独立的精神。关于《清华大学王观堂先生纪念碑铭》中"士之读书治学，盖将以脱心志于俗谛之桎梏"，他解释说："俗谛"在当时即指三民主义而言。必须脱掉"俗谛"之桎梏，真理才能发扬。受"俗谛"之桎梏，没有自由思想，没有独立精神，即不能发扬真理，即不能研究学术。新中国成立后，他拥护"百花齐放，百家争鸣"的方针。1957年春节，他自拟了一联贴在门口：

　　万竹竞鸣除旧岁，百花齐放听新莺。

以此来表达他的心情。

陈寅恪一生经历过坎坷不平的道路，清末家庭的变故，战乱流离的生活，失明多病对他的打击，这些都曾助长他思想上消极的情绪：

"非死非生又一秋，不夷不惠更堪羞。""我今自号过
时人，一榻萧然了此身。"

这些诗句流露了他内心的矛盾和苦闷。此外，他写《论再生缘》，
也借作者陈端生的遭遇，感怀身世，显得与现实生活不很协调。
1959 年《论再生缘》的油印稿流出香港后，被某出版商据以翻
印，又在小册子之前写了一篇"关于出版的话"，说"自中共以
马列主义的教条控制大陆文化学术界以后，一般学人已失去思
想、研究、发表的诸种自由"，"将来如果陈先生得知本书已在
海外传播，或亦当乐为默许的吧。"香港，《大公报》一位记者
把这小册子带回广州，交给陈寅恪。陈寅恪对这篇"出版的话"
非常不满，即把书送到中山大学党委书记冯乃超处，并说明自己
没有送书到香港，也没有同意在香港出版。冯乃超指出，"出版
的话"无非想挑拨他同党的关系，陈寅恪表示同意这一分析。

陈寅恪

十年浩劫期间，陈寅恪横遭迫害。他的身体在腿骨折断后，因为行动不便，本来就很虚弱，经此冲击，更加不行了。与他相依为命的陈夫人，健康状况亦不好。1969 年，陈寅恪已知不能长久，曾拟了一副对联预挽陈夫人：

> 涕泣对牛衣，卌载都成断肠史；废残难豹隐，九泉稍待眼枯人。

陈夫人也对人说："待把寅恪的事办完，我也要跟着去了。"临终前，陈寅恪嘱咐把他在广州的藏书全数赠送给中山大学图书馆。这年 10 月 7 日，这位一代史学宗师与世长辞，全国政协在报上发了讣告。他的遗体火化后一月余，陈夫人悲伤过度，心脏病发，也溘然而逝。

1966 年陈寅恪有题为《丙午春分作》七律一首：

> 洋菊有情含泪重，木棉无力斗身轻。雨晴多变朝昏异，昼夜均分发序更。白日黄鸡思往梦，青天碧海负来生。障羞茹苦成何事，怅望千秋意未平。

他似乎预感到政治气候的变幻，世道的更迭，回想一生在学术上辛苦耕耘，到底能否结果？万千思虑，使他意未能平。"四人帮"被打倒后，组织上为他做了彻底的平反。他的未刊稿《寒柳堂集》《柳如是别传》和修订稿《金明馆丛稿》已陆续出版。他几十年来培育的弟子，不少已在学术文化上作出重要的贡献。而他渊博的学识，他的民族气节、爱国精神，永远使人尊敬。

（原载《中华文史资料文库》第十六卷，全国政协文史资料委员会编，中国文史出版社，1996）

晏阳初与平民教育

晏升东　孙怒潮

一

晏阳初，四川省巴中县人，1890 年 10 月 30 日（清光绪十六年九月十七日）出生于一个城市平民的家庭里。父亲晏美堂，是一个著名的中医，通经史，能诗文，受巴中县福音堂的礼聘，担任华文教师。当晏阳初六七岁时，随父亲出入教堂，由于他的"聪明伶俐"，深得西籍教士的赏识，叫他两个哥哥，轮流背送到离家 500 多里的阆中县，上教会办的华英学校，从英国教士姚牧师读西学。每学期他都以"成绩优异"获得奖金。11 岁受洗礼，做了童年基督徒，从此在他思想上种下了所谓"博爱和平、舍身救世""造福人类"的基督教意识。

不久华英学校保送他到成都，入教会办的华美学校，1913 年毕业，时年 23 岁，旋即考入香港大学。香港大学设有英皇爱德华奖学金，金额为 1600 元美金，每年照例为成绩第一名所得。可是香港大学却因晏阳初是中国人，虽考第一而不给奖。晏对此很不满意，自备旅费，到了美国，考入耶鲁大学政治经济系。晏阳初的思想体系，据他自己说，是孙子、基督、苦力三者对他的影响而形成的。

晏阳初有九大信条：（一）民惟邦本，本固邦宁；（二）深入民间认识问题，研究问题，协助平民解决问题；（三）与平民打成一片；（四）向平民学习；（五）与平民共同商讨乡建工作；（六）不持成见，当因时、因地、因人制宜；（七）不迁就社会，应改造社会；（八）乡建是方法，发扬平民潜伏力量，使他们能自力更生是目的；（九）言必信，行必果。

二

1917年，晏阳初毕业于耶鲁大学。时值第一次世界大战，法国从中国招去大批华工，为军需工厂做苦工。毕业后的晏阳初自告奋勇由美国到了法国，热心为华工服务，在巴黎，他看到许多华工，一字不识，又穷，又多病，因而他认为"愚""贫""弱""私"是中国人的四大病源，中国受世界其他国家的欺侮，其根源也在这里。他说："我找到根源了。我找到这个根源，中国就可以得

1931—1932，晏阳初和同事在河北定县。

救。"他又认为这四大病源中,"愚"是根本,要治这四大病源,必先从治"愚"下手。因此他开始为华工当翻译、写家信、读报,劝他们储蓄,寄款回家,华工有病,代他们请医生。华工对他颇有好感。

有一次,一个华工偷吃了英国士兵一听罐头,遭英国士兵一顿毒打。晏阳初在场,感到自己在外国人面前也矮了半截,他痛恨中国人没有自尊心,不争气。他又归结到一个"愚"字,于是他决心帮华工创办一个汉文班,编纂一本《千字课》,自己担任教师,每日在工余给华工讲课;又为华工创办《中华日报》。这些启蒙教育,就是晏阳初的"平民教育"的开始。用他自己的话说:"什么是平民教育呢?平民教育,就是开发民力的运动,也就是一种开脑矿的运动。"他又说:"我这种教育,就是一种平等教育,有了这种平等教育,然后才能平天下之不平。"

1919年,中国派到巴黎出席世界和平大会的代表顾维钧、余日章(顾维钧是中国政府方面的代表,余日章是中国国民方面的代表)等,在华工营里,看到晏阳初所办的汉文班和他所编纂的《千字课》,认为"这是一个了不起的创举",因而很器重他。顾维钧听到他讲一口很流利的法语,还想拉他进外交界工作。晏说:"士各有志,救中国的道路多得很,何必一定要到外交界去?"婉言谢绝了。

三

世界大战结束后,1921 年,华工被法国政府遣散回国,晏阳初也回到了上海。这时余日章主持上海青年协会,对教会的教育事业，力图改革，听到晏阳初回来了，特在青年协会设立了一个平民教育部，请晏充当主任。晏想利用青年协会在国内开展他的平民教育运动，就欣然接受了余日章的邀请。这时他的活动方式，在于口头宣传，借以唤起国人的注意。他经常一个人到江苏、浙江一带去演讲。他常说："我在法国办理华工教育时，才真正懂得苦力之'苦'和苦力之'力'！""我们中国，全国80%以上的农民尽是文盲，中国怎么能够富强！中国不富强，世界怎么能够和平！只有全中国的劳苦大众，都受到了平等教育，然后才能平社会之不平，平天下之不平。占人口80%的劳苦大众，没有受到起码的平等教育，那是什么也谈不上的。"

"文化是衡量一个国家的天平。但文化不能被少数人所独占，不论富贵贫贱的中国人，在人格上是平等的，受教育的机会也应该是平等的。有饭大家吃，有书大家读，这是最公平合理的要求。文化绝不能被一小撮人所得而私有。"

"中国人的教育，不是无教，便是误教。误教的，不是食古不化，便是硬搬从东西洋得来的东西，这是自误误人。无教的平民，多是目不识丁的睁眼瞎子，会说中国话，可不认识中国字，所以中国的教育，必从平民教育开始。在中国能普及平民教育，中国才能得救。"

1921年，晏阳初和华侨牧师许芹的次女许雅丽（当时在上海某女校教体育，母亲系美国纽约人）在上海结婚。

1922年秋，熊希龄夫人朱其慧南来上海，自中华教育改进社总干事陶行知处得悉晏阳初在长沙推行平民教育，成绩昭著，因即会晤晏，请他筹划以后一切进行事宜。晏表示愿极力协同合作。1923年春末，正当嘉兴实验开始后，熊夫人与陶行知特往参观幻灯教学法（群众教学法），大受感动，深信这是根本普及民众教育的方法。因即于上海沧州旅馆由熊夫人邀请晏阳初、陶行知、朱经农、袁观澜、胡适、傅若愚等讨论组织全国总机关，推行平民教育于全国各地计划。商讨几次的结果，决定先改编《千字课》，推请朱经农与陶行知负责，交商务印书馆印行。

四

1923年8月26日，中华平民教育促进会总会假北京西城中华教育改进社事务所举行成立大会。按"组织大纲"选举董事40人（每省及特别区各二人），又推定执行董事九人：张伯苓、张训钦、陈宝泉、蒋梦麟、周作民、陶行知、朱其慧、蔡廷干、周贻春等。朱其慧任董事长，陶行知任董事会书记，晏阳初任"总会"总干事（后改名干事长）。1924年8月初，晏阳初才离开上海中华基督教青年会，到北京平教总会就职。会址设在西单石驸

晏阳初（前排居中）、甘博与同事在北京，1924—1927。

马大街二十二号。干事会设三部六科,其负责人名单如下:(一)总务部汤茂如(代);(二)乡村教育部傅葆琛;(三)城市教育部汤茂如;(四)公民教育科陈筑山;(五)平民文学科瞿世英;(六)统计调查科冯锐(代)、甘博;(七)农民生计科冯锐;(八)市民生计科刘拓;(九)直观教育科郑锦。

朱其慧借熊希龄(当时熊希龄任北洋政府财政总长)的声望和晏阳初本人的努力,把"平民教育"运动,短期内推上了高潮,各省各县建立的平民学校如雨后春笋。"平民教育促进会"的牌子,在各省都挂上了。当时的人们,一谈到平民教育,就联系到晏阳初,一谈到晏阳初,就联系平民教育,从此晏阳初和平民教育分不开了。

平教会这时期的具体工作,在于放手开办和协助平民学校,办理工人夜校和推行《千字课》。

晏阳初感到北京是北洋军阀政治斗争的旋涡,深怕平教会卷入这个旋涡里去。他曾对同事说:"平教会应该是一个学术性质的社会团体,它是独立的、超然的;在经费筹集方面,不应该受国内任何一党一派的涓滴资助。这样,在主张上,才能独立。"但有些人热心平民教育,主动捐款;晏阳初为了推行平民教育,也接受大量捐款。

1924年,有一个出席太平洋国交讨论会的机会(会址设在檀香山),晏阳初在朱成章那里,借到5000元作旅费,到了檀香山。他在国交讨论会中,大力宣传平民教育。这是晏阳初的"平民教育"第一次引起国际上各方面的注意,并博得美国一部分人士和檀香山华侨的同情。他从中募集了两万余元美金,作为他开办平民教育的基金。

晏阳初刚从檀香山回到北京,张学良特派代表到石驸马大街访问，并表示愿意送 500 万元请他组党，彼此携手。晏阳初没有接受，他对同事们说："我是不愿意在政治上组党的。但我不组党则已，我要组党，就是平民党，所有平民，都是我的党员，终身为平民服务，这是我的夙志。"与此同时，孔祥熙陪同苏联顾问鲍罗廷，来到平教会，要求晏阳初配合国共合作的政治力量，来推行平民教育，认为这样才能使平民教育得以实现。晏阳初不愿和国内的政治发生关系，更不愿把独立的、超然的平教会，依附于政治党派，因而也谢绝了孔祥熙的请求。

五

晏阳初从檀香山回国之后，正是国共两党斗争激烈的时候，晏阳初为了保持所谓超党派和学术自由的立场，准备把平教会由城市转到乡村去，但又没有一个适当的立足点。

这时直隶省长听到晏阳初有意到乡村去办平民教育，愿意把直隶省定县作为他实现"平民教育"的试验区，而且不附任何条件。晏阳初接受了省长的建议，于 1927 年到达定县的翟城村。他的计划是由村而区，由区而县，一步一步形成一个以县为单位的乡村建设实验区。

这种活动，引起南京国民党政府的注意，在内政部通过了晏阳初所草拟的"县政改革案"，即他的所谓"政治学术化"计划。于是把定县正式划为实验县，派霍六丁（河南省汝南县人，在美国学教育，新中国成立后任河南大学教授）为实验县县长，继而又派霍俪白（广东华侨）、吕复（定县人，同盟会会员）先后为县长。

晏阳初到了定县之后，所提出的口号是"除文盲""做新民"，并把这六个字作为标语，到处悬贴，在平教会所用的信封上，印上"各尽其能，全体一致，人人读书，人人识字"16个字。平教会还特制一面大旗，标着一个"平"字，叫作"平字旗"，作为平民教育的旗帜。晏阳初还作了一首歌：

> 平字旗，平字旗，平民教育的旗帜；
> 平字旗，平字旗，平民生活的南针。

这时候平教会提出的工作纲领是"文艺、生计、卫生、公民"四大教育，和"学校式、社会式、家庭式"三大方式。晏阳初说，四大教育是针对农民"愚、贫、弱、私"四大病源下的药。三大方式是用来推行四大教育的具体措施。

晏阳初在定县主办的平教会，经费足，作风好，知识分子（多数为欧美留学生）纷纷参加定县的工作，博士下乡传为美谈。晏阳初特为从四面八方来的同事们作了一首《同志歌》：

> 茫茫海宇寻同志，历尽了风尘，结合了同仁。共事业，励精神，并肩作长城。力恶不出己，一心为平民，奋斗与牺牲。务把文盲除尽，男男女女，老老少少，一齐见光明。
>
> 一齐见光明，青天无片云。愈努力，愈起劲，勇往向前程。飞渡了黄河，踏过了昆仑，唤醒旧邦人。大家起作新民。意诚、心正、身修、家齐、国治、天下平。

这歌词配上当时最流行的《苏武牧羊》的歌谱，因此许多人都会唱。

平教会的四大教育，以文艺教育居首位，即所谓设文艺教育以治"愚"。平教会设平民文学部，由瞿菊农（江苏省武进县人，在美国哈佛大学学哲学。新中国成立后任北京师范大学教授,教黑格尔哲学)做主任。后来瞿菊农任秘书长,由孙伏园(浙江省绍兴县人,在法国学文学。新中国成立后,任文化部出版总署图书馆馆长)继任主任。

平民文学部的主要工作在于主编《千字课》和《平民读物》。为了推动工作,又在文学部之外,设艺术教育部,由郑聚裳(广东省中山县人,在日本学美术)任主任。它的主要任务在于绘制宣传画和《平民读物》中的插图。此外办有电台、广播、摄影、幻灯各种设备,作为形象化的宣传工具。后来又在六年计划中,添设戏剧教育部,由熊佛西(江西省人,在美国学戏剧,新中国成立后,任上海戏剧学院院长)任主任,并罗致陈治策(河南省人,在美国学戏剧,新中国成立后,任四川大学教授,已逝世)等话剧人才,充实阵容。由熊佛西写作的历史剧《卧薪尝胆》和《过渡》等剧,经常在乡村中演出,受到农民的欢迎。平教会特把定县旧考棚改建成一个大礼堂,作为演剧、放电影和各种集会的场所。

四大教育的第二位是生计教育,所谓设生计教育以治"贫"。平教会的人又叫它为"重点教育"。先由冯梯霞任主任,后由姚石庵(山西省人,在美国学农)继任。生计教育是解决生活的一门教育,它的具体工作在于推广优良猪种、鸡种和小麦、棉花种籽以及开办合作社等。猪种是由美国购来的约克猪。这种猪和定县本地猪交配的第二代,膘肥肉嫩,又成长得快,很受当地农民的欢迎。鸡种有来克行鸡,鸡蛋大如鸭蛋,一只鸡每年可产蛋267个,很快就得到推广。小麦、棉花的种籽,也是来自美国,比较地说,棉花的纤维长,小麦少病虫害。为了便于实验和推广,特在定县城外设立农场,经过实验之后,小麦和棉花都收到显著的效果。但当农民把小麦、棉花的种籽买去栽种时,收效却不大。

这是没有从根本上改良土壤、肥料、水利的缘故。

第三就是卫生教育，所谓设卫生教育以治"弱"。卫生教育部由陈志潜（四川省人，在美国学医）任主任。为了收到实效，又设立保健院，由陈志潜兼任院长。保健院里设有内科、外科、牙科和妇产科，还聘有中医配合治病。此外还设有兽医。在宣传方面，把编印好的卫生小册子和卫生画册，散到民间去，尤其注意沙眼的预防和医治方法。为了使卫生工作得到普及，特在各乡派保健员，带着药箱，为人们治病。陈志潜创建的保健制度颇受定县人民欢迎。

第四是公民教育，所谓设公民教育以治"私"。公民教育部由陈筑山任主任。特划定县高头村作为公民教育的实验区。除了提倡"国族精神"外，并提出"团结就是力量""知识就是力量"等口号。

因为公民教育的目的，就是以教育的力量来发展社会团结的力量，启发国民的自觉性，训练自治的能力，培养奉公守法的精神。

要达到这种目标，公民教育必须注重实际活动，如农村自治、农民自卫工作等。

各村同学会推行公民教育的活动中，组织的有息讼会、禁赌会、扫雪、修路、修桥、自卫、植树和抗日运动等。这对培养公共心，训练团结力，都有实效。

为了使大家携起手来团结前进，陈筑山还写了一首《双平山歌》。歌词中有"男女老少把手牵，相亲相爱齐向前"。

这个歌由任致嵘（北京市人，出身燕京大学，新中国成立后，任西南师范学院音乐系教授）作曲，并教平教会的人员和当地人同声齐唱。

在公民教育之下，设有军事训练，由章世元（四川省巴中县人）、晏声鸿（四川省巴中县人，黄埔军校第四期毕业）负责，把各区各村的农民组织起来，加以军事训练。

公民教育的重点工作之一为编写《公民读物》。为此设立一个公民教材编纂部，由黄齐生（贵州省人，王若飞的舅父，后去延安，因飞机失事，与王若飞同时牺牲）、张天放（云南省昆明市人，留学日本）负责。前前后后，共编写了100多种小册子，印发到各个村子里去。小册子里有文有画，插图是五彩的。抗日战争初期，还把剩余的一部分，散发到湖南、贵州、四川的三个实验县里去。

晏阳初为了不使四大教育停留在理论上，能与实际结合，于是用三大方式把四大教育推动起来。这三大方式，叫作"学校式""社会式"和"家庭式"。第一是学校式教育部办了三所学校：平民教育专科学校、儿童实验学校（后来改名景慧学校，以纪念朱其慧）和幼稚园。儿童实验学校和幼稚园，由刘海鹏（河南省人，在德国留学专攻教育，后任河南大学教务长）任校长。平民教育专科学校是重点，由汤茂如任校长，吸收各省保送的有志平民教育的青年来学习。学生所学的课业，主要是讲平民教育运动史及其理论根据和介绍定县实验工作。同时由瞿菊农讲教育学，周先庚（清华大学教授，在美国学心理学）讲心理学，曹日昌（留学荷兰，新中国成立后，在中国科学院工作）作儿童心理研究。一边学理论，一边搞实习，一年课业，相当于一般大专学校三年课程。一年毕业后，派到各省去推广平民教育。

其次是社会式教育部。起初由霍六丁兼任主任，后由汪德亮（广东省番禺县人，汪精卫的侄儿，在美国学教育）接任，在定县各区各村，广泛地开办平民学校，其中又以清风店、明月店为实验重点，作为示范。

第三是家庭式教育部。所谓家庭式就是"送教育上门"。具体地说，就是把家庭妇女组织起来读书，要她们不花钱上学校。这项工作由吴松珍（燕京大学毕业）等负责。

另外设有秘书处，先后由瞿菊农、陈筑山任秘书长，金淑英（美国纽约人）任英文秘书，姚苍均（贵州省人，书画家姚茫父之子，留学日本）任秘书。此外由宋仰周（北京市人，燕京大学速记专科毕业）负责英文打字兼速记。

设总务处，先后由熊子涤（贵州省人，前清秀才）、陈行可（四川省宜宾县人，在美国学化学，新中国成立后，任中国科学院化学研究所研究员）任主任。总务处下面，设事务、会计、保管、工程等科和图书馆。图书馆由罗维勤（河北省通县人）、关捷民（北京市旗人）任主任。图书馆里有中西书籍五六万册，社会科学和自然科学书籍应有尽有。

在四大教育三大方式之外，还有一个社会调查部，由李景汉（河北省通县人，原在清华大学任教授，新中国成立后，任北京人民大学教授）任主任。为了先调查、后实验，李景汉同张世文（辽宁省安东县人，燕京大学社会学系毕业，新中国成立后，任四川大学教授）、张折桂（定县人）、王贺宸（留学美国）和统计员李耀轩（北京市人）、李柳溪（河北省昌平县人）、张荣贤（定县人，华北艺专毕业）等合作，写了一部《定县社会概况调查》。这部书出版之后，晏阳初认为它是改革中国社会的第一把钥匙。

在这个时期，一谈到社会教育和社会改革，人们都联想到定县实验县，知识分子由城市到农村去，成为一种新兴风尚；"到民间去"的口号，很吸引了一些人，各省也派人到定县来学习。平教运动，形成了一套理论，由识字教育到四大教育、三大方式，确实引起不少人的注意。

晏阳初为了注重生计教育，进而开办农村合作社、合作金库。这样就和地主、土豪、高利贷者的利益发生冲突。地主、土豪、高利贷者联合起来和平教会作对，平教会的工作，受到严重的阻碍。例如：霍六丁是定县实验县首任县长，他在改革县政方面很有魄力。对于息讼、禁赌、破除旧衙门恶习等的做法，都是有卓著成效的，为人民做了很多好事，得到人民的称颂。但他也因此触及了地方恶霸的利益，遭到诬告；又因掩护了在中华平民教育促进会工作的中国共产党地下党员，受到猜忌，被迫辞去县长职务，重返平教会工作岗位。

但是晏阳初的平民教育运动，在当时来说，是起了一定的影响的。1929—1935年，每年春假、暑假，尤其是在春假里，定县附近的中学，各省的大专学校，国内的学术团体或社会团体，都组织参观团到定县来参观平民教育。

晏阳初和他的同仁在定县。前排左起：陈筑山、晏阳初、瞿世英；后排左起：陈行可、陈志潜、姚石庵。

　　当定县实验于 1926 年 11 月在翟城村开始设办事处以后,晏阳初干事长与傅葆琛、冯锐、刘拓等三博士和几位工作同志,都从北京大城市深入农业。当时各报刊登这一消息,标题为《博士下乡与农夫为伍》。晏阳初本人与同志们一样,在翟城村国民小学任教。1929 年 7 月,晏阳初全家迁居定县,其他同志及家人也先后迁来。

　　1928 年,晏阳初为了筹集资金,曾到美国。他大事宣传他的平民教育事业,并且在美国民间,为平教会募到不少钱(为 50 万元美金)。同时又和洛氏(即美国煤油大王洛克菲勒)基金委员会开始了联系。他在美国,大约有一年的光景,1929 年回国,用从美国募来的钱,为中国农民服务。

　　九一八事变以后,晏阳初感到国难深重,也考虑到平教会的前途,遂约集平教会百多个同事,在北京西山卧佛寺,召开紧急救国会议,拟订了一个"六年计划"。会上他要求每个同事,以救亡图存的精神,来办平民教育,以此报效国家。会后,他回到定县,以全副精神推动各部门工作,首先是赶编了 500 余种反对日本帝国主义侵略中国的平民教育读物。

　　当时乡村改进运动在各地先后开展,但各自为制,互不相谋,以致力量分散。1932 年 12 月,晏阳初、梁漱溟、李景汉等,决定发起组织一全国性乡村工作会,并定于 1933 年 7 月在邹平举行成立会,定名为"乡村工作讨论会"。

　　1933 年 7 月,乡村工作讨论会第一次大会按预定时间地点举行。各方参加的共 60 余人,所属团体机关有 35 处。如平教总会、山东乡村建设研究院、燕京大学、南开大学、齐鲁大学、金陵大学等。晏阳初、梁漱溟、黄炎培等都共聚一堂,听取各方工作报告后,大家共同讨论。

第二次大会在定县平教会会所举行，时间是 1934 年 10 月，到会 150 人，代表 76 个团体机关，分属 11 省市。

第三次大会于 1935 年 10 月在江苏无锡教育学院举行。到会人数 170 人，代表 99 团体机关，分属 19 省市。

晏阳初在第一次讨论大会上以《乡村建设与民族自救》为题发表讲演，沉痛陈词。以后日军侵略在华北日益进逼，原预定在西安、重庆等地进行之讨论会未再举行。

六

1935 年，国民党南京政府内政部通令全国各省实行县政改革，设立实验县。于是湖南省主席何键、贵州省主席吴鼎昌、四川省主席刘湘，都想办一个实验县以迎合时势，因而电请晏阳初到湖南、贵州、四川去办实验县。晏阳初接到三省主席的邀请之后，即部署他的工作人员前往建立定县式的实验县。这时他真想利用政治力量，来推行他的平民教育了。

由于交通的便利，晏阳初先把在定县的平教会的最主要部分，搬到长沙，并选定文昌阁为办公地址。湖南省政府划衡山县为实验县，由平教会主持一切。先派彭一湖（湖南省人）为衡山县县长，后由孙伏园继任。贵州省政府划定番县为实验县，派张鸿钧（河北省人）为县长。晏阳初虽住在长沙，但仍随时指导这两个实验县的工作。

七七事变爆发后，晏阳初把留在定县的最后一部分人员，向长沙和四川两地疏散。这时适逢张治中接何键之后，任湖南省主席。张很重视晏阳初的平民教育，把湖南全省各县县长集中到长沙，由晏阳初主办县政研究班，训练人员，准备照定县的办法实行新县制，先以衡山县作实验示范。晏阳初认为他的平民教育已有政治力量来推行，一定能够实现。不久日本军队向华中进犯，晏阳初再由长沙向成都迁移，并选定惜字宫为办公地址。这时四川省主席刘湘也号称要改革省政，乃设立四川省设计委员会，自任委员长，晏阳初任副委员长。他规定一切新政计划，由平教会制订，颁发到各县施行，并以新都县为实验县，派陈开泗（四川省巴中县人）为县长；同时改组省政府，派陈筑山为建设厅厅长，又派霍六丁为大竹专员，大力实行定县式的平民教育实验计划。熊佛西所领导的戏剧工作队（联合南京戏剧专科学校一部分师生），也在1937年冬，到达成都，准备在1938年的"三八"节演出儿童剧。后来这个戏剧队，由四川省政府接收，扩大为四川省立戏剧专科学校，由熊佛西任校长。1943年，该校学生因恋爱问题闹事，四川省参政会提出弹劾，最后把戏剧学校解散了。

全家移居定县后的晏阳初及家人。

这时候新都实验县的工作，搞得很起劲，改良猪种、鸡种的热潮，轰动一时，小麦、棉花品种，也在农场里加紧实验。但农民辛辛苦苦得来的实验果实，全被地主夺去了。新都的农民，为此发动过一次反抗纳租纳税运动。

七

　　1940年，晏阳初感到他的平民教育还不够理想，特在四川巴县（重庆附近）的歇马场，创办一所中国乡村建设育才学院（一般简称育才院），并聘张群（四川省主席）为校董，由蒋介石购赠院址地产500亩，晏阳初为院长。聘请学术界各种学科的专家担任教学工作。

　　晏阳初以为他的育才院，可以不费吹灰之力，就能在教育部办好立案手续。但由于他接近张群，就得罪了CC派的头子陈立夫（那时陈立夫为教育部长），教育部不准育才院立案。后来由瞿菊农代理院长时（因晏阳初到美国去了），又想打通教育部大小职员，办好立案手续，结果也没有准许。这件事一直拖到1945年，朱家骅任教育部长时，才得到批准，并由育才院扩充为乡村建设学院（一般称乡建院）。学院设四个系，即农田水利系、乡村教育系、社会学系和农学系。农田水利系由白季眉（河北省人，在美国学水利工程）任主任，乡村教育系由叶德光教务长兼任主任，社会学系由梁桢（山东省人）任主任，农学系由常得仁（山西省人）任主任。晏阳初为当然院长，下设秘书、教务两处，由赵水澄任秘书长，陈行可任教务长。在晏阳初几次去美国期间，先后由瞿菊农、梁仲华（河南省人）、霍六丁、魏永清（河北省人）代理院长。

　　晏阳初为了深入到农村，在四川的巴县、江北、铜梁、璧山、綦江等县设辅导区办事处，以璧山为总办事处，统称华西实验区，作为"教学实验室"，即晏阳初所说的以"社会作实验室"，使教、学、做合一化。

　　在实验区的各乡，设民教主任，普设传习站，办理机织生产合作社。在华西实验区的工作，不以文艺教育为主，而把生计教育放在第一位，据晏阳初说，这是符合抗战时期四川农民的要求的。

晏阳初开办乡村建设学院时，打算把它办成一个国际性的大学，准备接受欧美青年来学习，学成之后，要他们回国去建设自己的乡村。由于他的理想，马歇尔曾到乡建院来参观过。

八

晏阳初在 1942 年又到了美国。他对美国资本家集团说，他这次来美国，办的是"国民外交，要替国民说话，为国家出力"。同年 1 月，在四川巴县歇马场举办妇女教育。7 月又创办抗日军人家属工厂，改良农村手工业。

晏阳初这次去美国，算是他前后几次去美国时间最长的一次，一共住了三年半，大部分时间在纽约、华盛顿。中间又到过旧金山一带去演讲，宣传他的平民教育和乡村建设学院。他还曾一度到古巴，为古巴政府开办平民教育。1943 年 5 月，晏阳初在美国学界纪念哥白尼大会上膺选为世界革命性伟人。晏阳初与爱因斯坦、杜威等十人先后接受表扬状。

这时候的美国总统是杜鲁门。晏阳初几次到白宫和杜鲁门会谈。当他回国时，又到白宫向杜鲁门辞行，杜鲁门对他说："中国若还有一天是千千万万的人没有饭吃，没有知识，中国是不会安宁的。"晏阳初回国之后，把杜鲁门这几句话，当作经典似的向乡村建设学院的学生传达，说这是美国总统关心中国人的话；把杜鲁门送给他的亲笔题字的相片，高挂在他的办公室里。

九

1944年5月，晏阳初又到美国，为他的平教会谋出路。平教会干事长职务由研究部主任瞿菊农博士代理。他到美国后，非常忙碌，六、七月间，经常往来于华盛顿和纽约之间。他说："我这次来美国，不是为了别的，而是完全为平教会的中美委员会工作。""中美委员会"的确是平教会在美国正式成立组织的开始。它的办事处设在纽约百老汇一七七五号。早在1928年即在美国组成"中国平民教育运动美国合作委员会"。晏说："为中国平民教育在美国募捐，不是求美国人怜惜，乃是请他们合作；不是找恩人，而是觅同志。"这次"平民教育运动中美委员会"是经纽约州政府核准的新组织，设中国理事三人，美国理事六人。

"平民教育运动中美委员会"组织的宗旨，在会章第二条载明：（一）请求并收领任何合法的志愿捐款，以促进及推展在中国及美国与其属地的中国人的平民教育与社会建设；（二）领导研究及训练，以提高中国人教育、健康、经济的水平；（三）应用募得的捐款以改善中国人一般的福利；（四）协助中美境内宗旨相同的非营利性机构的工作。

1947年9月，晏阳初由巴黎到了英国的利物浦，专程拜谒他的恩师姚牧师之后，又回到美国，先后又和杜鲁门、马歇尔会谈，然后在美国国会提出了"晏阳初条款"，并到美国国会发表了演说。后来，这"条款"也被美国国会通过了，内容是将"美援"的一部分，作为中国乡村建设的专款。其方案的目标与方针有五项：（一）改善农民生活状况；（二）增加粮食及重要作物之生产；（三）发展人民潜力建设地方，并进而建设国家，以奠定富强民主中国之基础；（四）协助设立推行农村复兴方案之国、省、县级政府机构并加强其原有机构之工作；（五）给予民主知识青年及有志乡建者以服务机会。

1948 年 5 月 31 日，晏阳初从美国回到上海。10 月南京政府宣布成立"中美农村复兴联合委员会"，由蒋介石指定蒋梦麟、沈宗瀚和晏阳初三人为委员，美国指定穆懿尔、贝克二人为委员，蒋梦麟为主任委员，晏阳初为执行长。接着在广东、湖南、四川、贵州、江西等地设办事处，总会设在广州。

农村复兴委员会补助示范中心三处：（一）四川第三行政区的社会教育运动中心；（二）浙江杭州区农业推广与家庭指导中心；（三）福建龙岩土地改革中心。三处工作的出发点各自不同，但其目标均在发展一个综合性的方案，以解决中国农村的重要问题。

晏阳初在 1949 年的 11 月 23 日（重庆解放前一周），由重庆飞香港，12 月 7 日，由香港启德机场乘"菲律宾线"号的飞机前往美国，在纽约挂着"中美平民教育促进会"的牌子，继续干他的平民教育。

重庆解放之后，设在巴县歇马场的中国乡村建设学院的毕业生成立校史研究会，出版《乡建通讯》。

晏阳初在 1949 年 8 月 14 日（重庆解放前三月余），在《大公报》上，发表过一篇文章，题目是《发动民力，建设乡村》。他在文章里说："乡村建设，虽然始于乡村，但不止于乡村。它不过是从拥有最大多数人民的乡村下手而已。它的最终目标，当然是全中国的富强康乐，因而奠定世界和平。……所以三十年前应该走这条路，今天，还是只有这条路可走，舍此别无二途，更无捷径。"他又说，"三十年来，本着我们的坚定的信念，努力这种工作，环境却使我们的工作不能满意，而今天的处境更使我们痛苦。我们要做的还是不能如理想的去做，不做又复感良心不安。只有在艰苦之中，冒着漫天烽火，站在人民当中，含着眼泪，咬紧牙关，做一点算一点，做一滴算一滴，除了加倍努力之外，更渴望各方面共体时艰，捐弃成见，转阴霾为光明，化暴戾为祥和，都站在为人民谋福利的立场上，以工作成绩相竞赛，那时民力才能发扬，民主才能实现。"

这就是晏阳初当时的心情。

<h1 style="text-align:center">十</h1>

1952年的春天，晏阳初由美国到印度，曾一度帮助印度政府办平民教育，又在印度农村，推行过"减租减息"运动，不久又到美国去了。

1958年的元旦，晏阳初由纽约给他二哥晏海如写信说："您我兄弟，天各一方，弟不能尽弟道，这是我心中极其难过的一桩事。仍望在不久的将来，我们骨肉手足有团聚言欢的机会。尊书所述祖国的各种建设，此间报纸，常有记载，不胜兴奋。谈到华英、群英两女，已先后结婚；至于弟自己，仍从事我四十年如

晚年晏阳初

一日的平民教育。光阴过得真快，兄已年逾古稀，七十八矣，弟亦年逾花甲，六十五矣，但不知老之将至，仍不断地努力为人类服务，望兄嫂保重，我们见面的机会，是迟早会来到的。"

同时又复他的表兄李子猷信云："尊函所述的各种建设，此间报纸，常有登载，但不如兄写的那样的生动，那样的具体，那样的感人。至于弟自己，毫无一善可陈。但无论环境好坏，弟仍从事四十年如一日的平民教育和平民生计，不断地努力为人群服务。我兄知我，为人类谋幸福，为世界求和平，是弟的素志，一息尚存，此志不渝的。"

（原载《文史资料选辑》第95辑）

胡适之先生逸事

魏际昌

胡适之先生逝世 25 年了，作为他的学生，我已 81 岁。人老则思旧，何况是自己的业师。往事历历如画，不胜感慨系之。

诸所闻见，都为 1931—1937 年间者（"尾声"除外），保证真实。对于有志研究胡适生平的人，可供参考。

一

胡适先生上课，是在红楼二楼两侧的大教室（因为额外的人多，地方小了搁不下。即使这样，还有许多站着听的主儿）。经常是咯噔咯噔先听到通道地板上皮鞋踏地的声音，接着是教室门大开，工友老吴捧粉笔盒侍立一旁，胡翩然入室，走上讲台，把夹在腋下的书和讲义摆到讲桌上，举目环视。这时老吴才搁下粉笔盒退出去，轻轻地掩上门。

胡经常是大褂、肥裤，不戴帽子（胡以为中式服装舒服便当，所以在国内很少穿西服），语言轻缓，风度潇洒，讲起课来，头头是道。这自然是古今中外学识渊博，左右逢源，俯拾皆是的缘故。我就常常想："才 40 岁的人，怎么就有这些成就？""白话文的先驱者"，中国哲学的博士，北京大学的文学院院长，若非才华出众，精力过人，是根本谈不上的。

我从童年开始，学的写的都是"之乎者也矣焉哉"式的老调子，投考北大，那作文的试题却是：《作一篇1200字以上的自传》（限用白话），开始吃瘪，虽然对付下来了，却觉得以后非"改辙"不行啦。迨及进了中文系，与胡（适）、钱（玄同）、周（作人）、刘（文典）诸先生经常接触，屡受教益，这才真个改革起来。

这也是一种"春风化雨"吧。北大乃五四以来新文化运动的策源地，大师们都是白话文的作家，耳濡目染，自会潜移默化，虽然并没有哪位先生逼着我们写文章非用白话不可。胡先生就经常说："这白话文并非我胡某人发明创造的，不过是古已有之于今为烈罢了。从宋人话本（说书人用的）、道学家语录（如二程朱子的讲学）、元明的杂剧（剧中人的科白），尤其是明清的章回小说（《水浒》《西游记》《儒林外史》《红楼梦》），履霜坚冰至，其所由来渐，哪一种不是白话的渊源？我写的《白话文学史》就是证明这一进化的史实的。"他接着说："我并没有强迫哪一位非作白话文不可。但是，经验告诉我们，这是大势所趋人心所向的事。"

胡适

很显然，胡先生这话是专从文体改革方向说的。语言是思想的外壳，它也不可能不反映着作者的思想感情。他所谓"须言之有物"，这"物"正是文章的内容。他自己就解释得好："吾所谓物，约有二事：一、情感，二、思想。"又补充着说："达意达得好，表情表得妙，便是文学。"这在当时，实在是被认为言之成理无可非议的。我个人也觉得把腾之于口的语言，和笔之于书的文字，统一起来方便得多，而且这只是新文化运动的一个方面。潮流所向，谁能违逆？

二

胡先生是能广交游能久敬的，也肯于提携青年奖掖后辈。朋友如陈独秀、李大钊（《新青年》的战友）、徐志摩、闻一多、梁实秋（《新月》的同道）、翁文灏、丁文江（《独立评论》的支持者），都是名家。陈、李而外，许多人都是见过的。至于以校长蒋梦麟（蔡元培的学生，曾为南京国民政府的教育部长，也是位教育家）为首的北大老师们：周作人（曾为《语丝》撰稿，鲁迅的二弟）、刘半农（法国语言学博士，留为北平大学女子文理学院院长）、刘文典（古典文学家、曾为安徽大学校长）、马衡（历史学家、故宫博物院院长）、马裕藻（经学家、中文系主任）；学生著称的如疑古派史学家顾颉刚，五四运动的健者傅斯年，中国经济史专家陶希圣，古代音韵学人魏建功等，亦是不同凡响，各有千秋的。

可是这并不等于说，胡先生的朋友、学生中就没有和他对立的人物，如鲁迅先生就非议他来自杜威的"实验主义"和对国民党政府"小骂大帮忙"的妥协态度。有诗云："文化班头博士衔，人权抛却说王权。朝廷自古多屠戮，此理今凭实验传。"鲁迅最后一次到北平看望母亲，胡不理睬（1932 年冬 11 月），鲁迅逝世，在北平、北大的追悼会上（1936 年 11 月中旬）他也不露面。

学生之中，也有经常写文章批评胡适的。叶青在《二十世纪》杂志上即辟了一个专栏叫作《胡适批判》。有几期，胡先生拿到课堂上给我们看过，并说："叶青是我的学生，他又在批我了。道不同不相为谋，这没有什么关系。不过他说我'文字浅白'，这不是攻击，反而是在恭维我。白居易诗老妪能读，我还没有达到这个水平哪。"

胡在写给杏佛（铨）的信中，更有比较高的姿态。他说："我挨了十余年的骂，从来不怨恨骂我的人，有时他们骂得不中肯，我反替他们着急。有时他们骂得太过火了，反损骂者自己的人格，我更替他们不安。如果骂我而使骂者有益，便是我间接于他有恩了，我自然很情愿挨骂。"

三

北大的学生原是不拿学费的。蒋梦麟接掌学校后，规定每人每年须交 8 元（九一八事变后，东北籍学生不缴）。有的学生不愿意出，学校不答应，学生便酝酿闹事。1934 年秋季的某一天早上，沙滩红楼（文、法学院的学生在这里上课）后院的钟乱响，听来不像是上课的响动，但我还是挟了讲义和笔记本去了。刚去红楼门首，碰到胡先生正下汽车（当时只有校长将梦麟、文学院院长胡适之和校医郑河先——德国医学博士，有自备的小轿车，别人如课业长樊际昌、中文系主任马裕藻等，都坐人力车包车），带着公事包往院里走，几个守门的学生拦着不让通过。他一冲而入，我们也跟了进去。看到红红绿绿的标语："反对交纳学费""打倒学阀"等等。一些同学也劝我们不要上课。接着就听到有人举手大喊："打倒胡适！"胡适先生也大声说："不怕！"继续向楼里走去（他的院长办公室在一楼左侧）。学生又喊："打倒学阀胡适！"胡适再回声道："你们不配！"就怒冲冲地进了办公室。

第二天早上，西院（理学院院长办公室、课业长办公室都在这里）挂出了校牌，革除 7 个学生。据说是紧急校务会议的结果，也是胡坚决主张这样干的。后来才知道这几位都是历史系的学生。他们发动风潮不单纯为了取消学费，这从他们的口号中可略知一二。

通过这一事件，我盲目崇拜胡适的心情打了折扣。"开除如大辟"，胡先生到必要时，对于学生也够厉害的。值得这样小题大作，断送了几个青年的前途吗？而且怎么一下子就清楚了为首的诸人呢？事情过了很久以后，犹未停止思索。

四

刘半农先生是我们的语言学教授，以能制造简易的工具协助实验语音推断声调著称，也是一位新文化运动健将，和胡的交谊很为笃厚。胡提起刘时，常常昵称为"我们的刘博士"（半农先生留学法国，取得了博士学位）。对于他的突然逝世（1934 年夏初，因到内蒙调查，感染回归热病不治），胡是非常之哀恸的，如失左右手。这一来是 20 世纪 20 年代初白话文运动的同道，二来是当时的语言学家不多，缺少接手教授的人。

追悼会的会场，设在马神庙北大二院的小礼堂内。台上正中高悬半农先生的侧身半身遗像，披以青纱，台前摆满鲜花，香气四溢。祭桌上银烛高烧，金炉内檀烟缭绕，四壁挽联素幛，再加上刘夫人朱惠及其子女的嘤嘤哭泣声，可以说是一片哀凄景象。我们想起半农先生教学时的认真态度，及其在课堂外接触学生时的温煦爽朗，多才多艺（吟诗、作书、摄影、喜欢音乐），面对遗像也不禁泪下。

在追悼会上，胡适和周作人等都发表了悼辞。胡致辞的大意："半农先生的逝世，是中国学术界莫大的损失，我们也失去了一位最好的朋友。有人说他曾是上海鸳鸯蝴蝶派的文人，譬如原名'伴侬'，从笔名上看就轻薄。可是没有看到他在法国念博士学位时的刻苦，以及回国以后继续钻研语言学的精神，连院长的位子都弃之如敝屣（此指北平大学女子文理学院的院长而言，半农解职以后，曾说过：当这个院长还不如吃吃花生米有味道），这是通常人学不了的。"

胡的挽联云：

> 守常惨死，独秀幽囚，新青年旧友，而今又弱一个；打油风趣，幽默情怀，当年知音者，无人不哭半农！

周作人也赞扬了半农先生的为人诚实，不说假话，不投机取巧，也不怕挨骂。后来还在他为半农先生所作的《墓志》上说半农"少时曾奔走革命，已而卖文为活"。又描述半农的状貌行谊云："君状貌英特，头大，眼有芒角，生气勃勃，至中年不少衰。性果毅，耐劳苦，专治语音学，多所发明。又爱好文学艺术，以余力照相，写字，作诗文，皆精妙。"语亦真实。

五

伪满成立，长城抗战失败。塘沽协定以后，冀东、察北告急，"华北特殊化"的形势越来越明显。在日军滚滚入关，飞机编队飞行示威于北平上空之际，人心岌岌可危。我们痛感敌伪横行，救国无力，课听不下去，在胡先生"中国哲学史"的课上，提出了问题请求回答。胡也忧心忡忡面带愁容地说："寇深矣！国家积弱，我也没有什么办法好讲！咱们的海岸线试长，天空更开阔，没有足够的海军、空军去防卫，陆军的装备也差，又不懂得现代化的战术，这个仗可怎么打法？尤其糟的事，是限于条约，在紧要关头，铁路、河流还得准人家运兵，哪里有国防可说？除非把国境换个过，让西南、西北的西藏、新疆换到东南、东北来。"他苦笑了下，接着说："所以我主张通过谈判，使北平成为不设防的文化城，我们才能'弦歌不绝'，在国防上是有过这种先例的。"

我们听了以后大失所望，胡先生是国内外有名的学者，居然发出悲观、失败、不抵抗的论调，将来怎么得了？我个人尤其气闷，仿佛受到了侮辱。难道说这是爱国思想吗？怎么跟南京政府的做法一个样？已经不是幻想和糊涂的问题了。回到宿舍，翻了翻胡先生在课堂上散发给我们的几期《独立评论》，有云："二三十年内，中国需要以亲日为用"，"仇日派只可在野活动，且不可过烈"，恍然大悟，知道他这种等于投降的说法，不是偶然的了。

六

打开中国历史来看，我觉得散文的用场比诗歌大，因此在卒业本科之前，立志要认识一下古代散文发生发展的迹象。胡先生正是提倡新文字反对假古董的，只从明清两代来讲，他就肯定公安、竟陵的清新隽永，否定前七子的剽袭摹抄。因此，我在本科第四学年开始之前（1934 年秋）说明志趣，请求胡先生指导我的毕业论文。胡说："研究公安、竟陵派，这很好。但选题不宜过大，也要看平日积累材料的情况，我的意思是重点突破，先搞一个人就成。譬如袁宏道（中郎）吧，乃'公安派'的中坚，反对明代七子的代表人物。据我所知，还没有人认真研究过他，看看写个'评传'怎么样。诵其诗，读其书，不可不知道他的为人么。关于这方面的知识，周启明（作人）先生比我多，周先生开过'近代散文'的课，可以去找找他，让我们两人共同来帮助你吧！"态度特别诚恳，不推托，不自是，末了还一再地讲："这仅仅是个建议，供你参考。"没有任何拘束性。

接着，我就找了周作人。周也很谦虚，只给我看了有关的参考书，如《袁中郎全集》《白苏斋类集》《隐秀轩集》《怀麓堂集》和李贽的《焚书》《徐文长文集》等，并约略地指出诸书的重要篇目，有助于"评传"撰写的种种。于是毕业论文撰写，法定的两位教授指导，我不但请准了，而且很受教益。

过了九个多月，我把论文的草稿拿给胡先生看。胡看得很仔细，不同意的地方或是有问题的词句，他都不客气地提了出来，但是只作眉批，不加涂抹。如我在谈及袁中郎非常欣赏徐文长的《四声猿》时，竟然牵涉到了明清杂剧，甚至京剧的皮簧，自知扯得太远，用了两句俚俗的话把它拉了回来，其词曰："野马跑得太远了，应该书归正传了。"胡先生眉批道，"这不是学术文中应有的语气，应该涂掉。"当我介绍袁中郎特别尊重李卓吾（贽）时，语焉不详，没有说明李贽别号李龙湖，在当时是被"正人君子"斥为"离经叛道"者的，胡先生又在"有个世外高人唤作龙湖李老的"话上眉批道："此是谁？应说明。"这可真是严肃认真一丝不苟的精神，不论过去现在，我认为都该学习。

又因为我在"评传"后面附了"年谱"，他道："这样可以互相参照，相得益彰，这是司马子长给我们留下的好形式。不过评传贵在以事为纲，夹叙夹议，而'年谱'须是横行斜上，系以年月，要求准确，宁缺毋滥，对于文学家作品产生的时间，尤其不可马虎，这样才能够闹清楚他的思路及写作手法发生发展的迹象。"旨哉言乎！此之谓经验之谈。

七

1935年夏，我在北京大学中国文学系本科毕业了，可是那个时候，毕业即等于失业，没有社会关系，想找个工作比什么都难。适逢北大研究院中国文学部招生，考取以后，每年可有360元的研究费，便动了念头去应试。自己的母校嘛，胡先生又是导师，结果，虽然卷子答得不理想，可是榜上有名了。除我之外，还有侯封祥、阎崇璩、李棪，共四名（报考者50余人）、也不能不说是喜出望外了。

胡先生看到我报到，颇为高兴，说："密斯特魏，学无止境，欢迎你再跟我研究几年，但是方向要由自己定。"于是我得胡同意，继续听他的课，搞"中国古代散文"，由近及远，先从明清开始。

后来胡指定我写《桐城古文学派小史》时说："'桐城谬种，选学妖孽'！大家都这样讲，你同意吗？既称为'学派'而不曰'文派'，便不单纯文章上的事了。'文章韩欧'以外，还有'学行程朱'哪，密斯特魏，你应该把它彻底探讨一下。"

过了些日子，胡又对我说："司马迁以人为纲据事系联的传记手法，很可以采取。具体到'桐城派'，为什么不能弄清楚从方苞到林纾的师承情况，及其分播到各个地区的源流呢？"还说："唐宋八家和桐城派的古文，其最大的优点是他们甘心做通顺清新的文章，不妄想做古董。不过有的时候，自命为卫道的圣人，竭力攻击汉学，反对新思潮，就未免不知分量了。"

费了将近两年时间，我的《桐城古文学派小史》脱稿。胡看了以后，说"可以"。"因为你拈着题目做文章，交待清楚了'学行'和'文行'的关系了。而且材料比较丰富，有的为人所不经见，足证下了不小的工夫。"

八

北大的研究生，并无固定的学习场所，除了有时随本科学生班听课外，绝大多数时间是花在校内外的图书馆内去查资料的。导师和研究生间的座谈，每学年也不过两三次，多半是在红楼二楼左侧南面的"国文学会"室中进行。

这个学会占房两大间，四壁图书立柜，中间一个长大木桌。在本科时，刘文典先生给我们上"校勘"课（用《太平御览》和马叙伦先生的《庄子义证》校勘《庄子》）就在这里。胡先生召开研究生第一次座谈会时，阎崇璩、李棪、朱文长（史学部的研究生，教育系教授朱经农的儿子）和我俱在座，此外还有"歌谣室"工作人员徐芳女士（我的老同桌）列席，她是胡留下的助教，会作新诗。

胡先生根据我们认定的专业，分别做了指示，并列了题目，参考书，那态度是谦虚的，商榷的，但却是严肃的，认真的。他说，他自己是有"考据癖"，"历史癖"的，"诸位看待问题也不妨大胆一些，但不要早下结论，必须小心地寻找证据，让事实和材料说话，那成就就与人不同了。北大的研究生不多，科学研究的担子很重，希望努力从事。"

在米粮库四号胡先生的家里也开过座谈会，那是招待性质的，摆设茶点，介绍书房，还出妻献子呢，热呼呼的，简直不分彼此，亲如一家。

胡的住宅是很大的一座院落，周围砖墙，院落宽阔。头门左右有传达室和汽车房，一条甬路直通北屋，大概是上房五间，厅堂居中，两边为起居室及工作间，东面藏书，玻璃窗都很大，阳光充足。胡的工作间（即书房）陈设简单，并无古玩

胡适与夫人江冬秀

字画，中央一台长方木桌，略置笔砚，桌子两旁几把椅子，未见沙发。

我们每次入室，胡和夫人江冬秀女士都热情招呼，沏六安茶，摆大蛋糕，经常让同来的徐芳分切。胡夫人略坐即去，胡和我们边吃边谈，不止是课业上的，有时也话家常，问问我们的生活情况，说说他自己的家庭历史。胡先生少孤，是母亲教育他成人的，所以望色承欢，未尝稍拂其意。例如他的婚姻，就是母亲包办的，可是毫无"改组"的念头。对于老师他也很尊敬，特别是美国实验主义鼓吹者杜威博士，他曾欢迎杜威到中国讲学（在 20 世纪 20 年代的中期，杜威也介绍他到美国教书，30 年代不止一次），胡先生的小儿子名唤思杜，便是不忘杜威之意，他并不讳言"教育即生活"，"学习以实验为主"的思想，是得自他的外国先生的。

1947 年 4 月 27 日，清华大学 36 周年校庆，北京大学校长胡适与梅贻琦、原西南联大训导长查良钊、原南开大学秘书长黄钰生合影。

我们听了也很感动。原来胡不只是位孝子，还很讲求师道呢。这对于主张"文化以西洋为主"的做法，虽然顺理成章，可是对于曾是"打倒孔家店"、反对封建礼教的"急先锋"便不好解释了。

胡先生的图书室是两间大房，经、史、子、集充满书架，以线装带套的居多。胡说："我藏书也是以实用为主的，不讲究善本，因为书贾对于善本往往'奇货自居'，漫天要价，何必花许多冤枉钱去抢购呢？我又不是玩赏，'善本的终点，乃是校勘的起点'。如果要查对的时候，到大图书馆去借，一样可以解决问题，我校《水经注》就是这么办的。"胡这话是很有道理的，也是他跟藏书家背道而驰的地方。可是对于像我们这样的穷学生，却是非常具有启发性。"书非借不能读"，语涉双关了。甚至直到很久以后的 20 世纪 50 年代中，我自己也做了许多年的教授了，有了一定的经济力量后，在买书的时候，也不忘胡先生的话，虽也藏了近千卷的书（平装的除外），不过只有二十几套明刻版的，还是一些选本、杂书。

尾 声

平津大学生流亡到了南京，分别去找国民党政府的当局请愿。因为我是北大的研究生，作为业已发表为驻美大使的胡适之先生，便由我负责走谒。

当日胡住在傅厚岗某号的一座平房里，花木葱茏，车水马龙，约了时间始得见面。胡先生一看到我，面有戚色，说：

"密斯特魏，你辛苦了，怎么来的？"

"从天津坐海船到烟台登陆，转搭胶济火车至济南，又经徐州、浦口过江，走津浦线才到。可是截至现在还没有人管，所以来看先生。"我带着祈求的神情回答。

"政府会有办法的。你们去看了新教育部长陈立夫先生吗？去问问他，国家正在打仗，还不知什么时候是个了局。不过我看，念书没有用了，做点实际工作吧。"

他并没有具体的安排给我们，人来人往的，确实透着忙，不好多耽搁他宝贵的时间，便起身告辞了。

出来以后，不禁心中暗想：胡先生做了官了，跟从前不一样了，徒劳往返，大失所望。

1948年底，北平被包围后，蒋介石不止一次地给傅作义发来电报，指定要胡适、梅贻琦、李蒸、徐悲鸿、陈寅恪、周炳琳等，搭乘南京派来的专机离开北平，傅作义分别作了通知。可是徐、周表示不走，只把胡适和夫人江冬秀接到了中南海勤政殿（傅作义的副秘书长焦实斋的办公室）。

胡适离开北平前夕，全家在东厂胡同一号住所前院合影。

胡氏夫妇,行色匆匆,随身便装,只提了一个小皮包,连早点都没顾上吃,焦等急忙到。伙房给他们买了几套夹馃子的芝麻酱烧饼,他们就站在头门的石狮子旁边吃掉,并交谈了几句话:

"胡先生只带这点儿东西吗?"焦实斋问。

"来不及准备了。"胡适漫答。

"我们什么时候再见?"焦又问。

"说不好啦,谢谢吧!"

遂把他俩送上汽车,直奔南苑飞机场。"黯然销魂者,惟别而已矣!"(江文通《文赋》)行兮送兮,不堪俯仰。我和胡先生这一次真成"永诀"了!时为1948年11月上旬的某日。

记得打电话通知他准备走的时候,曾经探询着说:"周(炳琳)先生、徐(悲鸿)校长决计留下了,先生是不是也可以考虑不走?"胡回复得很果断:"不行,我必须离开北平!"谁实为之?孰令听之?回想起来,不禁怃然。

殿之以诗,题目《尊师》:

> 莫说师氏不应尊,"言告言归"《诗》有云。仲尼素王果光大,文权教权已问津。《春秋》褒贬谁敢侮,弟子三千声威振。二十世纪胡夫子,大业未逊孔家门。白话散文古坛坫,实验哲学倡导新。即知即行教育美,见仁见智各守真。泰岱巍巍让丘垤,江河滚滚入海深。鲰生顶礼保定道,无限温情在亲仁。

1988年

(原载《中华文史资料文库》第十六卷,全国政协文史资料委员会编,中国文史出版社,1996)

追求真理做真人

——怀念我的父亲陶行知

陶晓光

1891 年 10 月 18 日（农历九月十六日）父亲诞生于徽州的一个衰落的农村里——安徽歙县西乡黄潭源村。家境清寒。祖父是一个粗通文墨的人，祖母种地，做过佣工，持家非常勤俭，连剃头都是她一人包办。她剃过祖父、父亲的头，剃过我们兄弟四人桃红（陶宏）、小桃（晓光）、三桃（陶刚）、蜜桃（陶城）的胎头。1934 年祖母逝世后，父亲感情深重地为遗下的这把最可纪念的剃刀写了一首诗：

> 这把刀！
> 曾剃三代头。
> 细算省下钱，
> 换得两担油。

父亲幼年，祖父送他上经馆读书，因家贫常打着赤脚，但天资聪敏，勤奋好学，过目背诵，有过人的记忆力。后进了歙县城里基督教内地会办的崇一学堂，由于学习好，提早一年毕业。他 17 岁之春，独自一人离乡乘帆船去杭州学医，后又考进了南京金陵大学文学院。他受辛亥革命时期的民族革命思想感染，在校是个活跃分子，主编《金陵光》学报，组织爱国活动。因为学习成绩特别优良，他得以提早一年修完大学课程，并以第一名毕业。

这时全家已移居南京，他和妈妈汪纯宜结了婚。当时吸收"西洋文明"的思想风行，他持"十扣柴门一扇开"的希望，借得了去美留学的旅费。父亲在美学习，因贫困不得不在课外时间劳役、卖文、卖讲以换取学费和生活费。他先在伊利诺大学攻读市政，得政治硕士，后转入哥仑比亚大学研究教育，得教育硕士，奠定了献身教育事业的志愿。在归国的船上，一些留学生交谈回国的抱负，他说他要使全中国人都受到教育，这是1940年左右一个晚上在重庆北碚谈心时，有朋友问他时说的。

父亲是生长在清寒的家庭里而能够进学校受教育是很不容易的。而祖父为了父亲上学校，毅然断绝了自己的嗜好，终于因年高体弱而倒下去。这种牺牲自己成全儿子上进的精神，使父亲感动极深。祖母讲，当时父亲初次离乡去杭州，祖父送他上船，船开后，父亲忍不住背转身，双手蒙住眼睛哭了。后来在留学期

1917年，陶行知（右一）在哥伦比亚大学时与胡适（左二）等人留影。

间，得知祖父去世的噩耗，热泪涌流，无法排除思家念父的情怀，就发愤努力，埋头学业，课外即到图书馆中看书到深夜才蹑回宿舍。

父亲回国即任南京高等师范教务长，后改任东南大学教育系主任。几十年前，留学回国的大学教授，在当时是了不起的人物，我们几个孩子幼小时在家里的确享受了一些为儿童所应有，但只有极少数中国儿童才有的幸福。每逢星期日或什么假期，父亲总是带陶宏和我去爬山玩水。逢年过节，尤其是耶稣圣诞，他总要买一些巧克力糖、玩具和书籍给我们，这是我们最快乐的日子。这个习惯一直继续到他办了晓庄学校为止。我们在他身边时，每逢圣诞节吃了晚饭后，他就出去买礼物，我们躺在床上静等圣诞老人从天而降，有时等得实在不耐烦也就睡着了。睡到半夜一觉醒来时，一点亮光都没有，心想"老头子"今晚大概来过了，赶紧伸手到床头和枕下一摸，可不是！硬的，软的，方的，圆的，心里好生喜欢，可惜看不见，唯有希望天快点亮，就又抱着这些欢喜，慢慢地睡着了。他如果不在身边时，到了圣诞节前，一定有一大包糖果什么的从别处寄来，里面事先都分好了，写了名字，这不是怕我们抢，而是表示他对每个孩子都尽了心意，我们四个孩子从来没有为糖果、玩具打架吵嘴。

父亲一直是在教会学校里长大的，但是他不是基督徒。抗战中有一年夏天，我们在育才逸少斋（父亲和来客住的屋名）。父亲招待一位在江苏医学院学习的昔日同乡的孩子章克安时，父亲说他17岁那年和章君的父亲进了杭州一个什么教会医学院，该校规定凡在教的学生可以享受两年实习的机会，但非教徒则无这权利，这大概是以实习为饵引诱加入基督教之意。章君的父亲是基督徒，当然可以享受这个权利，但父亲以此规定太不合理，学校岂可因学生信仰不同而不同待遇！他没有因此加入基督教而毅然决然地离开了杭州。

假如说基督教对他有什么影响的话，那大概是他对耶稣舍己为人的牺牲精神的景仰，在早期恐怕就是圣诞节给孩子们送点儿喜欢的礼物。以后从办晓庄师范起，他变成了更多的不幸儿童——那些终年得不到一点快乐的穷苦孩子，大家所共有的圣诞老人，并且号召更多的大人来做集体的圣诞老人，只不过日子改到儿童节、春节或学校的校庆。在他生命的最后一年的儿童节，虽然任务那样繁忙，也没有忘记为乡下苦孩子的儿童节发起要给他们"一天的快乐，一年的学习"的活动。在重庆捐了不少捐款、书籍、文具、糖果、药品。这一年儿童节管家巷有 500 个孩子参加，古圣寺育才校本部有 1000 人，化龙桥和高峰寺各有 100 个孩子，南京晓庄余儿岗小学，上海山海工学团和淮安新安小学还未计算在内。

1923 年我 5 岁时，父亲改任中华教育改进社主任干事，全家搬到北京。在这之前，在东南大学时，他开始发动学生利用假期、晚上办识字班。他奔波于平民教育推进的工作，采用的是他和朱经农编的平民千字课。推动广泛办平民夜校、识字班和平民读书处。每一个识字的人家都可以成立一个平民读书处来教这一家内和邻居的不识字的人。我们家搬到北京后，为了响应平民教育的推进和起示范作用，在家门口也贴起了"平民读书处"的纸招牌。祖母那时已 57 岁，她受父亲提倡平民教育的影响，发了一个宏愿要读完平民千字课。父亲和姑母都忙于推广平民教育，没有空闲教她，那时我才 6 岁，刚读完第一册，就让我当"小先生"，教祖母读书。我和祖母一面玩一面读，情绪很高，一个月就把第一册读完了。读到 16 天时，父亲依据千字课上 16 课以前的生字写了一封信从张家口寄给祖母，她居然能毫无错误地读了出来。我这个"小先生"的试验，给父亲很大的启发，依传统的观念，教育只是成人对小孩之行动，他们忽略了另一面的事实——小孩也能教大人。在中国国家这样穷，师资又缺乏的情况下，要普及教育，"小先生"是一支很重要的力量。这件事增加了父亲对普及教育的自信，在普及教育运动中采用了"小先生制"作为一个很有力的办法。祖母学习得很有兴趣，也非常用功，一闲下来就读。她的书本放在梳妆盒里，一不懂就问我们。她除自己学外，还鼓励家里的佣人也读书，自己还教她，做"即知即传"的工作。祖母的学习一直坚持到去世。1936 年父亲出国参加世界新教育会议，他做了"中国大众教育运动"的报告，最引起注意的还是"小先生制"，这是殖民地和半殖民地被剥削被压迫民族普及大众教育的好办法，印度和加拿大等代表尤感兴趣，印度代表还坚决要求父亲到印度去演讲他的教育主张。后来父亲到过印度，甘地在会见他时，请他对正在中国开展的著名的大众教育运动作一文字介绍，父亲写了，发表在印度的 Harijan（大概是"贱民"之意，可能是周刊）1938 年 10 月 29 日、11 月 5 日和 11 月 19 日，甘地在按语中写道："……不得不认为对我们印度是有帮助的。"

我们四个兄弟孩提时代的教育，是由姑母负主要责任的，她的文化比妈妈高。父亲在南京做教授，到后来因为从事普及教育运动和其他工作，很少能对我们负教育责任了。到北京以后，他整个身心投入他的事业，到处奔波，使我们父子间的接触更少了，普通的父子关系在我们之间似乎是逐渐淡薄，这种变化从父亲 1923 年的家信中可以看得清楚。父亲说："我本来是一个中国平民，无奈十几年的学校生活渐渐地把我向外国的贵族的方向转移，学校生活对于我的修养固有不可磨灭的益处，但是这种外国的贵族的风尚却是很大的缺点。好在我的中国性、平民性是很丰富的；经过一番觉悟，我就像黄河决了堤，向那中国的平民的路上奔流回来了。"这些话意味着父亲下决心要放弃个人优越的社会地位和很高的经济待遇而回到人民中间去，为人民谋福利和解放。

父亲所以能够致力于各种创造性的事业，本身有一个最有利的条件，就是他无家庭后顾之忧。他得到祖母、姑母、母亲的全力支持，分担了他不少重负，这是受父亲感召的结果。她们在七年内，相继地倒了下去。

有人说父亲对我们孩子的教育态度，刻薄点说是听其自生自灭，说好听些是自由生长。其实一个对教育事业具有那样热忱的人，岂有对自己亲生孩子冷落之理！只是中国还有很多很多比我们更需要关心的老百姓、青少年和孩子需要他关心，他实在没有多少工夫再来管教我们。但是只要有机会，有时间，他是一样过问的，特别是大一些的问题，他也是很关心的。他对我们提出希望他帮助的事，只要是对的，有助于我们进步的，他无不给以全力支持。他对我们的教导常常是很精辟的，而我们对他的主张、事业、为人也是极崇敬和倾全力去支持的。即使不能帮助他做多少工作，却也不愿分散他的精力。所以我们的关系已经跳出了世俗的父子关系，他成了我们的导师、朋友和同志。因此我们和他的关系在形式上似乎很疏远，远得甚至还不如他的学生、一般青年和朋友，但我们还能站在一般青年中学习他，接受他的指导，进而支持他贯彻他"爱满天下"的夙志，使他的事业成为我们大家的事。这样我们之间又变得极为亲密，形式上似乎淡薄，而却又很浓厚。这也是父亲的教育和为人的成功之处。

1927 年前后，父亲放弃了他高等华人的地位和优越的待遇享受，到南京乡下去筹办晓庄师范，搞乡村教育运动。父亲说："晓庄是从爱里产生出来的，没有爱便没有晓庄。因为他爱人类，所以他爱人类中最多数最不幸的人，因为他爱中华民族，所以爱中华民族中最多数而最不幸之农人。他爱农人只从农人出发，从最多数最不幸的出发；他的目光，没有一刻不注意到中华民族和人类的全体。"尽管父亲给家里来信说他身体和精神都好得很，还风趣地说："正月初四试验乡村师范行立础礼，请城里的人下乡拜年，他头晚就下乡，住在一位姓陆的农友家里，打地铺，睡在稻草上，暖和得很，比钢丝床还有趣。"特别是说到"我们六个人睡在一铺：……还有一个你们猜是谁？……你们怕是猜不着的。待我说来。他是一条耕田的水牛，睡在我们旁边，脾气很好，也很干净。第二天教育厅长到了，陪客的也是这条牛大哥。"家里知他吃苦很不放心，很想念他，几经催促，他才不得不寄一张相片回

晓庄学校时期的陶行知

来，消瘦多了，家里很难过，姑母背着人饮泣，决定全家要由北京搬到南京乡下去与父亲共甘苦。姑母、妈妈还专门学了磨豆浆等劳动本领，教育我也要去做一个劳动的孩子。

1930 年晓庄师范被蒋介石封闭，父亲被通缉，逃亡上海，后

去日本，有的老师和同学被国民党反动政府捕杀牺牲。那时我才十一二岁，也要东躲西藏，颠沛流离，寄人篱下，受到冷眼、冷遇，在心灵上蒙上了很深的世态炎凉的烙印。家破人亡的遭遇，使我的青少年的一段时期陷于孤独、悲观的情绪之中，特别到祖母逝世后达到了高峰。后来经我要求，父亲介绍我以同等学力考进光华高中，才有一些缓和。

爸爸对我们从小就重视要动手劳动，不要做少爷、小姐，养成做人上人的苗子。他在信上还叮嘱："桃红、小桃在家，自己的事要自己干。衣服要学洗，破了要学缝。烧菜弄饭都要学。还要扫地抹桌。有益的事都要做。"及长一些，他就要求向自助助人，自立立人的方向去做。他在"儿子教学做之四个阶段"的诗里这样写道：

> 三餐喂得饱，个个喊宝宝。（一）
>
> 小事认真干，零用自己赚。（二）
>
> 全部衣食住，不靠别人助。（三）
>
> 自活有余力，帮助人自立。（四）

他觉得社会上对小孩的教育普通只有两个阶段：一是全然依赖；二是忽然自立。这中间缺少明确渐进的桥梁。倘若成人突然发生变故，小孩失其所依是多么痛苦呀！那时我才13岁，父亲就教我一面自学，一面写小稿子投稿；一面学英文，一面编译小的科普文章，这都可以赚些零用钱。他向我们推荐两位老师。第一位是自己的耳朵，文章写好了，先念给自己的耳朵听听看，不顺耳的地方就要修改，念几遍，改几遍，到耳朵都喜欢听了才罢。第二位是老妈子。为此父亲有一首诗：

问老妈子

文章好不好？要问老妈子。

老妈高兴听，可以卖稿子。

老妈听不懂，就算是废纸。

废纸那个要？送给书呆子。

父亲就是这样办的。有位"老师"替他改了好几篇文章，觉得比原来的好多了。他写的文章还常常要念给大人、小孩听。拜他们为师。

他回家来，特别爱吃祖母烧的"青菜豆腐"和她做的"格翁"（徽州的菜馅饼）。他要我跟祖母学烧饭做菜，通过实际干，写了一本"陶母烹饪法"，交由商务印书馆出版。这些生活的知识和技能，几十年来，很是有用。他说他小时餐餐吃的是祖母弄的现成饭，有时也到厨房里去看看，好像现在流行的毕业参观，从来没有动过手，所以简直不知道烧火是怎么一回事。看祖母烧得很容易，便自以为真的容易，一看就会，何必费事动手去干呢？开始以为一看就会，而终于半生不会，这奇事他到35岁时察觉了。那年一位穷朋友预备自己烧菜请他吃午饭，父亲自告奋勇去替他烧火，结果是失败了：别人把菜洗好切好，而父亲的火还没有烧着，只好自避贤路，让人家一手包办，一会儿就烧着了。

他又介绍我去利用广播电台作为空中学校，教他编的"老少通千字课"。他也鼓励和培养了我对无线电的兴趣，支持我一面干一面学。1935年左右，在他的影响下，宝山县教育局冯局长用电化教育方法来普及教育，我们就自己动手为他们装了几十架无线电收音机。

父亲很爱"诗"，也选一些教我们学。小时在暑期里，父亲教我们读了不少诗，第一首古诗就是于谦的那首石灰诗："千锤百炼出深山，烈火焚烧若等闲；粉身碎骨全不顾，只留清白在人间。"这首诗我们小时背诵下来，几十年都忘不了。细想起来，父亲的一生，实在也只有石灰的青白可以比喻。他一生的身体力行所表现的这首诗的教育意义，使我们终身受用不尽。

父亲对字画也非常感兴趣，对书法很有研究，也下了很大的工夫。我们小时候，在北京家里的一间书房里，四壁挂满了碑帖，我们放学后，也常跟着他临字帖。他写字的兴趣一直是很浓厚的，直到办晓庄师范后，还要家里把他最喜欢的碑帖寄给他。他一方面自己研练，一方面也向人请教。直到1933年他才得到要领，觉得写得像个样子了，同时请他写字的人也很多，就正式卖字吃饭了。好多人都希望得到他写的字，这不仅是因为字写得漂亮有力，也因为他的字表达了他的思想和主张，以及他的为人。1941年我也以得到他专写给我的一张字，而感到无比的喜悦和珍贵。后来他约郭沫若、沈钧儒、冯玉祥等搞卖字兴学，成了他有力的战斗武器。

顺带提起，我们兄弟的毛笔字都像鸡脚爪一样，难以见人。特别是我的字早期写得很野，受到父亲严肃的劝告："有一件事要和你讨论。你的字是写得太野了，使人认不得，而且写信的纸张不规格，这是必须改正的。……你们的信总有一部分令人看不懂。就是看得懂也是叫看信人十分难过，甚至头痛。这点小事，如不痛改，将来必有一天，要给人把信扔到纸篓里去。……"经过这一番劝告、教育，我才认真地改了。

父亲的兴趣和学识实在是非常广泛的，这对形成他的教育思想和他的事业都是极有关系的。他说"在'博中求约'是和'自约返博'都是做学问必要的过程。"他重视实践和真知，唯其这样，他能够触类旁通，广征博引，融会贯通。唯其这样，他的思想非常敏捷周到，而对于一个问题，一件事，更能高瞻远瞩，大处着眼，但要从小处下手。唯其这样，更增强了他的领悟和吸收能力，更能有机地将各门学问的精华，组成自己血肉的一部分，提供出精确的思路，独到的见解。他对中西文学艺术的各部分，对于科学方面的各派系，对于历史与考古，对于自然科学的各部门——包括生物学、物理学、天文学、化学、算学、医学都有很丰富的知识，但他不是一个死书本知识的字纸篓、传声筒和书呆子。他能够不断地提高别人对学习的兴趣，尊重别人的兴趣并且尽可能地给予启发、支持和帮助。

1930年晓庄学校被封闭，那时姑母已病逝，我和祖母、母亲（已得重病）、弟弟凄凉地留在晓庄五柳村家里。一天，收到一封父亲给向真和探真（即陶宏和我）的信，信中说现在是一个科学的世界，科学世界里应该有一个科学的中国。科学的中国要小孩子去创造！等到中国的小孩子都成了科学小孩子的时候，我们的中国也就变为科学的中国了。希望我俩从今天起变为科学的孩子，还说要寄一套自然科学丛书来引导我们玩科学把戏，做科学实验，攀上科学树去摘科学果子吃。不但自己吃，还要给全世界的人吃！我的小小的心灵确实被震动了一番，盼呀盼呀，日夜地盼，想做一个科学的孩子，想玩科学把戏，可就是接不到这套美妙的丛书。后来一天夜里，父亲请一位朋友秘密地来到我家，带了父亲的信，把我接到上海，安置在父亲倡办的自然学园里学习，他自己另有秘密住处，但常常来。这时父亲正在搞科学下嫁运动，那里先有丁柱中、董纯才、戴白韬等同志，后来高士其、吕镜楼、方与严、陶宏同志都来了，正在编一套全100册的儿童科学丛书，着重指导儿童动手去做科学实验，从而引导到各门科学的原理和生活、环境的改造上去，文字通俗易懂，实验材料注意就地取材，以引导和培养儿童从小对科学的兴趣。我成了他们做科学实验的小助手、小学员。我特别爱玩电磁学、力学的把戏，观察昆虫生活和看天象，真是新鲜好玩极了，自己也自修一些基本课程，如英文、数学、物理、化学等，在父亲的带领下，我们常常到郊外去捕捉昆虫，捉了多种的螳螂来观察验证了法国昆虫学家法布尔所描述的螳螂交配后，雌螳螂要把雄螳螂活活吃掉（父亲风趣地称作活吃丈夫）的现象。野外，马路旁的广场和屋顶上的晒台就成了当时的天文台。这套儿童科学丛书的编辑，按照父亲的主张，不是从书本到书本，照抄照转，而是除博览群书，吸收前人的科学成果外，还要对内容经过自己实验证实，让儿童得到这套书可以手脑并用地学科学，做科学的孩子，我对科学的兴趣就是这一段的生活培养起来的。

父亲虽然是一个科学博士（圣约翰大学赠送的名誉科学博士），他深感到科学的重要。他说由于传统教育简直抹杀了他的科学兴趣，自己过去学得太不够，准备长期地下工夫来学，他的寝室里也成了做科学实验的地方，他也在充实自己的科学知识，培养自己的科学兴趣，发展自己的手脑并用，这一切大概是寄希望于为祖国培养有科学头脑的新的一代。他是一个活力充沛踏踏实实的普及儿童科学的先行者和引路人。他研究了一些大科学家的生平和童年，得到两个深刻的印象：一是科学要从小孩学起；二是科学的幼苗要像爱迪生的母亲和法拉第的书店老板一样去爱护才能保全。

大发明家爱迪生12岁就开始动手做科学试验，不大注意先生上的功课，一生只上了三个月学就被以"坏蛋"的罪名开除出学校，他母亲说我的"蛋"并不坏，指定家中地下室给他做试验，放的毒药多至200瓶，只吩咐他不许把毒药带到厨房、饭厅里去。科学实验让他自习，别的功课由母亲指导。爱迪生因得到一位这样的贤母，虽仅仅受三个月的学校教育，也能成为一位现代大发明家。发电机的发明者法拉第，幼年在书店里做徒弟，别的徒弟到利波老板那里去告他订书订得慢的状，利波对众徒弟说，法拉第是一面订书一面吃书；书订好了，头脑也吃饱了。你们中如有人像他这样用功，我也就马马虎虎。法拉第当他做徒弟时，倘使遇不着利波老板的识别宽容，这株科学的幼苗早已会被摧残了。父亲很喜欢宣扬大科学家童年生活的精华和教益，我听得津津有味，也很佩服。他的思想充分反映在《儿童科学丛书》里他写的三本《儿童科学指导》里，这三本书可以说是全套书的核心，加上稍后发表在《斋夫自由谈》上的几篇，到今天我看还不失它对儿童学科学的指导作用。后来父亲在重庆办育才学校培养具有各种特殊才干的人才幼苗，培养幼年研究生，都是早期提倡科学儿童的重大发展。

在自然学园里，父亲还提倡说话要有科学根据，办事要有科学态度，反对笼统。谁违反这一规约，一次就罚谁两毛钱请客。当然这不是指喝一杯水一定要说给我一杯200毫升的H_2O，才算科学，而是要反对那样的"笼统哥"，你问他贵庚，他说"几十岁了"；你问他祖母高寿，他说"老了"；你问他有几位令郎，他说"好几个"；你问他一顿吃几碗饭，他说"不少"；你问他一月赚几块钱，他说"不多"；你问他贵国离中国有多少路程，他说"很近，很近"等等不科学、不确实的含糊说法。按照父亲说，这些"笼统哥"是浑沌国，含混省，糊涂县，囫囵村人氏。父亲常常和大家开玩笑，大家不放松他，竭力想抓住他的毛病，哪知他一言一语、一举一动都遵守规约,一次也没有被抓到。这种说话做事要有科学根据,要调查研究,要有数量观念,不能含糊其词的作风,在自然学园以后他一直保持着。

他还特别强调介绍科学新知,从源头上去学,注意科学的新动向,要迎头学,不要老是在屁股后跟。

父亲曾把祖母死后的寿险费提出,一些作为山海工学团的经费,其余的解决了新安旅行团的电影放映机(500元),发电机(约500元)和影片的问题。这部电影放映机和发电机跟着"新旅"跑遍了大半个中国,为抗战和争取民主中国的胜利作出了贡献。

1931年九一八后,他的思想与行动倾注于抗日救国事业上去了。1937年随着日本帝国主义加紧对我国的侵略,国难日深,父亲积极参与组织全国各界救国联合会,并担任"国民外交使节",出国宣传抗日。我送父亲上轮船后,怅然若失,这一离别,将要很长时间不能相见,只能靠稀疏的信件往来。他的来信对我的教育很大,随着年龄的增长,领会不断加深,从根本上帮助我解决了当时悲观的人生观,这是我永远不能忘记的。

1937年2月他从纽约的来信中说:"接到晓光的信,很高兴。但是这封信和从前的信一样,好比是干橘子,没有多大浆水,恐怕是生活有些枯燥,意义不甚充足。……我愿意下次看到更好的信。我愿意当你们写信给我的时候是你们的灵魂对我谈心。……"短短的信引导我逐渐去追求有意义的生活,也只有生活过得有意义,信才会有内容,不至于像个干橘子。

稍后,我给父亲的信反映出自己在国内生活感到的孤独和悲观情绪。他在1937年3月23日的来信中进一步指出:"你的人生观太悲观,应当改正过来。世界上一切困难都要用冷静的计划去克服，忧愁伤心是双倍的牺牲，于事并无补。你们不是孤零零的孩子。在你们的周围有着几百几千无数的孩子，都是你们的朋友，你们的同伴，你们的服务对象。从家庭的世界里把自己拔出来，投入大的社会里去，你不久就会乐观、高兴，觉得生活有意义，……愿你听我的话，将胸襟扩大，生活将要自在得多。"在这里父亲进一步指出我思想上的病根和改正的方向，思想和生活要扩大到社会的范围，并且要投身到群众中去，与群众打成一片，做群众的一员。

在 1937 年 12 月 14 日的信中他说："……民族解放的大道理要彻底的明白，遇患难要帮助别人。勇敢的活才是美的活，勇敢的死才是美的死。……你在无线电已有了相当的基础。希望你在这上面精益求精，到最需要的地方，最有组织的地方，最信仰民为贵的地方，去作最有效的贡献。把生命的火药装在大炮里对准着日本帝国主义轰炸。倘若把生命的火药放在爆竹里玩掉或是放在盘里浪费掉，那是太可惜了……"这封信的寓意深刻，思想准确，语言铿锵有力，指出了当前的主要斗争，蕴藏着父亲对中国共产党和党领导下的解放区寄托着多么深厚的信任和感情呀！在那里，他看到了中国和中华民族的希望！也看出他对孩子多么真挚的爱护和多么深刻的教育呀！遗憾的是我当时觉悟还低，认识上没有很快跟上父亲关怀教育的高度。1938 年他又寄来一张坐在马克思墓旁的照片。在伦敦，他同吴老（玉章）一同去瞻仰马克思墓，他们在一片荒冢里寻找了几遍才发现恩格斯所题的墓志，而惊叹这一旷世伟人之墓竟这样平凡。在照片背面是他当时写的一首诗："光明照万世，宏论醒天下，'24748'，小坟葬伟大。"（"24748"是马克思墓的墓号），表达了他对马克思和马克思主义的崇敬和信仰。

父亲在国外担任国民外交使节期间，遍历欧、美、非各洲及南洋等 28 国，宣传中国人民抗日救国的主张，以正视听，为建立中国人民和各国人民的友谊，动员外国朋友和华侨从各方面支持我们抗战，做了大量的工作，国外朋友和华侨还捐出了大量金钱和物资支援中国抗战，他自己还把卖讲所得全部款项寄回国内作为救国经费。他几度到加拿大。1938 年 1 月曾应邀到加拿大 17 个地方演讲，他最后本打算由欧洲回国，但因加拿大的工作未完，又折回加拿大。1956 年中共八大开会时，加拿大共产党代表曾找我哥哥陶宏，告诉他抗战初期父亲在美国和加拿大演讲宣传抗日，把所得的钱买了医药器材通过宋庆龄先生转给白求恩。

1978 年我们收到加拿大朋友 D.E. 威尔莫特先生寄来的父亲在 1945 年签名盖章赠他的一首英文诗的复制品，那首诗是 1938 年 1 月 16 日父亲任国民外交使节时献给加拿大朋友的，国内尚未见到过。另附有 1945 年前后威尔莫特先生在重庆参观父亲创办的育才学校的日记片断。时隔 30 多年了，足见感情之深。1946 年前后，加拿大朋友文幼章（Endicott）博士对父亲的为人和事业很崇敬，希望到育才学校工作，当时正值抗战胜利，育才学校很动荡，迁移再迁移，未能实现。父亲给陶宏的信中说："将来育才要演变而为大学，等到文幼章先生来华之时，我想他将能在我们这里得到一种教学之乐。可将我的意思转达给他，感谢他的盛意，预约将来的共同创造。"遗憾的是这样崇高的愿望未能实现。由此可见父亲也是早期建立中加人民友谊桥梁的工匠之一。

在纽约的码头上，他曾经领着中国留学美国的学生，用犀利的演讲，阻止美国军火商人把军火搬上日本轮船的那种助纣为虐行动。他慷慨激昂地说："日本杀死 100 万中国人，其中有 54.4 万人是美国军火帮助杀死的！工人们！站在正义的立场，要拒绝搬运助日的军火！不要替刽子手当助手！"美国的码头工人用大规模的罢工，拒绝搬运助日军火，坚决用行动响应了他的号召。

父亲在 1938 年秋回国。我在 1940 年冬天，22 岁时开始进入社会工作了。我去到成都一个无线电修造厂，随无线电专家倪尚达厂长工作、学习。一进厂就遇到要资格证明书的问题。我几乎没有什么正规资历，为了像样一点，我写信给育才学校副校长马侣贤要一张晓庄师范学校的毕业证明书。当这急需的证明书刚到，就又接到父亲的电报要我将证明书立即寄回，随即收到他 1941 年 1 月 25 日的快信，说："最近听说马侣贤寄了一张证明书给你。他擅自做主，没有经我看过，我不放心，故即于当晚电你将该件寄回，以便审核有无错误，深信你已经遵电照办。现恐你急需文件证明，特由我亲自写了一张，附于信内寄你。你可根据这样的证明，找尚达弟力保。我们必须坚持'宁为真白丁，不做假秀才'之主张进行。倘使这样真实的证明不合用，宁可自己出钱，不拿薪水，帮助国家工作，同时从尚达弟及各位学术专家学习。万一竟因证明不合传统，而连这样的工作学习亦被取消，那末，你还是回到重庆。……总之，'追求真理做真人'，不可丝毫妥协。……决不向虚伪的社会学习或妥协。你记得这七个字，终身受用无穷，望你必需努力朝这方面修养，方是真学问。……"父亲的这封信使我对自己屈从世俗的做假行为提高了认识，思想受到很大的震动。"追求真理做真人"开始印入自己的头脑，开始懂得父亲提倡的"社会即学校"，不是社会里什么都可以学，都有可学，而是要学习进步的方面，把社会推向前进，这才是真学问，而决不能向虚伪的社会学习和妥协。父亲就是"追求真理做真人"的典范。

进入社会后和在父亲教育事业内像两个世界，很不习惯，特别对周围的反共、反苏的声音和气氛，怎样活动活动谋求个人飞黄腾达、升官发财的语言，最为反感，精神相当苦闷。当时我围绕父亲事业的号召，在成都联系一些生活教育的朋友和育才之友开展了一些支持父亲事业征求育才之友的募捐活动。对捐助的朋友父亲都要写字送他们留作纪念。1941年10月21日我接到父亲手书的译诗。这首诗写道：

> 我决定
>
> 要保持我的健康，
>
> 做我的工作，
>
> 求生存，
>
> 留心看是否长进，取来给去，
>
> 绝不白费光阴往后看，
>
> 不在懦弱中等待，不在权势中奔走，
>
> 只是常常的朝着光明迈进，
>
> 常常的常常的面向着正义，
>
> 夺去了，饿坏了，失败了，跌倒了，打散了，
>
> 向前拿出我所有的力量，
>
> 回转到大路上来。

我对诗的抬头"生活教育之同志育才学校之友晓光留念"倍感亲切。这虽然是一首译诗，但却像父亲针对我写的，他郑重其事地嘱咐我"不在懦弱中等待，不在权势中奔走，只是常常的朝着光明迈进"，是令我感奋的座右铭，给我个人的行动以正确的规范，经常萦绕在我的心头。即使在今天，还有一定的指导意义。父亲是慈父，更是严师！

我想父亲志愿的宏大，知识的渊博，创造力的旺盛，意志的

坚强，生活的刻苦，做人的谦虚诚恳，除来源于他的中国性和平民性外，很重要的一条是他热爱祖国，热爱人民，勇于实践，勤恳学习。他的晚年在重庆虽然担负育才学校300多人的生活与学习以及从事民主与自由运动，但消磨不了他学习研究的上进心。每天夜晚很迟很迟才拖着奔跑了一整天的沉重的双脚，爬上坡，走到管家巷28号育才学校重庆办事处，无力地敲着门，我们从楼上下来开门。"你们还没有睡呀"，我们不晓得这话是应该向谁说的。他手上提着一件蓝上衣，拿着那顶经过风吹雨打早已软瘪的考克帽，一摇一晃地上楼去。稍休息一会，如果没有什么紧急公事，或要写什么东西，你会看他坐在藤椅上，手中拿一本英文文学名著、诗集或其他政治、历史艺术书籍阅读，或翻阅报章杂志，使人对他肃然起敬。相形之下，你不能不振作、不进步、不能不加紧学习。我见他认真阅读毛主席的《新民主主义论》，见他喜爱刚传到重庆的毛主席诗词《沁园春·雪》，也见他读苏联有关教育的论著。他写的"创造年献诗"正是他研究运用唯物辩证法的反映。他的卧室兼办公室，就是隔着一道书墙。抗战胜利后他回到上海，即使民主斗争那样尖锐（他在三个多月间作了约100次演讲，常常一日去三处演讲），他还要我替他到美国朋友傅里曼（J.R.Friedman）处取借给他看的书。

在他办的学校里，很重视文化食粮。过去晓庄学校教育方面的藏书很多，育才学校的图书馆，更是重庆一个难得的好书库。那不是装饰品。20世纪40年代初在那吃不饱饿不死的年代、在育才二周年校庆到来前夕的创造月活动中，在父亲提出"集体创造上学习创造"的号召下，全校造了四个露天讲台，一个舞台，两个游泳池，建立了自然科学馆、历史地理陈列馆、艺术馆，举行了有意义的展览会，还有一项就是改造了图书馆，使它成为"现代化的文化厨房"。他常说我们不能只把肚子胀饱，变成一个小头鬼，同时也要给头脑吃饱才行，不要光有点心，还要有点脑。在大后方，当时育才学校学生追求真理和学习的风气是一般学校比不上的。

1943年1月11日，父亲特别委托我在成都搜集有价值的图书（包括中外名著、研究报告、重要史料等）和必需用的仪器，并要我先到华西图书馆详细参观，做一番"博"的工夫，再请教几位有专门研究的朋友，然后才开始。育才学校要加强中小学生的教育，要推进自然科学，在难童中选拔培养科学幼苗，要培养幼年研究生以及出版教材，还要满足朋友们的借阅。父亲在朋友们的帮助下买到14版大英百科全书，这在当时全国学校都是少有的事。父亲对科学仪器设备等实验手段是非常重视的，他不反对读书，但他反对的是为读书而读书，读死书，死读书，读书死；提倡把书当作一种有力的改造世界的工具，要用活书，活用书，用书活。

同样，父亲并不是绝对的反对当时的传统学校。他说："我们的学校都是为穷人办的。有办法进学校的当然可以进学校，为什么不可以呢？他们用不着我们来想办法。"这句话一直记在我们的心里，也可以说经过这句话的启发，我们才更了解到父亲的事业一向就是为穷人，为占中国绝大多数的劳苦大众及其孩子、流浪儿童开门的。用父亲的话说，它不是摩登女郎的金刚钻戒指，而是冰天雪地下穷人的窝窝头和破棉袄。他写的《大菜司务小影——教育家醒来！》的诗也表明了他的心志：

> 只为阔佬烧大菜，且听穷人吃糟糠。
> 说起理由亦充足，声声重质不重量。

当然父亲所办的学校也需要充实，难道给穷人办的教育就不要充实吗？这父亲也是同意的。有人认为父亲绝对反对传统的学校教育，认为一无可取，是不确实的。他认为能进学校的可以进学校学习，充分利用学校环境的有利条件如有些有真才实学的老师和充分的科学实验设备等，来达到学到真本领，为人民服务的目的。他反对的是不问国家大事，关起校门为读书而读书，读死书，死读书，读书死的教育制度，反对国民党统治思想的党化教育和反对培养少爷、小姐和只教人做"人上人"的教育！所以我们如果不站在"穷"的立场上，不站在穷的中国的立场上，不站在劳苦大众解放的立场上，联系当时反动统治下的具体情况条件，去看他的创造，就不可能了解他一生的事业。

关于如何正确对待基础知识的学习问题，1943年他就告诫我"无线电要弄得好，须打基础：数学、物理、化学等"。他又要求每个青年无论学社会科学、自然科学或艺术文学至少都要擅长一门外语，要掌握住主要的文化钥匙。

父亲基于博爱（当然与宗教家的博爱有别）精神非常肯帮助人，尤其能爱才和容人，爱护青年、儿童。

记得高士其同志原在美国专门研究细菌学，由于培养细菌实验时不小心，细菌侵入身体，开始造成行动、说话迟钝，时常眼睛突然失明，只能靠摸索走路。治疗无效，贫病交迫，不得已回祖国来。踏上祖国的土地后，四顾茫茫。在危难中父亲请他到"自然学园"以他外文的造诣和科学知识的丰富，一面与疾病斗争，一面开始搞科普的创作。父亲对他真是爱护备至。

王洞若同志是一个老共产党员，在20世纪30年代上海时期就在父亲的事业内部做地下党的工作，他对父亲思想的进步和事业的发展都起过积极的作用。他是晓庄师范第一期的学生，育才学校成立后，他是地下党第一任支部书记，和父亲相处的时间很长。他对哲学社会科学和教育都很有研究，并有独到的见解。父亲经常与他讨论研究问题，也尊重他的意见。因长期艰苦的地下工作，身体不好，得了重病，父亲对他从精神到物质关怀备至。

刘季平同志，公开身份是晓庄师范的学生，他是 1927 年的共产党员，当时晓庄师范的地下党支部书记。他在上海被捕，父亲用很大的力量筹集了很大一笔钱，为他请了律师进行辩护。

父亲自己不近烟、酒，也最厌恶烟、酒、赌博这一类的习惯。但对于有抽烟嗜好的专家，他很能原谅，以为通过抽烟可以提高他们的研究精神，为人民作出新的贡献。他知道翦老（伯赞）有吸烟嗜好，在重庆那种生活极艰难的年代，凡是外国人送父亲抽的香烟他都接下来（哪怕一两支都留着），托人带给翦老，有时还附首诗。直到他逝世前两天还让我给翦老送去十包幸福牌香烟，由于怕他病中多吸了烟不好，还要我对翦老说还有十包等翦老病好些再送去。

哥哥陶宏告诉我说：一次有一个大学生来找父亲，希望他做一个保证人，能够领取学校的津贴，可是父亲不在家。回来后，陶宏把这件事告诉了他。他就问给写了介绍信或是盖了印的名片没有？陶宏说由于没有得到他的同意不便轻易这样做。父亲说以后遇到这样的事尽管办，省得让人多跑。对于流落在外乡，人地生疏的青年，特别应该帮助。

这样的事是很多的。

抗战中，国统区通货膨胀，物价飞涨。父亲给我信说："学校经济自是非常困难。你知道我是欢迎困难的一个人。一切困难都以算学解决之。不但经济困难如此解决，别的困难也如此解决，所以我没有忧愁，仍旧是吃得饱睡得着。……我们追求真理，抱着真理为民族人类服务，有什么疑惑呢？所以我无论处境如何困难，心里泰然自在，这是可以告慰的。"他正是这样坚定地以"百扣柴门十扇开"的精神对付经济难关。学校里有一段，由两干一稀变成两稀一干、三餐稀饭，菜只有少量胡豆。生活虽苦，但精神却饱满得很。父亲说："社会永远不会辜负我们的，许多朋友帮助我们解决经济困难。"我们是"拿社会的钱给社会办事"，在那样的环境下，只要不附带干涉学校内政条件的钱，他都可以要，其中包括国民政府机构内通过个人关系的来款和国外捐款。记得1946年7月父亲逝世后，内战将大规模展开，周恩来同志很关心父亲的遗著出版和遗留事业的维持，在他回延安前，专在上海马思南路中共办事处宴请某夫妇，为请他们支持父亲著作的出版，方与严同志和我都参加了，以后只出版了一本《行知诗歌集》就停止了。会上周恩来同志听到美国援华会总干

陶行知与学生在一起。

事提出要有一个组织名义支持育才学校办下去时，指出我们自己组织可以，他们指定人不行，只要不附带干涉校内事务的条件，美国的补助可以接收。于是我们组织了一个由陈鹤琴先生任主席的育才学校顾问委员会。

抗战胜利以后，父亲于1946年4月由重庆到上海推动民主运动，筹备育才学校迁沪和扩大社会大学运动。这一年4月14日父亲到了南京，要去晓庄，当地农民和小孩赶到中央门、迈皋桥一带来迎接，鞭炮齐鸣。他见到了从前晓庄学校幼稚园的孩子现在已经生了小孩在等候父亲来开办幼儿园了。晓庄在所谓焦土抗战的命令下，房屋都烧光了，树木都砍光了，只留得我祖父母墓的两棵树，巍然并存，欣欣向荣，这是由于坟亲家和晓庄农友的爱护。南京没有民主气息，但上海的民主力量很强，父亲刚到就有1000多教师欢迎他，在市立育才中学请他作"民主生活与民主教育"的演讲。当时全国争取和平民主的斗争达到最尖锐的阶段，反动政府采取恐怖手段妄图挽回那不可抗拒的大势。李公朴、闻一多被反动当局暗杀了。听说在上海要执行暗杀的第一名就是父亲。他处之泰然，视死如归。7月16日他分别写信给育才学校师生和育才学校同学会上海分会，"如果消息确实，我会很快地结束我的生命。……我提议为民主死了一个就要加紧感召一万个人来顶补。……我们现在第一要事是感召一万位民主战士来补偿李公朴先生之不可补偿之损失，只有这样才是真正的追悼。平时要以'仁者不忧，智者不惑，勇者不惧，达者不恋'的精神培养学生和我们自己。有事则以'富贵不能淫，贫贱不能移，威武不能屈，美人不能动'相勉励。……"他抓紧时间坚持战斗和整理诗稿。我很不放心，几次要求跟着照顾他，但他不肯。他逝世的前一晚，我还和继母吴树琴同志到他的隐蔽住处爱棠新村 13 号去给他送书、稿件和用品，谁知道就此永别了！怎不使人悲痛万分！

在父亲生命的最后几个月里，我们分别了两年以后又在上海相会。虽然蓬勃开展的民主运动吸引了他几乎全部的精力，但我看他最高兴的是他的教育理想、主张虽然受尽国民党的重重歧视、限制、打击、迫害，但在解放区却得到实施。从解放区同志的来信来访，从奥地利医生严斐德（詹生）、美国记者罗尔波等朋友去解放区带回的信息，解放区在党领导下，劳动人民翻身做了主人，精神解放了，文化教育得到普及，使他欢欣鼓舞。父亲看到天快亮了！他对解放区心驰神往，总想有机会到解放区去，呼吸呼吸那里的民主、自由的空气，从而实现他多年来梦寐以求的愿望！我和父亲相处的日子实在是太短太短了。但他留给我们去学习、去研究的遗产却是很多。他的一生是不断战斗和不断进步的一生，是追求真理做真人的一生。

1979 年 12 月

（原载《文史资料选辑》第 72 辑）

北京大学感旧录

周作人

作者原注：这是我未发表的回忆录一部分，因为比较自成片段，所以摘出来单行。但是因为感旧性质，生存的不收；所说的又不够全面，上边曾有《卯字号的名人》及《三沈二马》诸章说及，故今不重出。林、蔡斗争之事亦已有专文说过了。

1963 年 1 月

一

我于民国六年（1917）初到北大，及至民国十六年暑假，已经 10 年了。恰巧张作霖称大元帅，将北大取消，改为京师大学，于是我们遂不得不与北京大学暂时脱离关系了。但是大元帅的寿命也不久长，不到一年光景，情形就很不像样，只能退回东北去，于 6 月中遇炸而死。不久东三省问题也就解决，所谓北伐遂告成功了。经过了一段曲折之后，北京大学旋告恢复，外观虽是依然如故，可是已经没有从前的"古今中外"的那种精神了。所以将这 10 年作为一段落，算作北大的前期，也是合于事实的。我在学校里是向来没有什么活动的，与别人接触并不多，但是在文科里边也有些见闻，特别这些人物是已经去世的，记录了下来作为纪念，而且根据佛教的想法，这样做也即是一种功德供养。至于下一辈的人以及现在还健在的老辈悉不阑入，但是这种老辈现今也是不多，真正可以说是寥落有如晨星了。

辜鸿铭

北大顶古怪的人物，恐怕众口一词的要推辜鸿铭了吧。他是福建闽南人。大概先代是华侨吧，所以他的母亲是西洋人，他生得一副深眼睛高鼻子的洋人相貌。头上一撮黄头毛，却编了一条小辫子；冬天穿枣红宁绸的大袖方马褂，上戴瓜皮小帽。不要说在民国十年前后的北京，就是在前清时代，马路上遇见这样一位华装教士似的人物，大家也不免要张大了眼睛看得出神的吧。尤其妙的是他那包车的车夫，不知是从哪里乡下去特地找了来的，或者是徐州辫子兵的余留亦未可知，也是一个背拖大辫子的汉子，正同课堂上的主人是好一对。他在红楼的大门外坐在车兜上等着，也不失为车夫队中一个特出的人物。辜鸿铭早年留学英国，在那有名的苏格兰大学毕业，归国后有一时也是断发西装革履，出入于湖广总督衙门（依据传说如此，真伪待考），可是后来却不晓得什么缘故变成那一副怪相，满口"春秋大义"，成了十足的保皇派了。但是他似乎只是广泛的主张要皇帝，与实际运动无关，所以洪宪帝制与宣统复辟两回事件里都没有他的关系。他在北大教的是拉丁文等功课，不能发挥他的正统思想，他就随时随地想要找机会发泄。我只在会议席上遇到他两次，每次总是如此。有一次是北大开文科教授会讨论功课，各人纷纷发言，蔡校长也站起来预备说话，辜鸿铭一眼看见，首先大声说道："现在请大家听校长的吩咐！"这是他原来的语气，他的精神也就充分的表现在里边了。又有一次是五四运动时，"六三事件"以后，大概是 1919 年的 6 月 5 日吧，北大教授在红楼第二层临街的一间教室里开临时会议，除应付事件外，有一件是挽留蔡校长。各人照例说了好些话，反正对于挽留是没有什么异议的。问题只是怎么办，打电报呢，还是派代表南下。辜鸿铭也走上讲台，赞成挽留校长，却有他自己的特别理由，他说道："校长是我们学校的皇帝，所以非得挽留不可。"《新青年》的反帝反封建的朋友们有好些都在座，但是因为他是赞成挽留蔡校长的，所以也没有人再来和他抬杠。可是他后边的一个人出来说话，却于无意中闹了一个大乱子，也是好笑的一件事。

这位是理科教授，姓丁，是江苏省人，本来会讲普通话，可是这回他一上讲台去，说了一大串叫人听了难懂、又非常难过的单词。那时天气本是炎热，时在下午，又在高楼上一间房里，聚集了许多人，大家已经很是烦躁的了。这丁先生的话是字字可以听得清，可是几乎没有两个字以上连得起来的，只听得他单调地断续地说："我们、今天、今天、我们、北大、今天、北大、我们……"如是者有一两分钟，不，或者简直只有半分钟也说不定，但是人们仿佛觉得已经很是长久。在热闷的空气中，听了这单调的断续的单词，有如在头顶上滴着屋漏水，实在令人不容易忍受。大家正在焦躁，不知道怎么办才好的时候，忽然教室的门开了一点，有人伸头进来把刘半农叫了出去。不久就听得刘君在门外顿足大声骂道："混账！"里边的人都愕然吃惊，丁先生以为是在骂他，也便匆匆地下了讲台，退回原位去了。这样会议就中途停顿，等到刘半农进来报告，才知道是怎的一回事。这所骂的当然并不是丁先生，却是法科学长王某，他的名字忘记了，仿佛其中有一个"祖"字。"六三"的那一天，北京的中小学生都列队出来讲演，援助"五四"被捕的学生，北京政府便派军警把这些中小学生一队队的捉了来，都监禁在北大法科校舍内。各方面纷纷援助，赠送食物，北大方面略尽地主之谊，预备茶水食料之类，也就在法科支用了若干款项。这数目记不清楚了，大约也不会多，或者是一二百元吧。北大教授会决定请学校核销此款，归入正式开销之内，可是法科学长不答应，于是事务员跑来找刘半农，因为那时他是教授会的干事负责人。刘君听了不禁发起火来，破口大喝一声。后来大概法科方面也得了着落，而在当时解决了丁先生的纠纷，其功劳实在也是很大的，因为假如没有他这一喝，会场里说不定会要发生很严重的结果。看那时的形势，在丁先生一边暂时并无自动停止的意思，而这样的讲下去，听的人又忍受不了，立刻就得有铤而走险的可能。当日刘文典也在场，据他日后对人说，其时若不因了刘半农的一声喝而停止讲话，他就要奔上讲台去，先打一个耳光，随后再叩头谢罪，因为他实在再也忍受不下去了。——关于丁君在家受窘的故事，此外也还有些传闻，然而那是属于"正人君子"所谓的"流言"，所以似乎也不值得加以引用了。

二

刘申叔（师培）

北大教授中的奇人，第二个大概要推刘申叔了吧。说也奇怪，我与申叔很早就有些关系，所谓"神交已久"。在丁未（1907年）前后他在东京办《天义报》的时候，我投寄过好些论文，但是多由陶望潮间接交去；后来我们给《河南》写文章，也是他做总编辑，不过那时经手的是孙竹丹，也没有直接交涉过。后来他来到北大，同在国文系里任课，可是一直没有见过面，只有一次，即是上面所说的文科教授会里，远远地望见他。那时大约他的肺病已经很是严重，所以身体瘦弱，简单地说了几句话，声音

刘师培

也很低微，完全是个病夫模样，其后也就没有再见到他了。申叔写起文章来，真是"下笔千言"。细注引证，头头是道，没有做不好的文章。可是字却写得实在可怕，几乎像小孩子的描红似的，而且不讲笔顺——北方书房里的学童写字，辄叫口号，例如"永"字，叫道："点、横、竖、勾、挑、撇、提、捺。"他却是全不管这些个，只看方便，有可以连写之处，就一直连起来，所以简直不成字样。当时北大文科教员里，以恶札而论，申叔要算第一，我就是第二名了。从前在南京学堂里的时候，管轮堂同学中写字的成绩我也是倒数第二，第一名乃是我的同班同乡而且又是同房间居住的柯采卿，他的字也毕瑟可怜，像是寒颤的样子，但还不至于不成字罢了。倏忽50年，第一名的人都已归了道山，到如今这榜首的光荣却不得不属于我一个人了。

关于刘申叔及其夫人何震，最初因为苏曼殊寄居他们的家里，所以传有许多逸事，由龚未生转述给我们听，民国以后则由钱玄同所讲；及申叔死后，复由其弟子刘叔雅讲了些，但叔雅口

多微词，似乎不好据为典要，因此便把传闻的故事都不著录了。只是汪公权的故事却不妨提一提，因为那是我们直接见到的。在戊申（1908 年）夏天，我们开始学俄文的时候，当初是鲁迅、许季茀、陈子英、陶望潮和我五个人，经望潮介绍刘申叔的一个亲戚来参加，这人便是汪公权。我们也不知道他的底细，上课时匆匆遇见也没有谈过什么，只见他全副和服，似乎很朴实，可是俄语却学的不大好，往往连发音都不能读，似乎他回去一点都不预备似的。后来这一班散了伙，也就走散了事，但是同盟会中间似乎对于刘申叔一伙很有怀疑，不久听说汪公权归国，在上海什么地方被人所暗杀了。

黄季刚

要想讲北大名人的故事，似乎断不可缺少黄季刚，因为他不但是章太炎门下的大弟子，乃是我们的大师兄，他的国学是数一数二的；可是他的脾气怪僻，和他的学问成正比例，说起有些事情来，着实令人不能恭维。而且上文我说与刘申叔只见过一面，已经很是稀奇了，但与黄季刚却一面都没有见过。关于他的事情只是听人传说，所以我现在觉得单凭了听来的话，不好就来说他的短长。这怎么办才好呢？如不是利用这些传说，那么我便没有直接的材料可用了，所以只得来经过一番筛选，择取可以用得的来充数吧。

黄侃

这话须还得说回去。大概是前清光绪末年的事情吧，约略估计年岁当是戊申（1908年）的左右，还在陈独秀办《新青年》、进北大的10年前。章太炎在东京民报社里来的一位客人，名叫陈仲甫，这人便是后来的陈独秀，那时也是搞汉学、写隶书的人。这时候适值钱玄同（其时名叫钱夏，字德潜）、黄季刚在座，听见客来，只好躲入隔壁的房里去，可是只隔着两扇纸糊的拉门，所以什么都听得清清楚楚的。主客谈起清朝汉学的发达，列举戴、段、王诸人，多出在安徽、江苏。后来不晓得怎么一转，陈仲甫忽而提起湖北，说那里没有出过什么大学者，主人也敷衍着说，"是呀，没有出什么人。"这时黄季刚大声答应道："湖北固然没有学者，然而这不就是区区，安徽固然多有学者，然而这也未必就是足下。"主客闻之索然扫兴，随即别去。10年之后，黄季刚在北大拥皋比了，可是陈仲甫也赶了来任文科学长。且办《新青年》，搞起新文学运动来，风靡一世了。这两者的旗帜分明，冲突是免不了的。当时在北大的章门的同学，做柏梁台体的诗分咏校内的名人，关于他们的两句恰巧都还记得。陈仲甫的一句是"毁孔子庙罢其祀"，说得很得要领；黄季刚的一句则是"八部书外皆狗屁"，也是很能传达他的精神的。所谓八部书者，是他所信奉的经典，即是《毛诗》《左传》《周礼》《说文解字》《广韵》《史记》《汉书》和《文选》，不过还有一部《文心雕龙》，似乎也应该加上去才对。他的攻击异己者的方法完全利用谩骂，便是在讲堂上的骂街，它的骚扰力很不小，但是只能够煽动几个听他讲的人，讲到实际的蛊惑力量，没有及得后来写、说闲话的"正人君子"的十一了。

三

林公铎

林公铎名损，也是北大的一位有名人物，其脾气的怪僻也与黄季刚差不多，但是一般情况下对人还是平和，比较容易接近得多。他的态度很是直率，有点近于不客气。我记得有一件事，觉得实在有点可以佩服。有一年我到学校去上第一时的课，这是8点至9点，普通总是空着，不大有人愿意这么早去上课的，所以功课顶容易安排。在这时候，常与林公铎碰在一起。我们有些人不愿去像候车似的挤坐在教员休息室里，而到国文系主任的办公室去坐，我遇见他就在那里。这天因为到得略早，距上课还有些时间，便坐了等着。这时一位名叫甘大文的毕业生，是来找主任说话，可是主任还没有到来，甘君等久了觉得无聊，便去同林先生搭讪说话。桌上适值摆着一本北大三十几周年纪念册，就拿起来说道："林先生看过这册子吗？里边的文章怎么样？"林先生微微摇头道："不通，不通。"这本来已经够了，可是甘君还不肯干休，翻开册内自己的一篇文章，指着说道："林先生看我这篇怎么样？"林先生从容地笑道："亦不通，亦不通。"当时的确是说"亦"字，不是说"也"的，这事还清楚地记得。甘君本来在中国大学读书，因听了胡博士的讲演，转到北大哲学系来，成为胡适之的嫡系弟子，能作万言的洋洋大文，曾在孙伏园的《晨报副刊》上登载《陶渊明与托尔斯泰》一文，接连登了有两三个月之久，读者看了都又头痛又佩服。甘君的应酬交际工夫十二分的绵密，许多教授都为之惶恐退避，可是他一遇着了林公铎，也就一败涂地了。

说起甘君的交际工夫，似乎这里也值得一说。他的做法第一是请客，第二是送礼。请客倒还容易对付，只消辞谢不去好了，但是送礼却更麻烦了。他是要送到家里来的，主人一定不收，自然也可以拒绝；可是客人丢下就跑，不等主人的回话，那就不好办了。那时雇用汽车很是便宜，他在过节的前几天便雇一辆汽车，专供送礼之用，走到一家人家，急忙将货物放在门房，随即上车飞奔而去。有一回，竟因此而大为人家的包车夫所窘，据说这是在沈兼士的家里。值甘君去送节礼，兼做听差的包车夫接收了，不料大大地触怒主人，怪他接受了不被欢迎的人的东西，因此几乎打破了他拉车的饭碗。所以他的交际工夫越好，越被许多人所厌恶，自教授以至工友，没有人敢于请教他，教不到一点钟的功课。也有人同情他的，如北大的单不庵，忠告他千万不要再请客送礼了。只要他安静过一个时期，说是半年吧，那时人家就会自动地来请他；不但空口说，并且实际地帮助他，从自己的薪水提出一部分钱来津贴他的生活，邀他在图书馆里给他做事。但是这有什么用呢？一个人的脾气是不容易改变的。论甘君的学历，在大学里教教国文，总是可以的，但他过于自信，其态度也颇不客气，所以终于失败。钱玄同在师范大学担任国文系主任，曾经叫他到那里教"大一国文"（即大学一年级的必修国文），他的选本第一篇是韩愈的《进学解》，第二篇以下至第末篇都是他自己的大作，学期末了，学生便去要求主任把他撤换了。甘君的故事实在说来话长，只是这里未免有点喧宾夺主，所以只好姑且从略了。

　　林公铎爱喝酒，平常遇见总是脸红红的。有一个时候不是因为黄酒价贵，便是学校欠薪，他便喝那廉价的劣质的酒。黄季刚得知了大不以为然，曾当面对林公铎说道："这是你自己在作死了！"这一次算是他对于友人的道地的忠告。后来听说林公铎在南京车站上晕倒，这实在是与他的喝酒有关的。他讲学问写文章因此都不免有爱使气的地方。一天我在国文系办公室遇见他，问在北大外还有兼课吗？答说在中国大学有两小时。是什么功课呢？说是唐诗。我又好奇地追问道："林先生讲哪些人的诗呢？"他的答复很出意外，他说是讲陶渊明。大家知道陶渊明与唐朝之间还整个的隔着一个南北朝，可是他就是那样的讲的。这个原因是，北大有陶渊明诗这一种功课，是沈尹默担任的，林公铎大概很不满意，所以在别处也讲这个，至于文不对题，也就不管了。他算是北大老教授中旧派之一人，在民国二十年顷，北大改组时标榜革新，他和许之衡一起被学校辞退了。北大旧例，教授试教一年，第二学年改送正式聘书，只简单地说聘为教授，并无年限及薪水数目。因为这聘任是无限期的，假如不因特别事故有一方预先声明解约，这便永久有效。十八年以后始改为每年送聘书。在学校方面生怕照从前的办法，有不讲理的人拿着无限期的聘书，要解约时硬不肯走，所以改了每年送新聘书的方法。其实这也不尽然，这原是在人不在办法，和平的人就是拿着无限期聘书，也会不则一声地走了，激烈的人虽然是期限已满也还要争执，不肯罢休的。许之衡便是前者的好例，林公铎则属于后者，他大写其抗议的文章，在《世界日报》上发表的致胡博士（其时任文学院长兼国文系主任）的信中，有"遗我一矢"之语，但是胡适之并不回答，所以这事也就不久平息了。

四

许守白

上文牵连的说到了许之衡，现在便来讲他的事情吧。许守白是在北大教戏曲的，他的前任，也便是第一任的戏曲教授是吴梅。当时上海大报上还大惊小怪的，以为大学里居然讲起戏曲来，是破天荒的大奇事。吴瞿安教了几年，因为南人吃不惯北方的东西，后来转任南京大学，推荐了许守白做他的后任。许君与林公铎正是相反，对人是异常的客气，或者可以说是本来不必那样的有礼。到了公众场所，对于在场的许多人只要点一点头就行了，等到发现特别接近的人再另行招呼，他却是不然。进得门来，他就一个一个找人鞠躬，有时那边不看见，还要重新鞠过。看他模样是个老学究，可是打扮却有点特别，穿了一套西服，推光和尚头，脑门上留下手掌大的一片头发，状如桃子，长四五分，不知是何取义，有好挖苦的人便送给他一个绰号，叫作"余桃公"，这句话是有历史背景的。他这副样子在北大还好，因为他们见过世面，曾看见过辜鸿铭那个样子，可是到女学校去上课的时候，就不免要稍受欺侮了。其实那里的学生倒也并不怎么特别去窘他，只是从上课的情形上可以看出他的一点窘状来而已。北伐成功以后，女子大学划归北京大学，改为文学理学分院，随后又成为女子文理学院。我在那里一时给刘半农代理国文系主任的时候，为一、二年级学生开过一班散文习作。有一回作文叫写教室里印象，其中一篇写得颇妙，即是讲许守白的，虽然不曾说出姓名来。她说有一位教授进来，身穿西服，光头，前面留着一个桃子，走上讲台，深深的一鞠躬，随后翻开书来讲。学生们有编织东西的，有写信、看小说的，有三三两两低声说话的。起初说话的声音很低，可是逐渐响起来，教师的话有点不大听得出了，于是教师用力提高声音，于嗡嗡声的上面又零零落落地听到讲书的词句，但这也只是暂时的，因为学生的说话相应的也加响，又将教师的声音沉没到里边去了。这样一直到了下课的钟声响了，教师乃又深深的一躬，蹼下了讲台，这事才告一段落。鲁迅的小说集《彷徨》里边有一篇《高老夫子》，说高尔基老夫子往女学校去上课，向讲堂下一望，看见满屋子蓬松的头发，和许多鼻孔与眼睛，使他大发生其恐慌，袁了凡《纲鉴》本来没有预备充分，因此更着了忙，匆匆地逃了出去。这位慕高尔基而改名的老夫子尚且不免如此慌张，别人自然也是一样，但是许先生却还忍耐得住，所以教得下去，不过窘也总是难免的了。

黄晦闻

关于黄晦闻的事，说起来都是很严肃的，因为他是严肃规矩的人，所以绝少滑稽性的传闻。前清光绪年间，上海出版《国粹学报》，黄节的名字同邓实（秋枚）、刘师培（申叔）、马叙伦（夷初）等常常出现，跟了黄梨洲、吕晚村的路线，以复古来讲革命，灌输民族思想，在知识阶级中间很有些势力。及至民国成立之后，虽然他是革命老同志，在国民党中不乏有力的朋友，可是他只做了一回广东教育厅长，以后就回到北大来仍旧教他的书，不复再出。北伐成功以来，所谓吃"五四饭"的都飞黄腾达起来，做上了新官僚，黄君是老辈，却那样的退隐下来，岂不正是落伍之尤。但是他自有他的见地。他平常愤世嫉俗，觉得现时很像明季，为人写字常钤一印章，文曰"如此江山"。又于民国二十三年（1934）秋季在北大讲顾亭林诗，感念往昔，常对诸生慨然言之。1935年1月24日病卒，所注亭林诗终未完成，所作诗集曰《蒹葭楼诗》，曾见有仿宋铅印本，不知今市上尚有之否？晦闻卒后，我撰一挽联送去，词曰：

> 如此江山，渐将日暮途穷，不堪追忆索常侍。
> 及今归去，等是风流云散，差幸免作顾亭林。

附以小注云：近来先生常用一印云"如此江山"，又在北京大学讲亭林诗，感念古昔，常对诸生慨然言之。

孟心史

与晦闻情形类似的，有孟心史。孟君名森，为北大史学系教授多年，兼任研究所工作，著书甚多，但是我所最为记得最喜欢读的书，还是民国五六年顷所出的《心史丛刊》，共有三集，搜集零碎材料，贯串成为一篇，对于史事既多所发明，亦殊有趣味。其记清代历次科场案，多有感慨语，如云："凡汲引人材，从古无以刀锯斧钺随其后者。至清代乃兴科场大案，草菅人命，

孟森

无非重加其罔民之力，束缚而驰骤之。"又云："汉人陷溺于科举，至深且酷，不惜借满人屠戮同胞，以泄其多数侥幸未遂之人年年被摈之愤，此所谓天下英雄入我彀中者也。"

孟君耆年宿学，而其意见明达，前后不变，往往出后辈贤达之上，可谓难得矣。二十六年华北沦陷，孟君仍留北平，至冬卧病入协和医院，11月中我曾去访问他一次，他给我看日记，其中有好些感愤的诗，至次年1月14日，乃归道山，年72岁。3月13日开追悼会于城南法源寺，到者可20人，大抵皆北大同人，别无仪式，只默默行礼而已。我曾撰了一副挽联，词曰：

野记偏多言外意，新诗应有井中函。

因字数太少不好写，又找不到人代写，亦不果用。北大迁至长沙，职教员凡能走者均随行，其因老病或有家累者暂留北方，校方承认为留平教授，凡有四人，为孟森、马裕藻、冯祖荀和我，今孟、马、冯三君皆已长逝，只剩下我一个人，算是硕果仅存了。

五

冯汉叔

说到了"留平教授"，于讲过孟心史之后，理应说马幼渔与冯汉叔的故事了。但是幼渔虽说是极熟的朋友之一，交往也很频繁，可是记不起什么可记的事情来；讲到旧闻逸事，特别从玄同听来的也实在不少，不过都是琐屑家庭的事，不好做感旧的资料。汉叔是理科数学系的教员，虽是隔一层了，可是他的故事说起来都很有趣味，而且也知道得不少，所以只好把幼渔的一边搁下，将他的逸事来多记一点也罢。

冯汉叔留学于日本东京前帝国大学理科，专攻数学，成绩甚好，毕业后归国任浙江两级师范学堂教员，其时尚在前清光绪、宣统之交，校长是沈衡山（钧儒），许多有名的人都在那里教书，如鲁迅、许寿裳、张邦华等都是。随后他转到北大，恐怕还在蔡孑民校长之前，所以他可以说是真正的"老北大"了。在民国初年的冯汉叔，大概是很时髦的，据说他坐的乃是自用车，除了装饰崭新之外，车灯也是特别。普通的车只点一盏，有的还用植物油，乌黢黢的很有点凄惨相；有的是左右两盏灯，都点上了电石，便很觉得阔气了；他的车上却有四盏，便是在靠手的旁边又添上两盏灯，一齐点上了就光明灿烂，对面来的人连眼睛都要睁不开来了。脚底下又装着响铃，车上的人用脚踏着，一路发出铮钺的响声，车子向前飞跑，引得路上行人皆驻足而视。据说那时北京这样的车子没有第二辆，所以假如路上遇见四盏灯的洋车，便可知道这是冯汉叔，他正往"八大胡同"去打茶围去了。爱说笑话的人，便给这样的车取了一个别名，叫作"器字车"，四个口像四盏灯；两盏灯的叫作"哭字车"，一盏的就叫"吠字车"。算起来坐"器字车"的还算比较便宜，因为中间虽然是个"犬"字，但比较吠、哭二字究竟字面要好得多了。

汉叔喜欢喝酒，与林公铎有点相像，但不听见他曾有与人相闹的事情。他又是搞精密的科学的，酒醉了有时候有点糊涂了，可是一遇到上课讲学问，却是依然头脑清楚，不会发生什么错误。古人说，吕端小事糊涂，大事不糊涂，可见世上的确有这样的事情。鲁迅曾经讲过汉叔在民初的一件故事：有一天在路上与汉叔相遇，彼此举帽一点首后将要走过去的时候，汉叔忽叫停车，似乎有话要说。及至下车之后，他并不开口，却从皮夹里掏出20元钞票来，交给鲁迅，说："这是还那一天输给你的欠账的。"鲁迅因为并无其事，便说："那一天我并没有同你打牌，也并未输钱给我呀！"他这才说道："哦，哦，这不是你吗？"乃作别而去。此外有一次，是我亲自看见的。在"六三"的前几天，北大同人于第二院开会商议挽留蔡校长的事，说话的人当然没有一个是反对者，其中有一人不记得是什么人了，说的比较不直接一点，他没有听得清楚，立即愤然起立道："谁呀！说不赞成的？"旁人连忙解劝道："没有人说不赞成。这是你听差了。"他于是也说："哦，哦。"随又坐下了。关于他好酒的事，我也有过一次经验。不记得是谁请客了，饭馆是前门外的煤市街的有名的地方，就是酒不大好。这时汉叔也在座，便提议到近地的什么店去要，是和他有交易的一家酒店；只说冯某人所要某种黄酒，这就行了。及至要了来之后，主人就要立刻分斟，汉叔阻住他，叫先拿试尝，尝过之后觉得口味不对，便叫送酒的伙计来对他说，一面用手指着自己的鼻子道："我，我自己在这里，叫老板给我送那个来。"这样换来之后，那酒一定是不错的了。不过我们外行人也不能辨别，只是那么胡乱的喝一通就是了。

北平沦陷之后，民国二十七年（1938）春天，日本宪兵队想要北大第二院做它的本部，直接通知第二院，要他们三天之内搬家。留守那里的事务员弄得没有办法，便来找那"留平教授"，马幼渔是不出来的，于是找到我和冯汉叔。但是我们又有什么办法呢？走到第二院去一看，碰见汉叔已在那里，我们略一商量，觉得要想挡驾只有去找汤尔和，说明理学院因为仪器的关系不能轻易移动，至于能否有效，那只有临时再看了。便在那里，由我起草写了一封公函，同汉叔送往汤尔和的家里。当天晚上得到汤尔和的电话，说挡驾总算成功了，可是只可惜牺牲了第一院给予宪兵队，但那是文科，只积存些讲义之类的东西，散失了也不十分可惜。这是我最后一次见到冯汉叔，看他的样子已是很憔悴，已经到了他的暮年了。

六

刘叔雅

刘叔雅名文典，友人常称之为刘格阑玛，叔雅则自称狸豆乌。盖狸刘读或可通，叔与菽通，"未"字又为豆之象形古文，雅则即是乌鸦的本字。叔雅人甚有趣，面目黧黑，盖昔日曾嗜鸦片，又性喜肉食。及后北大迁移昆明，人称之谓"二云居士"，盖言云腿与云土皆名物，适投其所好也。好吸纸烟，常口衔一支，虽在说话亦粘着唇边，不识其何以能如此，唯进教室以前始弃之。性滑稽，善谈笑，唯语不择言。自以籍属合肥，对于段祺瑞尤致攻击，往往丑诋及于父母，令人不能记述。北伐成功后曾在芜湖，不知何故触怒蒋介石，被拘数日，时人以此重之。刘叔雅最不喜中医，尝极论之，备极诙谐溪刻之能事，其词云："你们攻击中国的庸医，实是大错而特错。在现今的中国，中医是万不可无的。你看有多多少少的遗老遗少和别种的非人生在中国，此辈一日不死，是中国一日之祸害。但是谋杀是违反人道的，而且也谋不胜谋。幸喜他们都是相信国粹的，所以他们的一线死机，全在这班大夫们手里。你们怎好去攻击他们呢？"

　　这是我亲自听到，所以写在一篇说"卖药"的文章里，收在《谈虎集》卷上，写的时日是"十年八月"，可见他讲这话的时候是很早的了。他又批评那时的国会议员道："想起这些人来，也

刘文典（左一）与刘奎官及其孙女合影。

着实觉得可怜，不想来怎么的骂他们。这总之还要怪我们自己，假如我们有力量收买了他们，却还要那么胡闹，那么这实在应该重办，捉了来打屁股。可是我们现在既然没有钱给他们，那么这也就只好由得他们自己去卖身去罢了。"

他的说话刻薄由此可见一斑。可是叔雅的长处并不在此，他实是一个国学大家，他的《淮南鸿烈解》的著书出版已经好久，不知道随后有什么新著，但就是那一部书也足够显示他的学力而有余了。

朱逖先

朱逖先名希祖，北京大学日刊曾经误将他的姓氏刊为米遇光，所以有一个时候友人们便叫他作"米遇光"，但是他的普遍的绰号乃是"朱胡子"，这是上下皆知的。尤其是在旧书业的人们中间，提起"朱胡子"来，几乎无人不知，而且有点敬远的神气，因为朱君多收藏古书，对于此道很是精明，听见人说珍本旧抄，便揎袖攘臂，连说"吾要"，连书业专门的人也有时弄不过他。所以朋友们有时也叫他作"吾要"，这是浙江的方音，里边也含有幽默的意思。不过北大同人包括旧时同学在内，普通多称他为"而翁"，这其实即是朱胡子的文言译，因为《说文解字》上说，"而，颊毛也。"当面不好叫他作朱胡子，但是称"而翁"，便无妨碍，这可以说是文言的好处了，因为他向来就留了一大部胡子。这从什么时候起的呢？记得在民报社听太炎先生讲《说文》的时候，总还是学生模样，不曾留须，留须恐怕是民国初年以后吧。在元年（1912）的夏天，他介绍我到浙江教育司当课长，我因家事不及去；后来又改任省视学，这我也只当了一个月，就因患疟疾回家来了。那时见面的印象有点马虎记不清了，但总之似

乎还没有那古巴英雄似的大胡子。及民六（1917）在北京相见，
却完全改观了。这却令人记起英国爱德华理亚（Edward Lear）所
作的《荒唐书》里的第一首诗来：

> 那里有个老人带着一部胡子，
>
> 他说，这正是我所怕的，
>
> 有两只猫头鹰和一只母鸡，
>
> 四只叫天子和一只知更雀，
>
> 都在我的胡子里做了窠了！

这样的过了将近 20 年，大家都已看惯了。但大约在民国
二十三四年的时候，在北京却不见了朱胡子，大概是因了他女婿
的关系，移转到广州的中山大学去了。以后的一年暑假里，似乎
是在民国二十五年（1936），这时正值北大招考阅卷的日子，大家
聚在校长室里。忽然开门进来了一个小伙子，没有人认得他，等
到他开口说话，这才知道是朱逖先，原来他的胡子剃得光光的，
所以是似乎换了一个人了。大家这才哄然大笑。这时的逖先在我
这里恰好留有一个照相，这照片原是在中央公园所照，便是许季
茀、沈兼士、朱逖先、沈士远、钱玄同、马幼渔和我，一共是七
个人，这里边的朱逖先就是光下巴的。逖先是"老北大"，又是
太炎同门中的老大哥，可是在北大的同人中间似乎缺少联络，有
好些事情都没有他加入。可是他对于我却是特别关照，民国元年
是他介绍我到浙江教育司的，随后又在北京问我愿不愿来北大教
英文（见于鲁迅日记），他的好意我是十分感谢的，虽然最后民
六（1917）的一次是不是他的发起，鲁迅日记上没有记载，说不
清楚了。

七

胡适之

听说胡适之于 1962 年 2 月 24 日在台湾去世了，这样便成为我的感旧录里的材料，因为这感旧录中是照例不收生存的人的。他的一生的言行，到今日盖棺论定，自然会有结论出来，我这里只想就个人间的交涉记述一二，作为谈话的资料而已。我与他有过卖稿的交涉，总共是三回，都是翻译。头两回是《现代小说译丛》和《日本现代小说集》，时在 1921 年左右，是我在《新青年》和《小说月报》登载过的译文，鲁迅其时也特地翻译了几篇，凑成每册 10 万字，收在商务印书馆的《世界丛书》里，稿费 5 元 / 千字，当时要算是最高的价格了。在一年前，曾经托蔡校长写信介绍给书店的《黄蔷薇》，也还只是 2 元 / 千字，虽说是文言不行时，但早晚时价不同也可以想见了。第三回是一册《希腊拟曲》，这是我在那时的唯一希腊译品，一总只有 4 万字，把稿子卖给文化基金董事会的编译委员会，得到了 10 元 / 千字的报酬，实在是我所得的最高的价了。我在序文的末了说道："这几篇译文虽只是戋戋小册，实在也是我的很严重的工作。我平常也虽翻译些文章过，但是没有像这回费力费时光，在这中间我时时发生恐慌，深有'黄胖搡年糕，出力不讨好'之惧，如没有适之先生的激励，十之七八是中途搁笔了。现今总算译完了，这是很可喜的，在我个人使这 30 年来的岔路不完全白走，固然自己觉得喜欢，而原作更是值得介绍，虽然只是太少。谛阿克列多斯有一句话道，一点点的礼物捎着大大的人情。乡曲俗语云，千里送鹅毛，物轻人意重。姑且引来作为解嘲。"

关于这册译稿还有过这么一个插话。交稿之前我预先同适之说明，这中间有些违碍词句，要求保留，即如第六篇拟曲《昵谈》里有"角先生"这一个字，是翻译原文"抱朋"这字的意义，虽然唐译苾刍尼律中有树胶生支的名称，但似乎不及"角先生"三字的通俗。适之笑着答应了。所以它就这样的印刷着；可是注文里在那"角"字右边加上了一直线，成了人名符号，这似乎有点可笑——其实这角字或者是说明角所制的吧。最后的一回，不是和他直接交涉，乃是由编译会的秘书关琪桐代理的。1937—1938年这一年里，我翻译了一部亚波罗陀洛斯的《希腊神话》，到了1938年编译会搬到香港去，这事就告结束，我那神话的译稿也带了去不知下落了。

1938年的下半年，因为编译会的工作已经结束，我就在燕京大学托郭绍虞君找了一点功课，每周四小时。学校里因为旧人的关系特加照顾，给我一个"客座教授"（Visiting Professor）的尊号，算是专任，月给100元报酬，比一般的讲师表示优待。其时适之远在英国，远远地寄了一封信来，乃是一首白话诗，其词云：

> 藏晖先生昨夜作一梦，
> 梦见苦雨庵中吃茶的老僧，
> 忽然放下茶盅出门去，
> 飘然一杖天南行。
> 天南万里岂不太辛苦？
> 只为智者识得重与轻。——
> 梦醒我自披衣开窗坐，
> 谁人知我此时一点相思情。

1938.8.4. 伦敦

我接到了这封信后，也作了一首白话诗回答他。因为听说他就要往美国去，所以寄到华盛顿的中国使馆转交"胡安定先生"，这乃是他的临时的别号。诗有十六行，其词云：

老僧假装好吃苦茶，
实在的情形还是苦雨，
近来屋漏地上又浸水，
结果只好改号苦住。
晚间拼好蒲团想睡觉，
忽然接到一封远方的信，
海天万里八行诗，
多谢藏晖居士的问讯。
我谢谢你很厚的情意，
可惜我行脚却不能做到，
并不是出了家特地忙。
因为庵里住的好些老小。
我还只能关门敲木鱼念经，
出门托钵募化些米面，——
老僧始终是个老僧，
希望将来见得居士的面。

民国廿七年9月21日，知堂作苦住庵吟，略仿藏晖体，却寄居士美州。10月8日旧中秋，阴雨如晦中录存。

侥幸这两首诗的抄本都还存在，而且同时找到了另一首诗，乃是适之的手笔，署"廿八、十二、十三。藏晖。"诗四句分四行写，今改写作两行，其词云：

> 两张照片诗三首，今日开封一惘然。
>
> 无人认得胡安定，扔在空箱过一年。

这里所说的事全然不清楚了，只是那寄给胡安定的信搁在那里，经过很多的时候方才收到。这是我所接到的他的最后的一信。及 1948 年冬，北京解放，适之仓皇飞往南京，未几转往上海，那时我也在上海，便托王古鲁君代为致意，劝其留住国内，虽未能见听，但在我却是一片诚意，聊以报其昔日寄诗之情。今王古鲁也早已长逝，更无人知道此事了。

末了还得加上一节。《希腊拟曲》的稿费 400 元，于我却有了极大的好处，即是这用了买得一块坟地，在西郊的板井村，只有二亩的地面。因为原来有三间瓦屋在后面，所以花了 360 元买来；但是后来因为没有人住，所以倒塌了。新种的柏树过了 30 多年，已经成林了。那里葬着我们的次女若子、侄儿丰二，最后还有先母鲁老太太也安息在那里。那地方至今还好好地存在，便是我的力气总算不是白花了，这是我所觉得深可庆幸的事情。

八

刘半农

讲到胡适之，令人联想起刘半农来。这不但是因为两人都是博士，并且还是同年的关系：他们是"卯字号"的名人，这事上文已经说过了。刘半农因为没有正式的学历，为胡博士他们所看不起，虽然同是"文学革命"队伍里的人。半农受了这个刺激，所以发愤去挣他一个博士头衔来，以出心头的一股闷气。所以后来人们叫他们为博士，其含义是有区别的，盖一是积极的博士，一是消极的也。二人又同为"卯字号"小一辈的同年生，可是半农卒于1934年，才及中寿；适之则已是古稀，又是不同的一点。我在上文里关于半农已经说及，现在再来讲他恐有不少重出之处，为此只将那时所作的《半农纪念》一文抄录在这里，那么即使有些重出，因为那是文中的一部分，或者也无甚妨碍吧。

七月十五日夜我们到东京，次日定居本乡菊坂町。二十日我同妻出去，在大森等处跑了一天，傍晚回寓，却见梁宗岱先生和陈樱女士已在那里相候。谈次陈女士说，在南京看见报载刘半农先生去世的消息，我们听了觉得不相信。徐耀辰先生在座，也说这恐怕又是别一个刘复吧。但陈女士说报上说的不是刘复而是刘半农，又说北京大学给他照料治丧，可见这是不会错的了。我们将离开北平的时候，知道半农往绥远方面旅行去了。前后相去不过十日，却又听说他病死了已有七天了。世事虽然本来是不可测的，但这实在来得太突然，只觉得出意外，除了惘然若失而外，别无什么话可说。

半农和我是十多年的老朋友。这回半农的死对于我是一个老友的丧失，我所感到的也是朋友的哀感，这很难得用笔墨记录下来。

刘半农

朋友的交情可以深厚，而这种悲哀总是淡泊而平定的，与夫妇、子女间沉挚激越者不同，然而这两者却是同样的难以文字表示得恰好。假如我同半农要疏一点，那么我就容易说话，当作一个学者或文人去看，随意说一番都不要紧。很熟的朋友却只作一整个人看，所知道的又太多了，要想分析想挑选了说极难着手，而且褒贬稍差一点分量，心里完全明了，就觉得不诚实，比不说还要不好。荏苒四个多月过去了，除了七月二十四日写了一封信给半农的女儿小蕙女士外，什么文章都没有写，虽然有三四处定期刊物叫我写纪念的文章，都谢绝了，因为实在写不出。九月十四日。半农死后整整两个月，在北京大学举行追悼会，不得不送一副挽联，我也只得写这样平凡的几句话去，敷衍了一下子：

> 十七年尔汝旧交，追忆还从卯字号；
> 廿余日驰驱大漠，归来竟作丁令威。

这是很空虚的话，只是仪式上所需的一种装饰的表示而已。学校决定要我充当致词者之一人，我也不好拒绝，但是我仍是明白我的不胜任，我只能说说临时想出来的半农的两种好处。其一是半农的真。他不装假，肯说话，不投机，不怕骂。另一方面却是天真烂漫，对什么人都无恶意。其二是半农的杂学。他的专门是语音学，但他的兴趣很广博，文学美术他都喜欢，做诗、写字、照相、搜书、讲文法、谈音乐。有人或者嫌他杂，我觉得这正是好处，方面广，理解多，于处世和治学都有用，不过在思想统一的时代自然有点不合式。我所能说者也就是极平凡的这寥寥几句。

两日前阅《人间世》第十六期，看见半农遗稿《双凤凰专斋小品文之五十四》，读了很有所感。其题目曰《记砚兄之称》，文云："余与知堂老人每以砚兄相称，不知者或以为儿时同窗友也。其实余二人相识，余已二十七，岂明已三十三。时余穿鱼皮鞋，犹存上海少年滑头气，岂明则蓄浓髯，戴大绒帽，披马夫式大衣，俨然一俄国英雄也。越十年，红胡入关主政，北新封，语丝停，李丹忧捕，余与岂明同避菜厂胡同一友人家。小厢三楹，中为膳食所。左为寝室，席地而卧。右为书室，室仅一桌，桌仅一砚。寝、食、相对枯坐而外，低头共砚写文而已，砚兄之称自此始。居停主人不许多友来视，能来者余妻、岂明妻而外，仅有徐耀辰兄传外间消息，日或三四至也。时民国十六年，以十月二十四日去，越一星期归，今日思之，亦如梦中矣。"

这文章写得颇好，文章里边存着作者的性格，读了如见半农其人。民国六年春间我来北京，在《新青年》上初见到半农的文章——那时他还在南方，留下一种很深的印象。这是几篇《灵霞馆笔记》，觉得有清新的生气，这在别人笔下是没有的。现在读这篇遗文，恍然记及十七年前的事，清新的生气仍在，虽然更加上一点苍老与着实了。但是时光过得真快，鱼皮鞋子的故事在今日活着的人里只有我和玄同还知道吧；而菜厂胡同一节，说起来也有车过腹痛之感了。前年冬天半农同我谈到蒙难纪念，问这是哪一天，我查旧日记，恰巧民国十六年中间有几个月不曾写，于是查对《语丝》末期出版月日，等等，查出这是在十月二十四，半农就说下回要大举请客来作纪念，我当然赞成他的提议。去年十月不知道怎么一混，大家都忘记了，今年夏天半农在电话里还说起：去年可惜忘记了，今年一定要举行。然而半农在七月十四日就死了，计算到十月二十四日恰是一百天。

> 昔时笔祸同蒙难，菜厂幽居亦可怜；
> 算到今年逢百日，寒泉一盏荐君前。

这是我所作的打油诗，九月中只写了两首，所以在追悼会上不曾用，今见半农此文，便拿来题在后面。所云菜厂在北河沿之东，是土肥原的旧居，居停主人即土肥原的后任某少佐也。秋天在东京本想去访问一下，告诉他半农的消息，后来听说他在长崎，没有能见到。民国二十三年　（1934）11 月 30 日，于北平苦茶庵记。

九

马隅卿

隅卿是于民国二十四年 2 月 19 日在北大上课，以脑出血卒于讲堂里的。我也在这里抄录《隅卿纪念》的一篇文章作替代，原本是登载于《苦茶随笔》里的。

隅卿去世于今倏忽三个月了。当时我就想写一篇小文章纪念他，一直没有能写，现在虽然也还是写不出，但是觉得似乎不能再迟下去了。日前遇见叔平，知道隅卿于上月在宁波安厝，那么他的体魄便已永久和北平隔绝，真有去者日以疏之惧。陶渊明拟挽歌词云：

> 向来相送人，各自还其家。
> 亲戚或余悲，他人亦已歌。

——何其言之旷达而悲哀耶！恐隅卿亦有此感，故我急急地想写了此文也。

我与隅卿相识在民国十年左右，但直到十四年，我担任了孔德学校中学部的两班功课，我们才时常见面。当时系与玄同、尹默包办国文功课，我任作文读书，曾经给学生讲过一部《孟子》《颜氏家训》和几卷《东坡尺牍》。隅卿则是总务长的地位，整天坐在他的办公室里；又正在替孔德图书馆买书，周围堆满了旧书头本，常在和书贾交涉谈判。我们下课后便跑去闲谈，虽然知道很妨害他的办公，可是总也不能改。除我与玄同以外，还有王品青君，其时他也在教书；随后又添上了建功、耀辰，聚在一起常常谈上大半天。闲谈不够，还要大吃，有时也叫厨房开饭，平常大抵往外边去要，最普通的是森隆、一亚一，后来又有玉华台。民十七以后移在宗人府办公，有一个夏秋之交的晚上，我们几个人在屋外高台上喝啤酒、汽水，谈天，一直到深夜，说起来大家都还不能忘记，但是光阴荏苒，一年一年地过去，不但如此盛会于今不可复得，就是那时候大家的勇气与希望也已消失殆尽了。

隅卿是不是老同盟会我不曾问过他，但看他含有多量革命的热血。这有一半盖是对于国民党解放运动的响应，却有一大半或由于对北洋派专制政治的反抗。我们在一起的几年里，看见隅卿好几期的活动。在"执政"治下有"三一八"时期与直鲁军时期的悲苦与屈辱，军警露刃迫胁他退出宗人府，不久连北河沿的校舍也几被没收；到了"大元帅"治下，好像是疔疮已经肿透离出毒不远了，所以减少沉闷而发生期待，觉得黑暗还是压不死人的。奉军退出北京的那几天他又是多么兴奋：亲自跑出西直门外去看姗姗其来的山西军，学校门外的青天白日旗恐怕也是北京城里最早的一面吧。光明来到了，他回到宗人府去办起学校来，我们也可以去闲谈了几年。可是北平的情形愈弄愈不行，隅卿于二十年秋休假往南方，接着就是"九一八"事件，通州、密云成了边塞。二十二年冬他回北平来专管孔德图书馆，那时复古的浊气又已弥漫国中。到了二十四年春他也就与世长辞了。孔德学校的教育方针向来是比较地解放的、向前的，在现今的风潮中似乎最难以适应，这是一个难问题，不过隅卿早一点去了世，不及看见他亲手苦心经营的学校里，学生要从新男女分了班去读经做古文，使他比在章士钊、刘哲时代更为难过，那或者可以说是不幸中之大幸了吧。

隅卿的专门研究是明清的小说、戏曲，此外又搜集四明的明末文献。末了的这件事是受了清末的民族革命运动的影响，大抵现今的中年人都有过这种经验，不过表现略有不同，例如七先生写到清乾隆帝必称曰弘历，亦是其一。因为这些小说、戏曲从来是不登大雅之堂的，所以隅卿自称曰"不登大雅文库"；后来得到一部二十回本的《平妖传》，又称"平妖堂主人"，尝复刻书中插画为笺纸，大如册页，分得一匣，珍惜不敢用。又别有一种《金瓶梅》画笺，似刻成未印，今不可得矣。居南方时得到话本两册，题曰《雨窗集》及《欹枕集》，审定为清平山堂同型之本，旧藏天一阁者也，因影印行世，请兼士书额云"雨窗欹枕室"，友人或戏称之为"雨窗先生"。隅卿用功甚勤，所为札记及考订甚多，平素过于谦退，不肯发表；尝考冯梦龙事迹著作极详备，又抄集遗文成一卷，屡劝其付刊亦未允。吾乡抱经堂朱君得冯梦龙编《山歌》十卷，为《童痴二弄》之一，以抄本见示，令写小序，我草草写了一篇，并嘱隅卿一考证之。隅卿应诺，假抄本去影写一过，且加丹黄，乃亦未及写成，惜哉。龙子猷殆亦命薄如纸，不亚于袁中郎，竟不得隅卿为作佳传以一发其幽光耶。

隅卿行九，故尝题其札记曰《劳久笔记》。马府上的诸位弟兄我都相识。二先生幼渔是太炎国学讲习会的同学，民国元年我在浙江教育司的楼上"卧治"的时候，他也在那里做视学，认识最早。四先生叔平，五先生季明，七先生太玄君士——他的号本是绳甫，也都很熟。隅卿因为孔德学校的关系，见面的机会所以更特别的多。但是隅卿无论怎样的熟悉，相见还是很客气地叫启明先生，这我当初听了觉得有点局促，后来听他叫玄同似乎有时也是如此，就渐渐习惯了。这可以见他性情上拘谨的一方面，与喜诙谐的另一方面是同样的很有意义的。今年一月我听朋友说，隅卿因怕血压高现在戒肉食了，我笑说道："他是老九，这还早呢。"但是不到一个月光景，他真死了。二月十七日，孔德校长蓝少铿先生在东兴楼请吃午饭，在那里遇见隅卿、幼渔，下午就一同去看厂甸，我得了一册木版的《訄书》，此外还有些黄虎痴的《湖南风物志》与王西庄的《练川杂咏》等，傍晚便在来薰阁书店作别。听说那天晚上同了来薰阁主人陈君去看戏，第二天是阴历上元，他还出去看街上的灯，一直兴致很好。到了十九日下午，往北京大学去上小说史的课，以脑出血卒。当天夜里我得到王淑周先生的电话，同丰一雇了汽车到协和医院去看，已经来不及了。次日大殓时又去一看，二十一日在上官菜园观音院接三，送去一副挽联，只有十四个字道：

月夜看灯才一梦，雨窗敧枕更何人。

中年以后丧朋友是很可悲的事，有如古书，少一部就少一部。此意惜难得恰好地达出，挽联亦只能写得像一副挽联就算了。

二十四年五月十五日，在北平

十

钱玄同

钱玄同的事情真是说来话长，我不晓得如何写法好。关于他有一篇纪念文，原名《最后的十七日》，乃是讲他的末后的这几天的，似乎不够全面，想要增补呢，又觉得未免太啰唆了。那么怎么办才好呢？刚好在2月19日的《人民日报》上看到晦庵的一篇"书话"，题曰《取缔新思想》，引用玄同的话，觉得很有意思，便决定来先作一回的"文抄公"，随后再来自己献丑吧。原文云：

《新社会》于一九二〇年五月被禁，在这之前，大约一九一九年八月，《每周评论》已经遭受查封的命运，一共出了三十七期。当时问题与主义的论争正在展开，胡适的《四论》就发表在最后一期上，刊物被禁以后，论争不得不宣告结束，大钊同志便没有继《再论》而写出他的《五论》来。一九二二年冬，北洋政府的国务会议进一步通过取缔新思想案，决定以《新青年》和《每周评论》成员作为他们将要迫害的对象。消息流传以后，胡适曾经竭力表白自己的温和，提倡什么好人政府，但还是被王怀庆辈指为过激派，主张捉将官里去，吓得他只好以检查糖尿病为名，销声匿迹地躲了起来。正当这个时候，议员受贿的案件被揭发了，不久又发生国会违宪一案，闹得全国哗然，内阁一再更易，取缔新思想的决议便暂时搁起。到了一九二四年，旧事重提，六月十七日的《晨报副刊》第一三八号上，杂感栏的发表三条《零碎事情》，第一条便反映了"文字之狱里黑影"："天风堂集与一目斋文钞忽于昌英之妼之日被ㄐㄧㄣㄓ了。"这一句话是我从一个朋友给另一个朋友的信中偷看来的，话虽然简单，却包含了四个谜语。《每周评论》及《努力》上有一位作者别署天风，又有一位别署只眼，这两部书大概是他们作的吧。ㄐㄧㄣㄓ也许是禁止，我这从两部的性质上推去，大概是不错的。但什么是"昌英之妼之日"呢？我连忙看《康熙字典》，看妼是什么字。啊，有了！字典"妼"字条下明明注着，集韵、诸容切、音钟、夫之兄也。中国似有一位昌英女士，其夫曰端六先生，端六之兄不是端五吗？如果我这谜没有猜错，那么谜底必为《胡适文存》与《独秀文存》忽于端午日被禁止了。但我还没有听见此项消息。可恨我这句话是偷看来的，不然我可以向那位收信或发信的朋友问一问，如果他们还在北京。

这条杂感署名"夏"，夏就是钱玄同的本名，谜语其实就是玄同自己的创造。当时北洋军阀禁止《独秀文存》《胡适文存》《爱美的戏剧》《爱的成年》《自己的园地》等书，玄同为了揭发事实，故意转弯抹角，掉弄笔头，以引起社会的注意。胡适便据此四面活动，多方写信。北洋政府一面否认有禁书的事情，说检阅的书已经发还，一面却查禁如故。

到了六月二十三日，《晨报副刊》第一四三号又登出一封给"夏"和胡适的通信，署名也是"夏"。

"夏先生和胡适先生：

关于天风堂集与一目斋文钞被禁止的事件，本月十一日下午五时我在成均遇见茇白先生，他的话和胡适先生一样。但是昨天我到旧书摊上去问，据说还是不让卖，几十部书还在那里呢。许是取不回来了吧。

夏白。（这个夏便是夏先生所说的写信的那个朋友。夏先生和夏字有没有关系，我不知道，我可是和夏字曾经发生过关系的，所以略仿小写万字的注解的笔法，加这几句注。）十三、六、二十。"

所谓"略仿小写万字的注解的笔法"云云，意思就是万即万，夏即夏，原来只是一回事，一个人而已。这封通信后面还有一条画龙点睛的尾巴：

"写完这封信以后，拿起今天的《晨报》第六版来看，忽然看见'警察厅定期焚书'这样一个标题，不禁打了一个寒噤，虽然我并不知道这许多败坏风俗小说及一切违禁之印刷物是什么名目。"可见当时不但禁过书，而且还焚过书，闹了半天，原来都是事实。短文采取层层深入的办法，我认为写得极好。这是"五四"初期取缔新思想的一点重要史料。败坏风俗，本来有各种各样解释，鱼目既可混珠，玉石不免俱焚。从古代到近代，从外国到中国，败坏风俗几乎成为禁书焚书的共同口实。前乎北洋军阀的统治阶级利用过它，后乎北洋军阀的统治阶级也利用过它。若问败的什么风，坏的什么俗，悠悠黄河，这就有待于我们这一辈人的辨别了。

这篇文章我也觉得写得很好，它能够从不正经的游戏文章里了解其真实的意义，得到有用的资料，极是难得的事。可惜能写那种转弯抹角、掉弄笔头、诙谐讽刺的杂文的人已经没有了。玄同去世虽已有 24 年，然而想起这件事来，却是一个永久的损失。

十一

以下是我所写的《玄同纪念》的文章，原名《最后的十七日》，登在燕京大学的月刊上，因为里边所记是民国二十八年（1939）1 月 1 日至 17 日的事情，玄同就是在 17 日去世的。一日上午我被刺客所袭击，左腹中一枪，而奇迹般地并未受伤。这案虽未破获，却知道是日本军部的主使确无疑问，这事到讲到的时候再说。玄同本来是血压高，且有点神经过敏，因此受刺激以致发病。还有凑巧的一件事：他向来并不相信命运，恰于一年前偶然在旧书里发现有一张批好的"八字"。这也不知道是什么时候的东西，大约总还是好多年前叫人批了好玩的吧，他自己也已忘记了。在这上边批到 52 岁便止，而他那时候正是 52 岁，因为他是清光绪丁亥年（1887）生的，虽然他并不迷信，可是这可能在他心理上造成一个黑影。

玄同于一月十七日去世，于今百日矣。此百日中，不晓得有过多少次，想要写一篇小文给他作纪念，但是每次总是沈吟一回，又复中止。我觉得这无从下笔。第一，因为我认识玄同很久，从光绪戊申在民报社相见以来，至今已是三十二年。这其间的事情实在太多了，要挑选一两点来讲，极是困难——要写只好写长篇，想到就写，将来再整理，但这是长期的工作，现在我还没有这余裕。第二，因为我自己暂时不想说话。《东山谈苑》记倪元镇为张士信所窘辱，绝口不言，或问之，元镇曰：一说便俗。这件事我向来很是佩服。在现今无论关于公私的事有所声说，都不免于俗，虽是讲玄同也总要说到我自己，不是我所愿意的事。所以有好几回拿起笔来，结果还是放下。但是，现在又决心来写，只以玄同最后的十几天为限，不多讲别的事，至于说话人本来是我，好歹没有法子，那也只好不管了。

二十八年一月三日，玄同的大世兄秉雄来访，带来玄同的一封信，其文曰："知翁：元日之晚，召诒坌息来告，谓兄忽遇狙，但幸无恙，骇异之至，竟夕不宁。昨至丘道，悉铿诒炳扬诸公均已次第奉访，兄仍从容坐谈，稍慰。晚铁公来详谈，更为明了，唯无公情形迄未知悉，但祝其日趋平复也。事出意外，且闻前日奔波甚剧，想日来必感疲乏，愿多休息，且本平日宁静乐天之胸襟加意排解摄卫！弟自己是一个浮躁不安的人，乃以此语奉劝，岂不不自量而可笑，然实由衷之言，非劝慰泛语也。旬日以来，雪冻路滑，弟懔履冰之戒，只好家居，惮于出门，丘道亦只去过两三次，且迂道黄城根，因怕走柏油路也。故尚须迟日拜访，但时向奉访者探询尊况，顷雄将走访，故草此纸。籭暗白。二十八、一、三。"

这里需要说明的只有几个名词。丘道即是孔德学校的代称，玄同在那里有两间房子，安放书箱兼住宿。近两年觉得身体不大好，住在家里，但每日总还去那边，有时坐上半日。籭暗是其晚年别号之一。去年冬天曾以一纸寄示，上钤好些印文，都是新刻的，有肄簠、觚叟、簠庵居士、逸谷老人、忆菰翁等，这大都是从疑古二字变化来，如逸谷只取其同音，但有些也兼含意义，如觚簠本同是一字，此处用为小学家的表征，菰乃是吴兴地名，此则有敬乡之意存焉。玄同又自号鲍山广叟，据说鲍山亦在吴兴，与金盖山相近，先代坟墓皆在其地云。曾托张越丞刻印，有信见告云："昨以三孔子赠张老丞，蒙他见赐广叟二字，书体似颇不恶，盖颇像百衲本第一种宋黄善夫本史记也。唯看上一字，似应云：像人高居床栏杆之颠，岂不异欤！老兄评之以为何如？"此信原本无标点，印文用六朝字体，广字左下部分稍右移居画下之中，故云然，此盖即鲍山广叟之省文。

十日下午玄同来访，在苦雨斋西屋坐谈，未几又有客至，玄同遂避入邻室，旋从旁门走出自去。至十六日得来信，系十五日付邮者，其文曰："起孟道兄：今日上午十一时得手示，即至丘道交与四老爷，而祖公即于十二时电四公，于是下午他们（四与安）和他们（九通）共计坐了四辆洋车，给这书点交给祖公了。此事总算告一段落矣。日前拜访，未尽欲言，即挟文选而走。此文选疑是唐人所写，如不然，则此君抚唐可谓工夫甚深矣。……研究院式的作品固觉无意思，但鄙意老兄近数年来之作风颇觉可爱，即所谓'文抄'是也。'儿童……'（不记得那天你说的底下两个字了，故以虚线号表之）也太狭（此字不妥），我以为'似尚宜'用'社会风俗'等类的字面（但此四字更不妥，而可以意会，盖即数年来大做那类性质的文章——愈说愈说不明白了），先生其有意乎？……旬日之内尚拟拜访面馨，但窗外风声呼呼，明日似又将雪矣，泥滑滑泥，行不得也哥哥，则或将延期矣。无公病状如何，有起色否？甚念。弟师黄再拜。二十八、一、十四、灯下。"

这封信的封面写"鲍缄"。署名师黄则是小时候的名字，黄即是黄山谷。所云《九通》，乃是李守常先生的遗书，其后人窘迫求售，我与玄同给他们设法卖去，四祖诸公都是帮忙搬运过付的人。这件事说起来话长，又有许多感慨，总之在这时候告一段落，是很好的事。信中间略去两节，觉得很是可惜，因为这里讲到我和他自己的关于生计的私事，虽然很有价值有意思，却也就不能发表。只有关于《文选》，或者须稍有说明。这是一个长卷，系影印古写本的一卷《文选》，有友人以此见赠，十日玄同来时便又转送给他了。

我接到这信之后即发了一封回信去，但是玄同就没有看到。十七日晚得钱太太电话，云玄同于下午六时得病，现在德国医院。九时顷我往医院去看，在门内廊下遇见稻孙、少铿、令扬、炳华诸君，知道情形已是绝望。再看病人形势刻刻危迫，看护妇之仓皇与医师之紧张，又引起十年前若子死时的情景，乃于九点三刻左右出院径归。至次晨打电话问少铿，则玄同于十时半顷已长逝矣。我因行动不能自由，十九日大殓以及二十三日出殡时均不克参与，只于二十一日同内人到钱宅一致吊唁，并送去挽联一副，系我自己所写，其词曰：

戏语竟成真，何日得见道山记。
同游今散尽，无人共话小川町。

这副挽联上本来撰有小注，临时却没有写上去。上联注云："前屡传君归道山，曾戏语之曰，道山何在，无人能说，君既曾游，大可作记以示来者。君殁之前二日有信来，复信中又复提及，唯寄到时君已不及见矣。"下联注云："余识君在戊申岁，其时尚号德潜，共从太炎先生听讲说文解字，每星期日集新小川町民报社。同学中龚宝铨、朱宗莱、家树人均先殁，朱希祖、许寿裳现在川陕，留北平者唯余与玄同而已。每来谈常及尔时出入民报社之人物，窃有开元遗事之感，今并此绝响矣。"挽联共作四副，此系最后之一，取其尚不离题，若太深切便病晦或偏，不能用也。

关于玄同的思想与性情有所论述，这不是容易的事，现在也还没有心情来做这种难工作，我只简单的一说在听到凶信后所得的感想。我觉得这是对于我的一个大损失。玄同的文章与言论平常看去似乎颇是偏激，其实他是平正通达不过的人，近几年来和他商量孔德学校的事情，他总最能得要领，理解其中的曲折，寻出一条解决的途径。他常诙谐地称为"贴水膏药"，但我实在觉得是极难得的一种品格，平时不觉得，到了不在之后方感觉可惜，却是来不及了，这是真的可惜。老朋友中玄同和我见面时间最多，讲话也极不拘束而且多游戏，但他实在是我的畏友。浮泛的劝诫与嘲讽，虽然用意不同，一样的没有什么用处，玄同平常不务苛求，有所忠告必以谅察为本，务为受者利益计算，亦不泛泛徒为高论，我最觉得可感。虽或未能悉用而违其意，恒自警惕，总期勿太使他失望也。今玄同往矣，恐遂无复有能规诫我者。这里我只是少讲私人的关系，深愧不能对于故人的品格学问有所表扬，但是我于此破了两年来不说话的戒，写下这一篇文章，在我未始不是一个大的决意，姑以是为故友纪念可也。民国二十八年，四月二十八日。

这里需补说一句。那部李先生的遗书《九通》，是卖给当时的北京女子师范大学的，所谓祖君就是学校的秘书赵祖欣氏，现在还在北京。虽然在胜利后学校仍然归并于师范大学，可是图书馆里的书，大概是仍然存在的吧。

十二

蔡子民

蔡子民名元培，本字鹤卿，在清末因为讲革命，改号子民，后来一直沿用下去了。他是绍兴城内笔飞弄的人，从小时候就听人说他是一个非常古怪的人，是前清的一个翰林，可是同时又是乱党。家里有一本他的朱卷，文章很是奇特，篇幅很短，当然看了也是不懂，但总之是不守八股的规矩。后来听说他的讲经是遵守所谓公羊家法的，这是他的古怪行径的起头。他的主张说是共产公妻，这话确是骇人听闻，但是事实却正是相反，因为他的为人也正是与钱玄同相像，是最端正拘谨不过的。他发起进德会，主张不嫖、不赌、不娶妾，进一步不做官吏、不吸烟、不饮酒，最高等则不做议员、不食肉，很有清教徒的风气。他是从佛老出来经过科学影响的无政府共产，又因读了俞理初的书，主张男女平等，反对守节，那么这种谣言之来，也不是全无根据的了。可是事实呢，他到老不殖财，没有艳闻，可谓知识阶级里少有人物。我们引用老辈批评他的话，做一个例子。这是我的受业师，在三味书屋教我读《中庸》的寿洙邻先生，他以 90 岁的高龄，于去年逝世了。寿师母分给我几本他的遗书，其中有一册是《蔡子民言行录》下，书面上有寿先生的题字云："子民学问道德之纯粹高深，和平中正，而世多訾嗷，诚如庄子所谓纯纯常常，乃比于狂者矣。"又云："孑民道德学问集古今中外之大成，而实践之，加以不择壤流，不耻下问之大度，可谓伟大矣。"这些赞语或者不免有过高之处，但是他引庄子的话说是纯纯常常，这是很的确的。蔡孑民庸言庸行的主张最初发表在留法华工学校的讲义四十篇里，只是一般人不大注意罢了。他在这里偶然说及"古今中外"，这也是很得要领的话。三四年前我曾写过一篇讲蔡孑民的短文，里边说道：

　　蔡孑民的主要成就，是在他的改革北大。他实际担任校长没有几年，做校长的时期也不曾有什么行动，但他的影响却是很大的。他的主张是"古今中外"一句话，这是很有效力、也很得时宜的。因为那时候是民国五六年，袁世凯刚死不久，洪宪帝制虽已取消，北洋政府里还充满着乌烟瘴气。那时是黎元洪当总统，段祺瑞做内阁总理，虽有好的教育方针，也无法设施。其时北京大学国文科只有经史子集，外国文只有英文，教员只有旧的几个人，这就是所谓"古"和"中"而已，如加上"今"和"外"这两部分去，便成功了。他于旧科目之外，加了戏曲和小说；于章太炎的弟子黄季刚、洪宪的刘申叔、尊王的辜鸿铭之外，加添了陈独秀、胡适之、刘半农一班人；英文之外也添了法文、德文和俄文了。古今中外，都是要的；不管好歹让它自由竞争，这似乎也不很妥当，但是在那个环境里，非如此说法，"今与外"这两种便无法存身，当作策略来说，也是必要的。但在蔡孑民本人，这到底是一种策略呢，还是由衷之言，也还是不知道（大半是属于后者吧）。不过在事实上是奏了效，所以就事论事，这"古今中外"的主张在当时说是合时宜的了。

但是，他的成功也不是一帆风顺的。学校里边先有人表示不满，新的一边还没有表示排斥旧的意思，旧的方面却首先表示出来了。最初是造谣言。因为北大最初开讲元曲，便说在教室里唱起戏文来了；又因提倡白话文的原故，说用《金瓶梅》当教科书了。其次是旧教员在教室中谩骂，别的人还隐藏一点，黄季刚最大胆，往往昌言不讳。他骂一般新的教员附和蔡孑民，说他们"曲学阿世"，所以后来滑稽的人便给蔡孑民起了一个绰号叫做"世"，如去校长室一趟，自称去"阿世"去。知道这个名称，而且常常使用的，有马幼渔、钱玄同、刘半农诸人，鲁迅也是其中之一，往往见诸书简中，成为一个典故。报纸上也有反响，上海研究系的《时事新报》开始攻击，北京安福系的《公言报》更加猛攻。由林琴南来出头，写公开信给蔡孑民，说学校里提倡非孝，要求斥逐陈、胡诸人。蔡答信说，《新青年》并未非孝，即使有此主张，也是私人的意见，只要在大学里不来宣传，也无法干涉。林氏老羞成怒，大有借当时实力派徐树铮的势力来加迫压之势。在这时期"五四"风潮勃发，政府忙于应付大事，学校的新旧冲突总算幸而免了。

我与蔡孑民平常不大通信，但是在1934年春节，却接到他的一封信，打开看时乃是和我茶字韵的打油诗三首，其中一首特别有风趣，现在抄录在这里，题目是——《新年，用知堂老人自寿韵》，诗云：

新年儿女便当家，不让沙弥袈了裟。

（原注：吾乡小孩子留发一圈而剃其中边者，谓之沙

弥。《癸巳存稿》三，"精其神"一条引经了筵阵了亡等语，谓此自一种文理。）

　　鬼脸遮颜徒吓狗，龙灯画足似添蛇。

　　六么轮掷思赢豆，数语蝉联号绩麻。

　　（吾乡小孩子选炒蚕豆六枚，于一面去壳少许谓之黄，其完好一面谓之黑，二人以上轮掷之，黄多者赢，亦仍以豆为筹码。以成语首字与其他末字相同者联句，如甲说"大学之道"，乙接说"道不远人"，丙接说"人之初"等，谓之绩麻。）

　　乐事追怀非苦语，容吾一样吃甜茶。

　　（吾乡有"吃甜茶，讲苦话"之语。）

　　署名则仍是蔡元培，并不用什么别号。此于游戏之中自有谨厚之气，我前谈《春在堂杂文》时也说及此点，都是一种特色。他此时已年近古稀，而记叙新年儿戏情形，细加注解，犹有童心，我的年纪要差 20 岁光景，却还没有记得那样清楚，读之但有怅惘，即在极小的地方，前辈亦自不可及也。

　　此外还有一个人，这人便是陈仲甫。他是北京大学的文科学长，也是在改革时期的重要角色。但是仲甫的行为不大检点，有时涉足于花柳场中。这在旧派的教员是常有的，人家认为当然的事；可是在新派便不同了，报上时常揭发，载陈老二抓伤妓女私处等事，这在高调进德会的蔡子民，实在是很伤脑筋的事。我们与仲甫的交涉，与其说是功课上，倒还不如文字上为多，便是都与《新青年》有关系的。所以从前发表的一篇《实庵的尺牍》，总共十六通，都是如此。如第十二是 1920 年所写的，末尾有一行道："鲁迅兄做的小说，我实在五体投地的佩服。"在那时候他还只看得《孔乙己》和《药》这两篇，就这样说了，所以他的眼力是很不错的。9月来信又说："豫才兄做的小说实在有集拢来重印的价值，请你问他，倘若以为然，可就新潮、新青年剪下自加订正，寄来付印。"等到《呐喊》在 1922 年的年底编成，第二年出版，这已经在他说话的三年之后了。

（原载《文史资料选辑》第 83 辑）

北大教授剪影

赵捷民 [①]

七七事变以前，国立北京大学早已是名闻中外的大学了。学校特点是名教授多，学生质量较高，经费较充足，图书、仪器也是很完备的。当时共有三个学院——文学院、理学院、法学院。文学院在北平汉花园；理学院在景山东街；法学院在北河沿。后来，文、法学院全集中在汉花园，即"国立北京大学第一院"。法学院改为一年级宿舍，有一个容千人以上的大礼堂，该处仍称"国立北京大学第三院"，理学院则称"国立北京大学第二院"。

我作为当时的一个学生，仅就记忆所及，说一下北大当时的几位教授。

孟森教授

孟森先生，明清史学家，清末在睦南关（当时称镇南关）当幕僚，练过兵。在初成立学堂时，编过小学历史教科书。民国四年出版的《辞源》，文史负责的编辑者即为孟森先生。后来他任南京中央大学历史学系教授，1931年前后来到北大任教。

---

① 作者赵捷民曾任邢台市政协委员，是北大当年的学生。

这时先生年近 70 岁，仍热心教育及史学研究。在校讲"满洲开国史""明清史"，又兼研究所明清史研究导师。"满洲开国史"史料独特、丰富，实属独到的研究，该书出版后名《清朝前纪》。经 20 余年，不断增补，改名为《明元清系通记》（"明元"是明代纪元，"清系"是清代世系，意即以明朝纪元叙清朝世系。），为研究清以前历史之重要参考书。考证清初三大疑案，即"太后下嫁""顺治出家""雍正入统"，皆有独到见解。当时先生否定"顺治出家"说。抗日战争时，陈源教授在北平西山佛寺见到《木陈法师北游记》，记载了"顺治出家"，可惜当年先生未见到。

先生为人端庄谦谨，沉默寡言，但讲话和蔼可亲。他在群众会议中很少讲话，却很注意听旁人发言。谦虚从善，但不苟同他人。先生衣装朴素，冬戴瓜皮帽，夏戴白帽盔，布衣、布鞋、白布袜，总是走路来，走路归，从未见他坐过车。上课时，用白手帕包一本讲义，不像旁的教授，上课时总是挟一大皮包。

抗日战争爆发，北大南迁。先生年已 70，和几位老教授留在北平。他爱国心切，订了英文报纸，边查字典边看报。希望看到较正确消息。后来积忧成病，1937 年冬逝世。

先生学识渊而博，对同学要求亦严。考试时，颇严格。如打下课钟，仍不交卷者，则不客气地批评。他上课从不迟到。但不大擅长讲课，往往照自编讲义念讲，又兼江苏土音较重，有的同学就不大注意听讲。这些同学以为他的讲义编得好，课后研究即可以了。为防止同学不到，他常要自己点名。他从未谈过反对白话文，但用文言答卷的同学往往得高分数，用白话答的得低分数，这也是先生一小缺点吧！

郑天挺教授

郑天挺先生，北大秘书长兼文、史两系教授，为人非常和气，没有官僚习气，而有学者作风。当时常有记者访问北大，询问一些教育问题。蒋梦麟校长不出面答复，都是由郑先生代为答复。郑先生出身北大中文系，又在研究所研究过历史。在史学系开"隋唐五代史""魏晋南北朝史"课；在中文系开"考据学"课。后来转而研究"明清史"，成为"明清史"专家。我当时学了先生的"魏晋南北朝史"。对此，他也有新的提法，例如说，"姜维虽是人才，诸葛亮也重视他，但蜀国人目他为西凉外国人，以致不被重用。"这个意见，我现在记忆犹新。因为秘书长事务忙碌，他总是匆匆而来，又匆匆而去。讲课时说话快，但学生们也能记下他讲的重点。

先生为人和气，从无疾言厉色。学生们一般同他处得好。我的毕业论文《柳宗元的政治主张》，即请他指导的。他曾给予较高分数。后来我在北京教书时，也常到先生办公室坐坐，看到他不断写复信，数页信笺，一挥而就，无一字再改。行文之熟而快，真不愧为"秘书长"。1937年，北平沦陷时，正值暑假，我们还有几百同学在学校未回家。同学们开会商议路费问题，一致决议推选代表找郑先生解决。理由是郑先生好说话，容易解决问题。果然很快解决了，每人发给银圆五元，我们才得以在平津第一次通车时回家，再转向抗日根据地。

胡适教授

胡适教授，当时是文学院院长，马裕藻教授辞中文系主任后，他代系主任。为新月派的作家，在校开"中国文学史概要"及哲学系的"唐宋思想史"。这时他的思想落了伍，在北大学生中的名望已下降，不似"五四运动"前后的名望了。但听讲者仍不少，社会上还有"我的朋友胡适之"的说法，说明有些人仍以和胡适认识为荣。"唐宋思想史"由于太专门了，比较枯燥，听的人不过十多个。我曾学过这门课。他讲话流利，但内容空洞。现在的印象里只记得他说"禅宗里那个老头子"了。

1937年夏，北平大学二年级生要集中西苑受军训，临行前他召集我们讲话。那时我正是二年级。记得他说："去吧！不要怕，锻炼好了，将来保护国家。"还记得他前一年冬，从美国参加哈佛大学50周年纪念会回来，在三院大礼堂召集全体同学讲演。他曾说："美国大学成立50年即很长了。我们中国的太学，也就是大学，在东汉就有了，比他们长得多。美国人也知道中国的有名的大学，即北大、清华、燕京，其他就不知道了。燕京虽是私立教会学校，但和美国关系密切，以致也在美国有名。"这是美国人的看法，也是他个人的看法。

他虽留学美国，却不穿西装。冬天湖绸棉袍，夏天夏布长衫，但皮鞋永远穿着。他不留分发，只留学士头，戴着一副眼镜。

他的专著《中国哲学史大纲》（上册），很早即出版了，但一直没有下册出版。同学们盛传"那是他父亲的稿子，他拿来出版了。所以写不出下册来"。他父亲是个老知识分子，曾在台湾当过知府。

中文系一位讲师叫缪金源，面孔削瘦，人很怪。据说他在北大哲学系读书时，同班只二人。到四年级时，那一学生认为中国前途无望，一天抱电杆触电而死。缪到毕业时，也不参加毕业考，自言不要毕业文凭。但胡适认为他学得不错，即留他在北大当了讲师，教大一国文。第一次上课他即介绍参考书说："第一，《胡适文存一集》，第二，《胡适文存二集》，第三，《胡适文存三集》，第四，《胡适文存四集》。"他讲课大体不差，只因如此介绍参考书，引起同学们的不满，于是派代表去见胡院长说："缪先生教的不行，思想太落后了，还留在五四时代。"胡听了大怒，手拍桌子说："什么是五四时代？你们懂什么？太狂妄了！缪先生是好老师，不能换！"把同学们顶了回去。

据说胡是很重视人才的，除提拔缪金源外，还提拔过不少人。钱穆教授原是江苏小学教师（钱后师毕业），后升中学教师，因发表论文，为胡适赏识，推荐他为燕大教授。数年后，改为北大史学系教授。赵印棠教授，原北大旁听生。但胡适发现他对音韵学有研究，即提拔他在北大当了讲师。

我们在西苑受军训时，副总队长是何基沣。当时他请了北大、清华的人讲演。记得有蒋梦麟、梅贻琦、冯友兰、胡适、潘光旦、樊际昌等。胡适讲的什么我记不得了。只记得他谈笑风生。下面有些同学评论他，说他的思想早落伍了。

钱穆教授

钱穆教授是个自学有成绩的人物，复旦大学教授钱基博的侄子，在北大教"中国上古史""秦汉史""近三百年学术史"。他的巨著是《先秦诸子系年》，影响颇大，售价也高。他减价卖给我们每人一份。他讲"上古史"主要是根据此书，考证是有成绩的。抗日战争时，我的书箱存北大，此书及书箱全遗失了。他还送每个选读"古代史"的学生一本自著《老子》，内容倒很新鲜。说老子无此人，什么"河上丈人""荷篠丈人""老莱子"等都是老子。但此说不大有人赞同。

胡适是提携他到北大的人，但他在讲课中随时联系批判胡的一些提法。常说："这一点，胡先生又考证错了！"听说胡适对他还是尊重的。这种不以个人恩怨的学术批评精神，还是值得称道的。他同顾颉刚先生关系最好。抗日战争时，他在联大教完了"秦汉史"，就到成都齐鲁大学国学研究所去任教了。该所是顾先生主办的。

他上课和旁的教授不同，什么参考书也不介绍，只介绍一部《史记》，另即他自著的《先秦诸子系年》，要学生精读《史记》。是的，他就是自学《史记》而有成绩的。他常说司马迁在《史记》上许多地方弄错了，这是他精研《史记》的结果。

"西安事变"时，同学们在讲课前常请教授发表对时事的意见。钱说："张学良、杨虎城的做法是不对的，扣住国家领袖是不应当的。"怪不得同学们都说"钱穆是唯心论者"。他不知道张、杨是爱国行动，张、杨近年的爱国表现，他完全无知。全国解放时，他离开了祖国大陆。

罗常培教授

罗常培教授字莘田，北京人，满族，原姓爱新觉罗，后用一"罗"字为姓。他出身北大中文系，为文字学家沈兼士教授的高足，同魏建功教授齐名，名望在全国更高一些。他对音韵学最有研究，对语言文字学也是有贡献的。

他为人直爽，学生们给起外号叫"长官"，因为他发现学生的缺点，即不客气地加以批评。中文系学生颇受他影响，一般对教师彬彬有礼，但对他的过分批评也不满意，认为他好比旧时代的官，动辄申斥部下一样。他对一些毕业学生也热诚地帮助，常给予介绍工作。

抗日战争时，我从香港给罗先生朋友的学生带了东西，正式同他有交往。他称道我"乐于助人"，后来因给昆明《朝报》写"学人故事"，涉及陈寅恪先生当年招生出"对对子"题，曾来信指责我，不应批评"海内大师"。后来就和他疏远了。我知他能帮助学生，毕业时，又给了他一信，请他介绍工作。他介绍我去云南省立昆华女子师范学校任教师。该校因疏散已去昆阳，我想研究学问，欲留昆明，一是可随时向教授请教，二可有许多书读。他又找了王力教授，介绍了昆明天南中学，由助教杨佩铭兄通知我，又由杨借给我20元钱。我在天南教了半年书，总因他脾气直率，说话有时令人难堪，此后未去见他。我曾同中文系一位女助教有过恋爱关系，也被他禁止了。

他同老舍是北京市立师范同学，又都是满族人，关系颇好。1936年秋，他曾介绍老舍到北大第二院礼堂讲演。记得题目是《怎样搞文艺》。老舍说："搞文艺必须像烤白薯，要有热乎劲！"于是听众大笑不止。老舍是名作家，听的人挤满了二院礼堂。散会后，群众争请老舍签字，许多人挤不上去，我因个儿高，挤到前面，签了两个好看的大字"老舍"。

他是很重然诺的，中文系一个毕业同学叫王鸿图，被他介绍到云南省立曲靖中学教书。后该同学自己找到一个挣钱多的位置，即退了曲靖中学聘。他知道了大怒说："这哪里是王鸿图，分明是王糊涂，叫他非去曲靖不可！"那个同学没有听他的，因毕业了，他也没办法。

一次，他在昆明中法大学讲演，题目已不记得了。讲话中批评了顾颉刚先生，说："顾颉刚先生研究古史，以为禹不是古代名人，而是一条虫子。当蒋委员长（蒋介石）问他，要找大禹生日为工程师节，他马上答复大禹生日是6月3日，于是6月3日成了工程师节。"于是听众大笑。当然顾先生果有此事，是不对的；罗先生在讲演中讽刺也过火了些。据说这时罗先生同傅斯年关系好。傅主持中央研究院，是国民党实力派，傅同顾水火不容。

在昆明时，同学王玉哲（后任南开大学历史系教授）兄写了一篇文章评论了傅斯年文章中的错误，罗先生看过，叫去王申斥说："傅先生是北大老师，你怎能随便批评？太不尊敬老师了！此文不可拿出去发表。"王即不敢发表这文章。

傅斯年在北大有名誉教授之位置，我没见他讲过课，只在一次胡适在三院大礼堂讲演时，他也曾讲了一次。大意是攻击冀察政务委员会委员长宋哲元，捧蒋介石。当时宋在北平主政，他讲了即离开北平，宋对他也只好宽容。

傅同胡适关系极近，罗先生也是胡的得意弟子，当然是关系好的。罗先生也曾跟鲁迅先生到厦门大学任教，鲁迅对他也有影响，但罗先生当时主张："尊师重道，为学术而学术。""中文系应研究古代文学，不要搞什么现代白话创作。"后来他虽也注意了现代文学，也写过《蜀道难》小册子出版，但影响不大。

顾颉刚教授

顾颉刚教授当时是燕京大学历史系主任，在北大史学系兼讲"春秋史"。我没有选读过他的课，该课不是必修课。当时大学习惯，在一校任教授，在他校兼课即称讲师。我在云南教书时，和他通过多次信。

我很早就知道顾先生，幼年读初中时，用的中学历史课本即是商务出版的"胡适、顾颉刚合编"的。初中一二年级用的是中华书局出版的课本，简单扼要，便于学习。胡、顾合编的课本分量重，内容也有些杂乱。可能是由于"疑古派"对古史过多怀疑之影响吧！

在北大红楼，我经常见到他。他中等身材，戴眼镜，穿宽大袍子。同学说"这就是顾先生"。顾先生除了以巨著《古史辨》出名外，还搞通俗文艺，主编过通俗刊物。在《文学》上也发表过《滦州皮影戏之起源》，颇有独到见解，一度曾被目为进步教授。因为胡适同鲁迅先生不洽，可能由于胡适关系，他同鲁迅先生也是颇有意见的。

傅斯年主持中央研究院，顾同"中法派"李石曾、李书华等合作而进入北平研究院，以致后来抗战时，昆明西南联合大学成立，顾先生不能进去（当时胡适已任驻美大使，不能替顾说话），只好在云大教了一段"中国上古史"，后来就去成都主持齐鲁大学国学研究所了。

顾先生对青年学生还是爱护、提拔的。据我所知对王玉哲研究我国古代史颇多帮助。我在云南省立昆华中学教书时，曾与他通信，讨论学术问题。他亲手写过一幅字画（杜甫诗）寄我，我挂了好久，后来遗失了。

鲁迅先生写的小说《理水》，即是讽刺顾先生的。这一点鲁迅先生批评得对，但有时也过分了一些。

沈兼士教授

沈兼士教授，语言文字学老专家。他与沈尹默（诗人、名书法家）、沈士远，在北京学术界号称"三沈"。

沈讲课时，总是闭着眼讲，同陈寅恪先生讲法一样。到下课时，才睁开眼睛，走出教室。

他是一位爱国的老专家，痛恨特务、侦探进入学校监视学生和教师。有一次，中文系一年级学生上课时，他正在兴致勃勃地讲课，忽然有人进来，用点名册来点名。那人把礼帽放在附近桌子上，沈先生以为是特务，非常讨厌，马上把那人的帽子摔到地上，又大声说："这是放帽子的地方？这是放东西的地方？"那人不好意思地拾起帽子戴上，然后面对大家说："沈先生太过分了！我以前还听过他的课呢！"然后慢慢推门走了。原来那是注册科的职员来抽查上课学生人数。一般北大教师是不点学生名的，尤其是二年级以上就不大点名了。北大当局号召"自由研究"，不愿听本课的，也可以随便自己回去研究。对刚从中学来的一年级学生要严些，但也是抽查点名，不一定抽查哪一班，以致有此误会。

周作人教授

周作人教授，人们几乎都知道是鲁迅先生的二弟。他主要是外文系教授，开的课是"日本文学史"及"日文"等。这也说明他对日本文学是有研究的。

他当时是名教授，小品文写得实在不错。当时号称"京兆布衣（周作人）三大弟子"，也是散文、小品文名家：朱自清、俞平伯、废名（冯文炳）三教授。朱先生的《背影》名闻全国；俞是《红楼梦》专家；冯是《桃园》的作者。

他中等身材，穿着长袍，面孔似鲁迅先生但胖些，颇似建人同志。讲起话来，不大好懂，浙江口音很重。鲁迅先生逝世时，在北大第三院大礼堂开纪念会，到会的教授有周作人、梁实秋、曾昭抡。由外语系四年级学生朱仲龙主持。周作人介绍鲁迅的生平，马裕藻以鲁迅老友，讲了鲁迅轶事。学生参加者颇多。

梁实秋教授

梁实秋教授，北大外语系主任，同胡适院长关系近，同是"新月派"作家。他在北大开"莎士比亚"课，对西方文学有研究。他虽身为主任，但被多数学生所反对。学生们几次派代表找胡适要求撤换他。胡适非常愤怒，几次拍桌子申斥学生说："你们懂什么？梁先生是英国文学专家，不能换！"当然，有胡适坐镇，是换不动的。

梁实秋夏天穿着白绸长衫，一双缎鞋，像个风流公子。他又参加了国社党，想在国民政府弄个官儿做。

鲁迅先生对梁实秋打的笔墨官司最多，《鲁迅全集》上，有不少批判梁实秋的文章。鲁迅先生的文章锋利，内容也正确，梁是甘拜下风的。

外语系主任原先是新月派浪漫诗人徐志摩，徐于 1931 年冬坠飞机而死后，继任的即梁教授，还是新月派，同胡适关系自然是相当好的了。

朱光潜教授

朱光潜教授在北大是较有威信的。他在中文系、外语系两系开课，在中文系开的是"美学"，有不少同学选修。

我同其他青年一样，早已知道朱光潜教授。他发表的《寄青年十二封信》是颇有影响的。中文、外语两系同学也很尊重他，知道他对青年们关心。

七七事变后，他去四川大学任教，北大复员后，才又回北大任教。

潘家洵教授

潘家洵教授，北大出身，在读四年级时，就译了《少奶奶的扇子》出版，是个颇用功而早成名的作家。他留学回来后，即在北大任教，也是外语系的名教授。

他中等身材，戴着眼镜，有教授风度。抗日战争时，我在贵阳见着了他。他那时是贵州大学文理学院院长，地位不算不高，但北大复员回北平时，他说："不在贵州大学了，在北大名望是高的，在北大教书是跳龙门。"于是他又回了北大。

在贵阳时，我们少数北大同学组织同学会，由潘先生主编一个周刊，现在不记得叫什么名字了，出版了一年，潘先生回北平，即停刊了。主要写稿的都是同学，有诗人方敬，小说作者陈祖文，我在上面发表过《从重庆到贵阳》一篇游记。

我们这些撰稿的同学和潘先生在贵阳冠生园还聚过餐，当时很热闹。

叶公超教授

叶公超教授，出身清华，留英，为北大外语系教授，有名士派头，对学生很随便。有时学生在路上向他打招呼，他似乎像未看见；有时学生未见到他，他反而在路上大喊学生："密斯特！密斯特！"

他教课以读音正确有名。有学生问他有的字在《英华合解词汇》里查不着，怎么办？他说："那个《词汇》无用，烧了，要查《牛津大字典》。"

冯至教授

冯至教授，河北人，诗人，出身北大，留德，也是德国文学专家，为北大外文系教授。在北大用原名冯承植。

他对中国文学，尤其是诗人杜甫很有研究，名著是《杜甫传》。他同郭沫若先生观点不同，郭贬低杜甫，为许多读者不能接受。冯对杜甫评论公正，所作杜传是为广大读者欢迎的。他在北大任德文课，也讲歌德。

我未听过他的课，据说他为人严谨，有些杜甫风度。后来我工作时，也曾去信向他讨论过旧诗，蒙他回信，给予详细的指示。

汤用彤教授

汤用彤教授，哲学系的"佛教史"专家。他常着长衣大袖，有哲学家的风度。他对印度佛学是有独到研究的。

后来的哲学家任继愈，就是他的高足。任在北大上哲学系，在昆明又上过北大研究所，还是跟汤教授学佛学，汤任哲学系教授兼研究所导师。

胡适当北大校长时，汤升任文学院院长。

许德珩教授

许德珩教授是经济系的进步教授。五四运动时，是北大学生会主席。七七事变以前，北平三教授被捕，是轰动一时的大事。当时的三位进步教授就是：许德珩、侯外庐、马哲民。后来由北大校长蒋梦麟、文学院院长胡适等营救，国民党政府才把他们释放出来。

当时许经常到各大学作讲演，宣传抗日救国，很受群众欢迎。

赵迺抟教授

赵迺抟先生，经济学家，为人宽厚，常穿宽衣大袖衣装，从外表看来，看不出他是留美归国的专家。

我到昆明联大时，选修先生开的"社会主义史"，才同先生熟悉了。在北平北大时，同先生不熟，但已知先生大名了。先生考学生不多，一年顶多两次，给分较宽，我曾得过颇高分数。

先生对学生很和气，许多学生愿请教他。对女同学更客气些。据说是因为他的母亲对他最好。为了尊敬他母亲，所以对一切女性都特别尊重。

我在昆明南菁教书时，先生住同头村，我常见先生，见面客气地叫我到家里坐坐，很热情地招待我，使我念念不忘。

燕树棠教授

燕树棠教授是法律系教授，早年即在北大教书，一口河北定县口音。他出身定县世家，他的父亲也是京师大学堂（北大前身）毕业的。

燕教授能讲，也常讲演，他当时思想是"拥蒋反宋（哲元）"的。曾批判过民族解放先锋队"拥宋反蒋抗日"的口号。当然是不妥的。

他讲过，"五四"以后，北大学生口号"为学术而学术"，只注意学问，不求做官。他说："北洋军阀统治时期，北大教授发不下薪金，买不起肉，是以豆腐代肉的，虽然艰苦，也不想离开北大。"

周炳琳院长

周炳琳院长，五四时代的学生运动领袖，当时是北大法学院院长。他在经济系也有课，那时已不大同意学生运动了。有关学生活动的事如去找他，他往往不支持。例如，红楼以"法学院交际室"最大，他却不肯借给学生活动。

1937年5月4日，在师大操场开纪念五四运动会时，他也被不进步的学生请去了，等到两派学生打起来了，他就躲开了。后来，反动教授杨立奎、熊梦飞、陶希圣都做了攻击共产党的发言。

杨钟健教授

杨钟健教授是北大地质系名教授，五四运动时，参加进步组织，后来同裴文中教授、贾兰坡教授共同发现了"北京人"头盖骨化石，为名闻世界的大发现。

他是古生物学专家，同胡适私人关系亦好。北平解放时，他在陕西任教，还不断同胡适有学术通信，后来这些通信，曾在报刊上发表过。

他为裴文中在北大的老师，贾兰坡当时还是青年的练习生，后来在他帮助之下，都有了惊人的成就。

朱物华教授

朱物华教授任教北大物理系，是最有成就的物理学专家，朱自清先生的胞弟。样子也颇像朱自清先生，个儿不高，戴着眼镜，说话和蔼，走路也颇有精神。

后来是上海交大副校长，九三学社中委，现在在交大还在教着研究生。

当时在北大的名教授很多，本文只是举其代表，略加忆述。其他如俞平伯教授，是世界闻名的红学专家、散文名家；闻家驷教授是法文专家；冯祖荀教授是全国数学权威；李四光教授以前主持地质系；张景钺、崔之兰教授共同主持生物系；曾昭抡教授是化学系主任……恕不一一备举了。

（原载《文史资料选辑》第108辑）